AF612588

Poder emocional

Una innovadora forma de transformar
la relación con nuestras emociones,
y convertirlas en guía para la vida.

por Mónica García

Coach de liderazgo personal y profesional

Diseño gráfico: Berta Santamaría

Primera edición: junio de 2021

ISBN: 978-84-09-31045-6
Depósito legal: BU 172-2021

a mi abuelo Benjamín

«No se trata de tener éxito o de que salga bien.
Se trata de seguir a tu corazón».

Tu mensaje me llegó en el momento más
oportuno. Como no podía ser de otra manera.

Y, además, a todas las personas que eligen
estar al mando de su vida, abrir los ojos
y descubrir quiénes son.

al lector

Al igual que del Macro Cosmos que habitamos
Solo conocemos el 5% de TODO lo que ES,
de este libro-micro-cosmos solo alcanzamos leyendo
el 5% de todo lo que contiene. Su Real
contenido nos Alcanza si estamos disponibles
cuando leemos + reflexionamos + concretamos
operativamente lo que se nos sugiere.
Al estar configurados los humanos en modo semilla
cuando leemos lúcida y serenamente
resuena Dentro lo leído y esa vibración
vivifica las posibilidades que aguardan
ser activadas y pasar a la acción.
Así vamos creciendo, madurando,
dando frutos y transformándonos.
Lo sabe quien ha escrito el libro y
continuamente alienta a reconocer
valorar y seguir la sabiduría
que nos llega sintiendo en nosotros
el imparable fluir del Vivir.
Confía en el Vivir que te habita

Fidel Delgado.

índice

Introducción

«Tu vida es como es porque tú lo quieres así», me dijo la voz que en ese momento había tomado la palabra dentro de mi cabeza.

Por muy extraño que parezca, las primeras emociones que se despertaron en mí fueron de ilusión y alegría. Sentí lo que en mi época hubiéramos denominado «un subidón». El subidón de pensar que mi vida estaba en mis manos. Mis pulmones parecieron hacerse más grandes y, aunque no puedo probarlo, estoy convencida de que durante unos segundos entró en mí todo el aire del mundo. Parecerá una exageración y, vale, lo es. Sin embargo, es la única forma que encuentro de describir la sensación de poder y libertad que me embargó.

Y qué poquito duró. No había pasado ni un minuto, cuando la conversación, que por supuesto continuaba en mi cabeza, me llevó a sentimientos muy distintos. El de la indignación, por ejemplo: «¿Cómo? ¿Que mi novio me ha dejado porque yo quiero? Y una porra. No sé cómo va esto, pero estoy segura de que yo no quería que me dejara». Seguido de la confusión: «No entiendo por qué me pasa a mí. ¿Qué he hecho yo para merecerme esto?». La culpabilidad y el victimismo: «Seguro que ha sido por algo que hice. Qué habré hecho mal. Por qué no lo vi venir. Por qué no hice más...», «tenía que haberlo hecho diferente», «no me puedo creer que yo me haya hecho esto a mí misma, ya me vale». Y como no, del miedo y la duda: «¿Sabré hacerlo?, ¿seré capaz de crear la vida que quiero?, ¡si ni siquiera tengo claro lo que quiero!».

Menos mal que otra parte de mí vino al rescate, como ocurre casi siempre que la vida te regala un momento de claridad, y escuché: «No eres la culpable, Mónica, pero sí parte responsable. Han sido tus elecciones las que te han traído hasta aquí. Así que presta más atención a lo que eliges y piensas y actúa consciente de que lo que haces te llevará por un camino u otro». Y así me pasé los siguientes meses, entre la excitación y la ilusión de tener mi vida en mis manos y poder elegir libremente qué hacer o dónde vivir, y el miedo y la ansiedad que me producía el hecho de tener tantas opciones, tanta libertad y no saber qué hacer con ellas.

Atrás había quedado la época en la que mi entorno me ponía delante la siguiente opción a elegir, estudiar una carrera, tener una pareja, un trabajo, comprar una casa... Sinceramente, los momentos de angustia al despertar por la mañana me parecían en aquel momento un precio muy grande por la libertad y la sensación de poder. Y lo único que deseaba era dejar de sentir la sensación de ahogo en el pecho. No quería opciones, ni cambios, deseaba seguridad, paz en mi interior. Anhelaba, por encima de todo, dejar de sentir el inmenso vacío y la tristeza tras la ruptura de mi relación. Y, a la vez, entre esos momentos de desesperación y agobio, estaban los oasis de «subidón», de alegría, de confianza, de ilusión por todo lo bueno y bonito que podía aparecer en mi vida. Solo imaginarlo era suficiente para transportarme a un estado de entusiasmo característico de las personas positivas y seguras.

Vivir intensamente viene con el regalo, o castigo, según lo quieras mirar, de sentir intensamente. Cuántas veces has querido dejar de sentir miedo, enfado, duda, frustración, y cuántas has deseado que te durara más la sensación de enamoramiento, de alegría, de calma o de ilusión.

Concentramos muchos de nuestros esfuerzos y actividades en despertar emociones agradables o en conseguir deshacernos de las más dolorosas. Vamos al gimnasio para experimentar vitalidad, estar en buena forma física, o a clases de yoga para llenar de calma y tranquilidad nuestro interior. Salimos con los amigos para disfrutar del momento y desconectar. Leemos un libro para relajarnos, o vamos al cine para conmovernos con la historia o emocionarnos poniéndonos en el papel del protagonista. Buscamos plenitud en nuestro trabajo o haciendo algo por un ser querido o un desconocido. Nos ponemos objetivos y avanzamos hacia ellos con la ilusión de la satisfacción como recompensa al llegar a la meta.

Si a esto le añadimos que el ser humano percibe a través de los sentidos y la primera señal que genera es una emoción, seguida en unas décimas de milisegundo por un pensamiento, podríamos decir que vivir está intrínsecamente unido a sentir, a estar emocionado. De ahí que estar al mando de nuestras emociones sea clave para despertar más de lo que queremos disfrutar, gestionar de forma beneficiosa las emociones desagradables que nos desbordan o nos limitan, y, en definitiva, para crear una experiencia de vida mucho más plena.

Ante una emoción podemos actuar, al menos, de dos maneras. La primera, dando el poder a la emoción, dejando, por ejemplo, que la desgana decida que no soy capaz de levantarme del sofá. O, la segunda, tomando el poder y, aun en presencia de la desgana, por ejemplo, eligiendo levantarme y hacer aquello que esté más alineado con quién quiero ser y lo que quiero alimentar en mi vida. Estar al mando de tus emociones te da esta libertad y esta responsabilidad.

La emoción es e-moción = energía en acción. Una energía que podemos utilizar para avanzar o para resistirnos a avanzar, para construir o para destruir. De ahí que, si nos ponemos al mando de esta energía, si cooperamos con ella, si la tratamos como una aliada, y, sobre todo, si aprendemos a generarla de forma consciente e intencionada, entonces habremos tomado uno de los controles más importantes de los que disponemos para crear relaciones más armoniosas, positivas y constructivas, para sentir más ilusión y alegría en nuestras vidas y, por supuesto, para aumentar la confianza y la seguridad que se despiertan como consecuencia de tener más control, en este caso, de nuestras emociones. Y es que, una vez que nos ponemos al mando de nuestras emociones, la presencia de estas no es lo que decide lo que ocurre en tu vida o cómo es tu día, sino que se convierte en un elemento más a tener en cuenta. Un elemento que nos habla de quién somos y que veremos que nos servirá de mucha ayuda.

Al escribir este libro he pensado en personas que:

- Creen que su problema es que tienen mucho carácter. Que se enfadan o se irritan con facilidad dejándose llevar por su emoción, lo que provoca malestar o conflictos en sus relaciones personales y laborables. Y a quienes les gustaría saber qué hacer para controlar sus repentes o suavizar su carácter.
- Se ven muy sensibles. Les afecta todo, se les saltan las lágrimas con facilidad y quieren aprender a que las cosas no les afecten tanto, o por lo menos que no les abrume lo que sienten.
- Consideran que son muy nerviosas y necesitan aprender a relajarse y tomarse las cosas con más calma. O tienen altibajos constantes y desean algo más de equilibrio.
- Creen que son miedosas e inseguras y desean ganar en autoestima y confianza en sí mismas.
- Lo tienen «todo» y, aun así, están sumidas en una mezcla de apatía, desilusión y culpabilidad por no ser capaces de disfrutar de ello. Desean volver a sentir ilusión y, sobre todo, apreciar y llenarse de lo que han conseguido y les rodea.
- Ya no se reconocen. Tienen la sensación de estar permanentemente enfadadas, tristes o estresadas, y quieren volver a ser como antes, alegres, divertidas, risueñas...

Si te fijas, en estos casos vamos a encontrar dos puntos en común:

- El primero: la emoción ha tomado el control o, dicho de otra manera, no nos sentimos en control de la emoción. Vemos a la emoción como algo que nos ocurre, algo a lo que estamos expuestos y sobre lo que no podemos hacer nada.

- El segundo: existe un deseo de mejora, de desarrollo hacia una forma de sentir más agradable. Es importante que alimentemos este deseo y le hagamos caso, ya que nos va a impulsar y a proveer de lo necesario para avanzar y mejorar. Este deseo es el que activa nuestro poder y nos pone en marcha.

El hecho de que estés leyendo este libro es un paso motivado por ese deseo. Gracias por hacerle caso, por ponerte al mando y darte una oportunidad para mejorar tu relación con tus emociones y despertar más alegría, ilusión, tranquilidad y confianza en tu vida. Estoy convencida de que, si aprendemos a llevarnos mejor con nuestras emociones, seremos más felices, y, cuantos más momentos de felicidad tengamos, más felicidad habrá en el mundo.

Cuando pienso en el mundo, me lo imagino como una bola gigante de tierra vestida con bolitas diminutas. Las bolitas somos los humanos. Y cada una tiene un color dependiendo de la emoción en la que estamos en ese momento. Quizás creas que un momento en el que te sientes pleno de amor no tiene ningún efecto en el resto del mundo. Sin embargo, tu estado de amor, apreciación o gratitud están cambiando el color de esta bola de tierra en ese momento. Y afecta con más intensidad a los que tienes más cerca. El mundo estará tan estresado o tranquilo como lo estemos nosotros. Y, con riesgo de que te pueda parecer una idea simplona, añadiré que, si queremos un mundo más feliz y calmado, cada uno de nosotros puede contribuir a ello creando más momentos de felicidad y calma en nuestro interior. Ponerte al mando de tus emociones se convierte entonces en un acto individual que te afecta a ti y también a los que están a tu alrededor, así que gracias por hacerte cargo de tu parte.

Es un honor poder compartir contigo todo aquello que he aprendido durante los últimos diez años de mi vida explorando mi ser y mis propias emociones, y ayudando a otras personas a hacer lo mismo. Diseñando prácticas, hábitos y estrategias que nos permiten tener más momentos de bienestar y vivir y relacionarnos desde ahí. Ha sido, y sigue siendo, un camino emocionante. Un camino que te invito a recorrer con confianza, porque funciona. Como cuando te sacas el permiso de conducir, yo te voy a proponer las pautas, qué hacer en cada momento. Pero conducir, conducirás tú. Una vez que te pones al mando de tus emociones, lo haces para siempre, ya que mejorar la gestión de tus emociones no las hará desaparecer, simplemente las pondrá a tu servicio.

Al escribir este libro me he planteado los siguientes objetivos:

Objetivo 1. Ofrecerte la oportunidad de ver tus emociones, a ti mismo e incluso a la vida desde un lugar que te permita incluir las emociones como una parte fundamental de la experiencia de ser humano.

Hay dos motivos principales por los que algo cambia en nuestras vidas. El primero, porque algo fuera de nosotros cambia, nuestras circunstancias se modifican y nosotros tenemos que cambiar como consecuencia de ello y adaptarnos. Y el segundo, porque algo en nuestro interior cambia, un nuevo entendimiento que da sentido a situaciones pasadas o respuesta a preguntas que hasta entonces no la tenían, una nueva pieza que encaja en el puzle de quien somos o un nuevo deseo que nos impulsa a actuar. Este segundo motivo es el que está en nuestro poder, y por ello, en este libro, propongo que algo en nuestro interior se transforme. En particular, algunas de las creencias o estrategias que hemos ido aprendiendo para gestionar nuestras emociones y poder vivir con ellas.

Este será el primer paso que demos y, para ello, en el primer capítulo te presentaré el Círculo de Poder Emocional, que te proporcionará un marco para estar siempre al mando de tus emociones. Y, al final del libro, tendrás muy claro cuándo en tu vida estás dentro o fuera del círculo, es decir, en tu poder o desconectado de él, cómo regresar al centro si te has salido y cómo moverte en su interior para gestionar satisfactoriamente tu estado emocional.

Objetivo 2. Que te consideres creador activo de tu estado emocional, de lo que ocurre en tu vida, y que vivas cada momento desde el papel de creador.

Tradicionalmente, la gestión emocional se ha limitado a intervenir de forma reactiva ante las emociones exclusivamente desagradables. Es decir, mientras nos sentimos bien no les prestamos atención, y solo activamos la gestión emocional cuando no nos gusta cómo nos sentimos. De forma que la gestión emocional respondía principalmente a las preguntas: ¿qué hago para no sentirme mal o cuando me desborda mi ira, mi frustración o mi ansiedad? En las últimas tres décadas, y viendo que la emoción tiene una función vital y evolutiva para el ser humano y nos ayuda a aprender, conocernos y a adaptarnos a los cambios, se ha añadido la escucha a la gestión emocional con el fin de responder a la pregunta: ¿cómo me está queriendo ayudar mi emoción?

En el libro, además de presentar estos dos tipos de gestión emocional —física y evolutiva—, añadiremos un tercer tipo de gestión, mucho más innovador. Su novedad es que es proactivo, en vez de reactivo, y que promueve la habilidad del ser humano para generar su propio estado emocional independientemente de las circunstancias externas. ¡Así es! No necesitamos que todas las circunstancias externas sean perfectas para sentirnos bien. A través de la gestión emocional intencional de nuestras emociones aprenderemos a generar estados de tranquilidad y confianza, de ilusión, entusiasmo y plenitud, de alegría y amor. ¿Cómo? Centrándonos en qué es lo que tenemos bajo nuestro control, sin que haya necesidad de que cambie nada ni nadie.

Objetivo 3. Sacar a la luz aquellos obstáculos, mitos, formas de pensar o hábitos que te ponen al servicio de tus emociones o te incapacitan para gestionarlas satisfactoriamente.

Ocurre que todo aquello de lo que no somos conscientes tiene un gran poder sobre nosotros, ya que actúa sin nuestro consentimiento explícito, sin que lo veamos venir y por lo tanto sin que podamos hacer nada al respecto. De alguna forma, es como si estuviéramos a su servicio, como si nos dictaran cómo comportarnos o qué hacer.

Ser consciente de lo inconsciente te pone al mando, ya que puedes elegir cambiarlo. Además, te ayudará a entender por qué te pasa lo que te pasa y a estar atento a su aparición. Las trampas volverán a aparecer, pero el hecho de saber dónde están colocadas o cómo desactivarlas te ayudará a evitarlas y a gestionarlas. Cuando identifiques en ti alguno de estos obstáculos o trampas activos, por favor, sé benevolente contigo mismo, no se trata de juzgarte por haberlo hecho mal o haber caído en las trampas. Se trata de sacarlas a la luz, celebrar que las conoces y aprender a sortearlas.

Objetivo 4. El último, pero definitivamente no el menos importante, emocionarte con la idea de ser una manifestación de vida, que llamamos vida *humana,* con la misma esencia misteriosa o divina, como quieras verlo, que el resto de seres que nos rodean. Que te regocijes y asombres en tu propio descubrimiento, en el descubrimiento de quien eres.

Y es que, no podemos aislar el autoconocimiento de la gestión emocional, ni la gestión emocional del autoconocimiento. Para poder gestionar nuestras emociones, vamos a tener que conocernos a nosotros mismos y, al mismo tiempo, solo vamos a poder avanzar en el autoconocimiento si hacemos caso y aprendemos a escuchar lo que nos quieren decir nuestras emociones. De ahí que este libro sea algo más que un libro de autoayuda; es un libro de autodescubrimiento para hombres y mujeres que se quieren sorprender con la revelación de quiénes son, que están abiertos a ser humanos en toda su profundidad y diversidad, a decir sí a expandir la visión de quiénes son y a disfrutar el proceso. Que han venido a experimentar, a vivir, a emocionarse. A honrar la vida disfrutándola y también a vivir de una forma menos automática o reactiva y más y más consciente e intencionada cada día.

Sé que eres uno de ellos, o de lo contrario este libro no hubiera llamado tu atención. ¡¡Qué emoción hacer este camino juntos!! Mi reto, y considero que el de cualquier persona dedicada al trabajo de desarrollo personal consciente, no es exponer o explicar con claridad conceptos y teorías, que también, sino activar en ti una emoción que te ponga en movimiento.

Y, con el fin de despertar tu curiosidad, ilusión y confianza para que consideres las propuestas y pases a la acción, he incluido en cada capítulo:

- *Herramientas,* con sus instrucciones de uso, claro está —porque, si no, son menos útiles—, que te servirán para momentos concretos o de emergencia.
- *Historias personales y de personas reales* que como tú han elegido hacer algo para mejorar o desarrollar algún aspecto de sus vidas y con las que he tenido el honor de trabajar.
- *Hábitos y prácticas,* para que tengas algo concreto que hacer, te mantengas al mando de tus emociones y vivas desde tu poder emocional el resto de tu vida.

Ahora bien, para que este libro sea realmente beneficioso para ti y te ayude a conseguir el objetivo principal —que te hagas con el mando de tus emociones—, necesitas ser una parte activa de la lectura del libro y asegurarte de que te involucras en el proceso de aprendizaje poniendo en práctica las propuestas, parándote a reflexionar, tomando nota de tus propias revelaciones y conclusiones. Recuerda que el aprendizaje es un proceso, no un momento concreto, que necesita de tu participación y que pasa por las siguientes cuatro fases.

Fase mental: Momento de inspiración o comprensión de un concepto. Para que esto ocurra, mantén la mente abierta a considerar las diferentes formas de ver o los nuevos conceptos que propongo a lo largo del libro. No se trata de que estés de acuerdo con lo que digo, pero sí de que estés abierto a imaginar qué ocurriría si eso fuera así. Al final del libro, cuando hayas probado todo, tú decides con qué te quedas. Lo que te haya llegado y servido, quédatelo, compártelo. El resto, déjalo a un lado, ¡sin más!

Fase experimental: Momento de pasar a la acción. Una de las frases que más escucho en las entrevistas iniciales con posibles clientes es: «La teoría ya me la sé, lo que necesito es aprender a pasar a la práctica». Y mi respuesta siempre es la misma: «Lo siento mucho, pero pasar a la práctica no se puede aprender, simplemente se pasa a la acción». Y para facilitar que des el paso, a continuación te propongo cómo gestionar los dos obstáculos más comunes que nos mantienen frenados.

- Obstáculo 1: Creer que lo tenemos que hacer bien a la primera y, o no nos vemos capaces de ello, o lo vemos muy difícil y decidimos no hacerlo. Para gestionarlo, en vez de hacer, experimenta. Pasa a la acción con el fin de descubrir, no de conseguir un resultado concreto. Si es algo nuevo (a menos que te acompañe la suerte del principiante, que desaparece muy rápidamente, por cierto), es casi seguro que no te va a salir bien, o tan bien como quieres, a la primera. Celebra que has pasado a la acción y utiliza el resultado para seguir a la fase siguiente.
- Obstáculo 2: No tener claro qué hacer exactamente. Por ejemplo, sé que tengo que quererme más, pero ¿cómo lo hago? Para superarlo, sigue las propuestas e ideas que te planteo en el libro y mantén tu creatividad activa para que se te puedan ocurrir otras a ti. Y por encima de todo: ¡sé benevolente contigo mismo!

Fase reflexiva: Momento de parar y ver qué ha ocurrido. Este es uno de los momentos claves en el aprendizaje, cuando te paras a sacar conclusiones. Es muy común sacar conclusiones en la fase mental y teorizar o argumentar o dialogar sobre lo que es útil, beneficioso, lo que es o no es para mí, pero solo los pensamientos basados en una experiencia práctica te darán la información necesaria para aprender. La experiencia es lo que te enseña, pero tienes que pararte a recoger la enseñanza: lo que ha funcionado, lo que no, lo que me dice sobre mí, sobre el otro, sobre la vida...

Fase de integración: Momento en el que la conclusión pasa a formar parte de tu vida. Si concluyes que algo te ha funcionado, no lo dejes en el cajón para ocasiones de emergencia. Inclúyelo en tu día a día, en tus nuevas conversaciones, formas de actuar o rutinas. Las personas que enfocan el trabajo de gestión emocional desde la visión exclusiva de dejar de sentirse mal, en el momento en el que se sienten mejor, piensan que ya no es necesario ser intencionados con su estado emocional y lo abandonan a las circunstancias, para comprobar, poco después, que si desaparece de tu vida lo que te ha ayudado a sentirte mejor, también desaparecerán sus efectos. No esperes que un vaso de agua que te quita la sed en un momento dado lo vaya a hacer para el resto de tu vida. Por favor, ¡no dejes de hacer lo que te sienta bien una vez que lo hayas encontrado!

Por último, no te desanimes por la sencillez de algunas propuestas. Verás que la mayor parte del contenido de este libro es de sentido común. Por lo menos así lo espero. Porque, si tiene sentido y es sencillo, habrá más posibilidades de que lo acojas y te sientas motivado para ponerlo en práctica. Brendon Burchard, el *coach* de alto rendimiento líder en Estados Unidos, utiliza con frecuencia la frase, *el sentido común, no siempre es una práctica común,* y nos invita a que demos valor a lo que sabemos, lo que reside en nuestro interior, poniéndolo en práctica y, en particular, viviendo según nuestro sentido común.

Sigue el camino que te marco. Confía en que el contenido está organizado para ir construyendo desde los cimientos y para que, cuando lleguemos al tejado, la casa no se nos hunda. Mantén la curiosidad abierta de par en par, y despierta la parte aventurera que está en ti. Disfruta de cada paso. Cuanto mejor lo pases, más recibirás. No fuerces nada. Y, si crees que tu caso no tiene solución, que ya lo has intentado muchas veces, que te resulta muy difícil cambiar porque eres como eres y notas el desánimo abriéndose paso en alguna parte de tu cuerpo, entonces, sonríe ante este pensamiento, llena tu abdomen de aire y, simplemente, continúa leyendo.

Es mi deseo, y la razón por la que he puesto todo lo mejor de mí en escribir este libro, que añadas una nueva dimensión al estar vivo, al sentir. Que al final del trabajo con este libro te halles centrado en tu poder emocional, de tal forma que tu ansiedad, enfado, frustración, tristeza o depresión no sean emociones alarmantes de las que pretendes deshacerte, sino parte de tu poder y de la experiencia de estar vivo.

Espero que este libro, igual que el resto de lo que hago en mi vida, sirva para que amplíes tu capacidad de amar o, mejor dicho, de ser amor. Que te permita abrir más y más el corazón, en este caso abrirlo a tus emociones y, en particular, a aquellas que tiendas a rechazar. Que abras tu corazón al miedo, a la ansiedad, a la desesperación, a la ira... Sí, a todo ello. Porque eres amor y odio, cordura y desesperación, claridad y confusión, confianza y miedo... ¡¡Eres todo!! y solo abrazándolo podrás gestionarlo y volverlo constructivo.

¿Qué te parece el desafío?

Quizá ya hayas escuchado que, si bien no elegimos nuestras circunstancias y todo lo que nos pasa, lo que si podemos elegir es nuestra respuesta ante todo ello. Si esto no fuera así, el trabajo de desarrollo personal no tendría sentido. Es esta capacidad para responder intencionadamente en la que nos vamos a apoyar para retomar el poder emocional y convertirnos en creadores de nuestro estado emocional.

Me atrevo a asegurarte que tu vida puede llenarse de más amor, disfrute, ilusión, plenitud, complicidad, intimidad, abundancia... Y lo mejor de todo es que no se necesita ninguna condición previa, solo estar listos para decir: «Sí, quiero».

Si estás listo, escribe aquí tu nombre:

....

¿Quieres reconectar con tu poder emocional
y convertirte en el/la creador(a) consciente
(y deliberado/a) de tu estado emocional?

Y responde en alto y por escrito:

....

Si has escrito «Sí, quiero», ¡¡¡enhorabuena!!! y gracias por responsabilizarte de tu parte. Pasa a la página siguiente y comenzamos.

De la profundidad de quien soy
surge mi emoción.
¿Quién soy yo para esconderla?
¿Para decirle que no?
Si yo soy ella
y ella soy yo.

Bienvenido a tu poder emocional

CAPÍTULO 1

El círculo de poder emocional

«Los problemas no se pueden solucionar en el mismo nivel de conciencia en el que fueron creados».

Albert Einstein

El marco desde el cual miramos nuestras emociones definirá y limitará el tipo de gestión que hacemos de ellas. De ahí que, si queremos ampliar o cambiar algo en la gestión de nuestras emociones, es imprescindible revisar y actualizar el marco que está activo en nosotros en la actualidad.

El marco va a estar formado por los pensamientos o las creencias que tenemos sobre nuestras emociones y lo que consideramos adecuado o correcto hacer con ellas. Llegamos a estas creencias bien por lo que nos han contado o hemos oído, por cómo vemos a otros gestionar sus emociones o por las conclusiones que hemos ido sacando de las distintas situaciones que hemos experimentado durante nuestra vida.

«Hay que tener un cuidado con ella increíble. Tiene las lágrimas en el primer piso y llora por nada», oigo que le dice mi madre a mi tía en un tono un tanto exasperado, imagino que algo cansada de la situación. Tenía seis o siete años la primera vez que escuché a mi madre decir esta frase refiriéndose a mí. Podría habérmelo tomado como una forma amorosa que tenía mi madre de cuidarme, y sentir gratitud y amor hacia ella, e incluso enorgullecerme de ser diferente, de llorar con facilidad. Pero no fue así. Yo no quería ser diferente, ni especial. Prefería que me trataran como a mis hermanas y a mis primos. Y, sobre todo, deseaba dejar de incordiar con eso de llorar y ser fuerte, que parecía que eso gustaba más.

Y, aunque nunca nadie me lo dijo con estas palabras, esto es lo que concluí: Llorar es de débiles y molesta a las personas con las que estás. Más adelante le añadiría que es muy poco profesional. Y que, si quieres ser normal, fuerte y agradar a las personas a tu alrededor lo mejor es no llorar. Pero ¿cómo?, si las ganas me vienen solas y con mucha intensidad. Pues callándome, disimulando y mirando para otro lugar. Conseguí esconder las lágrimas frente a los demás, sí, pero no sentirme fuerte o dejar de sentir. Aunque nadie más lo viera, ellas, mis lágrimas, seguían ahí, acompañadas de vergüenza, inseguridad y debilidad. Algo en mi conclusión inicial no estaba funcionando, pero no me di cuenta hasta casi veinte años después, cuando otra persona volvió a mencionar mis lágrimas, pero de una forma muy distinta.

Me encontraba en una de las situaciones más difíciles si mi objetivo era no llorar: una despedida. En particular, mi despedida de mi primer trabajo. Mi jefe estaba a mi lado, y treinta y dos personas habían dejado sus escritorios a solas para venir a participar en la despedida formando un semicírculo enfrente de nosotros. ¡¡Horror!! No solo por la vergüenza de tener que hablar en público, que ya me aterraba en aquellos días, sino porque me temía lo peor: seguro que me echaba a llorar. ¡Qué vergüenza, qué poco profesional! Había visto ya unas cuantas despedidas y todas eran igual: el jefe dice algo sobre el empleado, le da un regalo en nombre del equipo, el empleado reconoce al equipo y la compañía y suenan los aplausos. Mi jefe, al que admiraba por su profesionalidad, empatía, su forma de enseñarme y su gran sentido del humor, comenzó a hablar sobre mí. La emoción vino nada más oírle empezar a reconocer mi trabajo y su experiencia trabajando juntos. No me preguntes qué dijo, porque al minuto mi mente era un caos concentrada en reprimir las lágrimas y aguantar sin llorar. Y llegó mi turno.

Creo que logré estar treinta segundos sin llorar, quizás fueron menos, pero a mí se me hizo larguísimo. Y tampoco recuerdo qué fue lo que dije, pues mi mente estaba funcionando en automático, hablando entre sollozos, mientras yo pensaba: «Menudo cuadro estás montando». Terminé rápido diciendo algo que era de lo más evidente para todos: «Estoy muy emocionada y no puedo seguir». Y entonces escuché los aplausos.

¡¡¡Uf!!! Por fin, había acabado. ¿O no? Mis compañeros volvieron a sus escritorios y no sé si pensaron en ello o no. Lo que sí sé es que yo entonces comencé con mi tortura particular: «Qué vergüenza, qué habrán pensado, qué mal he dejado a mi jefe, con lo majo que es, no se lo merece. Y encima estos ingleses habrán pensado que los españoles somos unos sensibleros». Aquella noche las personas de mi grupo fuimos a cenar, yo me senté al lado de mi jefe, y en cuanto encontré un momento, le pedí disculpas por haberme echado a llorar. Lo que me dijo después cambiaría para siempre mi relación con mis lágrimas y se lo agradeceré el resto de mi vida.

«Mónica, por favor, no te disculpes por tus lágrimas. He presenciado muchos discursos de despedida escuchando a la persona que se va decir que siente dejar el trabajo, lo bien que estaba aquí, etc., y hoy, escuchándote a ti, ha sido la primera vez que me lo he creído. Había sinceridad en tus lágrimas y han sido ellas las que me han hecho ver que lo que decías era real. Gracias por tu valentía y por hablar desde el corazón». Esta fue la primera vez que escuché la palabra *valentía* y la palabra *lágrimas* en la misma frase. David Smith fue la primera persona que me hizo ver que mis lágrimas tenían valor —aportaban credibilidad a mis palabras— y que no tenía por qué avergonzarme. A partir de ese día comencé a cuestionarme mi primera conclusión y, aunque no fue de un día para otro, hoy parto de que mis lágrimas son parte de mi fortaleza, soy yo, lo más auténtico y profundo de mí. Y las siento como un orgullo.

Ahora me gustaría hacerte un par de preguntas: ¿Cuál de estas dos conclusiones crees que me hará sentir más cómoda y segura conmigo misma? ¿Cuál de estas dos conclusiones consideras que me dará más poder a la hora de gestionar mis lágrimas cuando estas aparezcan? Fíjate que no te he preguntado cuál crees que es cierta, sino cuál crees que me será más útil para sentirme fuerte y gestionar así mi emoción. Si has pensado en la segunda, entonces pensamos igual. Mis lágrimas no eran la raíz de mi inseguridad, sino el hecho de que yo las veía como un síntoma de debilidad. Desde ese marco, conclusión, o como lo describe Einstein, «nivel de consciencia», era imposible ganar fortaleza o tomar el control de mis lágrimas. He tenido primero que cambiar la conclusión inicial por otra que da valor a mis lágrimas, para poder avanzar en mi seguridad después. Ellas ya no me asustan, ni llorar en público tampoco, ahora yo estoy al mando. Y en la actualidad, cuando siento venir mis lágrimas, yo elijo si quiero dejar de hablar. En la mayoría de las ocasiones simplemente continúo porque hoy, gracias a que las acepto, soy capaz de mantener en su presencia calma y claridad mental, y dejo que se unan al mensaje, que para eso están.

¿Te has preguntado alguna vez por qué las herramientas de gestión emocional, aunque nos prometen que funcionan, no suelen dar el resultado que esperamos? La razón es que la función de la herramienta es amplificar el poder que tú tienes y dirigirlo en una dirección concreta. Así, por ejemplo, un martillo en manos de un carpintero se convierte en una herramienta muy útil para ensamblar muebles. Sin embargo, en manos de una persona que está en un ataque de rabia puede convertirse en destructiva y muy peligrosa. Puedes contar con la herramienta más sofisticada, pero si la usas desde la inseguridad, como era mi caso, la duda o la incredulidad, te va a servir de muy poco. Para que las herramientas, los procesos y las técnicas que te voy a ofrecer en este libro, y las que ya conozcas, te sean útiles, primero tiene que ocurrir algo: que tomes el mando, el poder.

Lo que voy a plantearte a continuación es una serie de ideas o conclusiones muy útiles para que las consideres y experimentes con ellas si tu objetivo es ponerte al mando de tus emociones y reconectar con tu poder emocional.

El círculo del poder emocional

Es un marco compuesto por "siete elementos": seis pilares y un puesto de mando, cuya función principal es crear un nivel de consciencia que nos conecte con nuestro poder emocional y asistirnos desde ahí en la gestión de nuestras emociones.

Gráfico 1. Círculo de poder emocional

Espero que en este punto estés abierto a considerar que si quieres que la gestión actual que haces de tus emociones cambie, nada ni nadie tiene que cambiar, pero sí alguna de tus conclusiones sobre las emociones y quizás también sobre ti mismo. Una gran noticia, por cierto, ya que tus conclusiones, independientemente de quién o qué intervino en su proceso de creación, son tuyas. Tú las elijes. Están en tu control.

¡El control es la clave!

¿Te suena alguna de estas frases? «Soy incapaz de aguantarme y morderme la lengua». «Yo no hago nada, me levanto ya con ansiedad». «Me pone de los nervios y no se qué hacer al respecto». «Me afecta todo un montón y no lo puedo evitar, sufro mucho». «Estoy todo el día con altibajos, un día estoy fenomenal y al siguiente no puedo con la vida». Estas frases sugieren que no nos sentimos en control de lo que nos ocurre emocionalmente. La falta de control, o la percepción de falta de control, provoca frustración, inseguridad, temor o, llegados al extremo, incluso pánico. Y es así como muchas veces nos sentimos con respecto a nuestras emociones. Por esta razón, si queremos ganar seguridad en presencia de nuestras emociones, nos será muy útil aprender qué está en nuestro control en lo que respecta a su gestión. Y qué está en nuestro control es exactamente lo que nos ofrece el círculo del poder emocional. Además, nos asegura que, si nos mantenemos dentro, estaremos al mando de nuestras emociones y en la mejor posición posible para gestionarlas.

A través de las páginas de este libro veremos que en ocasiones cedemos nuestro poder y se lo damos a otras personas —bien por su función o por lo que pensemos de ellos—, a las convenciones sociales, a la familia en la que hemos crecido o a la imagen en la que creemos que hay que encajar. El círculo, sin embargo, asume que tomas el poder, y te invita a que te coloques en el lugar más importante: el centro. Desde ahí verás mucho mejor todo lo que está en tu control. Los pilares serán los controles de mando, y quien dirige, desde el centro, serás tú. Tú eres la figura principal del círculo. Recuérdalo durante todo el libro.

Pilar 1
Reconocer

Cierra los ojos durante quince segundos. ¿Qué emoción sientes en este momento? René Descartes pensó que había seis emociones básicas. En la película *Del Revés (Inside Out)* nos hablan de solo cinco emociones básicas. Tiffany Watt-Smith, autora del libro *La historia de las emociones,* nos habla de ciento cincuenta. Y en el proyecto *Universo de*

Emociones (Eduard Punset, el estudio de diseño PalauGea y Rafael Bisquerra) encontraremos trescientas siete emociones. ¡Trescientas siete emociones! Cada una con su nombre y sus peculiaridades, que en el día a día reducimos a:

(Bien) «Bien, no me puedo quejar».
(Normal) «Normal, supongo».
(Neutro) «Sin más».
(Regular) «Tirando». «¡Buf!». «¡Mmm!».
(Mal) «¿Cómo quieres que esté? ¡Pues mal!».
(Muy mal) «Fatal, ni me hables».
«¡Con un cabreo que ni te cuento!».

Si bien podemos considerar este hecho como un ejercicio de simplificación o de minimalismo extraordinario, a la hora de ponernos al mando de nuestras emociones nos muestra con claridad el primer obstáculo con el que nos encontramos: No sabemos con precisión cómo nos sentimos o nos cuesta distinguirlo. Y, de hacerlo, nos encontramos con que nos falta vocabulario para nombrarlo o hablar de ello. Cuando decimos que estamos bien, ¿qué es bien: ilusionados, descansados, orgullosos, enamorados, chispeantes, optimistas, agradecidos, contentos, deseosos...? Y, cuando decimos que estamos mal, ¿qué es mal: desesperados, desilusionados, malhumorados, cansados, irritados, confusos, inquietos, preocupados, impotentes, aburridos...?

Imagina por ejemplo la desilusión y el agotamiento. Ambas emociones se pueden manifestar con malhumor y con contestaciones desagradables hacia las personas que están a tu alrededor. Sin embargo, si queremos gestionarlas satisfactoriamente, necesitaremos actuar de forma muy distinta para cada una de ellas. De la misma forma, la calma y el entusiasmo son dos estados de bienestar, pero las condiciones que las despiertan son muy distintas.

La razón principal por la que nos cuesta distinguir cómo nos sentimos y ponerle palabras específicas que lo describan es que estamos muy faltos de práctica. Y es normal que no seamos muy buenos en aquello en lo que no tenemos práctica. Hablar de cómo nos sentimos, de nuestras emociones, es bastante poco común, nos sentimos incómodos haciéndolo y puede incomodar además a la persona con la que lo compartimos. Así que preferimos callar y dejarlo pasar. La consecuencia: cuando necesitamos hablar de ello, aunque sea con uno mismo, no tenemos ni idea de cómo hacerlo. Llevamos tanto tiempo haciendo como que no tenemos emociones, que se nos han olvidado hasta sus nombres. Pero ¡tranquilidad! No hay que aprenderse las trescientas siete emociones ni distinguirlas. Ni siquiera ciento cincuenta.

Lo verdaderamente importante es que te pares a hacerte la pregunta: «¿Cómo me siento?, ¿qué emoción hay en mí?». Y que la identifiques lo mejor que puedas en ese momento. Si no encuentras una palabra para describirla, utiliza una metáfora o una frase entera. No se trata tanto de utilizar la palabra elegida por la Real Academia para nombrar la emoción, sino que empieces a ser consciente de ellas y de sus diferencias. El simple, que no siempre fácil, hecho de reconocer la emoción tiene un doble beneficio:

1. Por un lado, es un acto de apreciación, de dar valor, y eso tendrá un efecto positivo en la relación con tu emoción y por lo tanto en la relación contigo.

2. Y, por otro, creas distancia evitando identificarte con ella y darle así el mando.

Uno de mis clientes en su primera sesión se presentó diciendo: «Mi problema es que soy muy inseguro». Cuando le pregunté en qué momentos de su vida se sentía inseguro, resultó que eran exclusivamente dentro de su trabajo. Profundizando un poco más y recordando otros trabajos que había tenido, resultó que en ellos se había sentido seguro, creativo, pleno. Recordar momentos de seguridad en su trabajo le hizo ver que no era inseguro en el trabajo, sino que hay algo en las circunstancias actuales que provocan que su inseguridad se despertase. Es en este momento cuando él toma el mando. Y es que no es lo mismo considerarse una persona insegura tratando de afrontar una situación, que una persona segura, creativa y con ilusión tratando de gestionar una situación de inseguridad. Así que el primer paso para ponernos al mando de nuestras emociones es distinguirlas, reconocerlas.

Este pilar utiliza la consciencia como recurso principal. Reconocer es descubrir, notar, sacar a la luz. Y es que no podemos gestionar aquello que no vemos o que no sabemos qué es. Estar atentos a notar lo que sentimos nos proporcionará además una ventaja grande en la gestión de las emociones, ya que las veremos venir. Por ejemplo, podremos sentir con más nitidez el cansancio antes de llegar al agotamiento, o la incomodidad antes del enfado. Notar, y ser conscientes, nos da la oportunidad de actuar, si así lo elegimos, antes de que la emoción escale y coja más velocidad o fuerza. Nos pone al mando. En el capítulo 2 tendrás la oportunidad de explorar tu territorio emocional usando un mapa que te permitirá reconocer más fácilmente qué sientes y orientarte dentro del fantástico y revelador mundo de las emociones.

Pilar 2
Aceptar

Imagina una ola de mar al llegar a la orilla, rizándose, rompiendo y batiéndose para formar la espuma que después se desliza por la arena de la playa, cada vez más lentamente hasta que se deshace de toda su fuerza. Es entonces cuando se retira de vuelta al mar. Imagina ahora que a cien metros de la orilla de la playa construimos una pared que impide que las olas lleguen hasta allí. Para ello, la pared tendrá que retener la energía que trae cada ola y soportar la presión de esta. Una ola tras otra se van acumulando, sumando su energía en la pared, hasta que esta ya no puede más. ¿Qué ocurre en ese momento? Que la pared cede y toda la fuerza acumulada avanza ahora hacia la orilla en una sola ola, con la fuerza de un tsunami, y se lleva por delante todo lo que encuentra.

Nuestras emociones son como las olas de mar. Tienen su propia energía y podemos dejarlas que lleguen a la playa, algo que hacemos con la alegría, el optimismo, el alivio, la satisfacción. O crear una barrera para impedir que lleguen a la orilla y retenerlas dentro de nosotros, como hacemos con la rabia, la inseguridad, la frustración, la desilusión, la depresión. ¿Por qué nos resistimos a unas y abrimos nuestros brazos de par en par a otras? ¿Qué diferencia hay entre unas y otras? En realidad, la única diferencia entre las distintas emociones es la función que cumplen en el momento en el que las sentimos. Sin embargo, el ser humano, en su afán de catalogar y etiquetar todo aquello que encuentra, ha decidido que hay dos tipos de emociones, a las que, por supuesto, hay que tratar de forma diferente:

Tipo 1: Emociones buenas, adecuadas y positivas.

Comportamiento hacia ellas: las aceptamos, las deseamos, las disfrutamos, las enseñamos y las compartimos.

Tipo 2: Emociones malas, inadecuadas y negativas.

Comportamiento hacia ellas: las sufrimos, las rechazamos, las resistimos, las ignoramos y las escondemos.

De hecho, la gran mayoría de las personas que he conocido que querían aprender a gestionar sus emociones no estaban interesadas en gestionar la ilusión, la alegría o la plenitud. Su objetivo principal era deshacerse o dejar de sentir una emoción que consideraban negativa. Veremos que es posible aprender a gestionar uno de nuestros miedos para que este no se apodere de nosotros en un momento dado o no limite nuestra vida o lo que hacemos en ella, pero eso no significa que dejemos de sentir miedo. Dejar de sentir una emoción es como pedirle al águila que deje de ser águila, a tu mente que no vuelva a pensar más o a tus ojos que mientras estén abiertos no perciban la luz.

Simplemente, no es posible. Etiquetar ciertas emociones como negativas, como si fueran un problema, nos hace ponernos en guardia ante ellas y cometer el primer error relacionado con la gestión de nuestras emociones:

ERROR #1: Resistirnos a nuestras emociones con el fin de que desaparezcan.

Este error tiene las siguientes consecuencias graves, que espero, nos ayuden a reconsiderar y abandonar el hecho de etiquetar a nuestras emociones.

Por un lado, al oponer resistencia creamos una lucha interna. De forma que ahora, no solo tenemos la emoción de miedo, por ejemplo, sino que además despertamos insatisfacción personal por tenerlo, nos culpamos por no ser más seguros y, de alguna forma, nos rechazamos a nosotros mismos. En esta lucha es la emoción la que suele tomar el mando. Además, al dirigir nuestra atención a la emoción con el fin de deshacernos de ella, conseguimos lo opuesto de lo que queremos, la hacemos más grande, normalmente alimentándola con nuestros pensamientos.

Por otro lado, al cerrarnos a ver cuál es la utilidad de la emoción y buscar exclusivamente que desaparezca, la inhabilitamos para cumplir su cometido. Esto contribuirá a que regrese de nuevo, hasta que decidamos abrirnos a ver y escuchar, y facilitaremos el hecho de que se quede atascada en nuestro cuerpo. Recuerda que la emoción es energía en acción. Y nuestro cuerpo es el medio conductor en el que se mueve. Así que cada vez que aguantamos, reprimimos o escondemos una de estas energías, esta se cobija dentro de nuestro cuerpo en una forma u otra, hasta el punto de llegar a somatizar físicamente la emoción.

Este pilar nos propone aceptar nuestro estado emocional, sea el que sea, como paso para poder tomar el verdadero control de la emoción. Y es que solo cuando lo aceptamos podemos trabajar con ello, gestionarlo. De lo contrario, toda nuestra energía se irá en resistirnos, negar o esconder la emoción como forma de gestión. Ahora bien, ¿cómo aceptar algo que hemos catalogado como malo, negativo o inadecuado? Pues muy sencillo: ¡recatalogándolo! Y, para ello, te propongo una nueva creencia sobre las emociones:

«Mis emociones son parte de mí, existen para mi propio beneficio. Todas son útiles y tienen una función específica en el momento que aparecen, aunque yo no sea consciente de ella».

Aceptar no significa resignarse, aguantarse o engañarse y decir que una emoción que te resulta desagradable es agradable. Significa decir: «Estás aquí, te veo, vamos a ver qué hacemos ahora». Significa dejar de luchar, de resistirse o de ir en contra de quien soy en ese momento. Este pilar nos recuerda la necesidad de abrir nuestro corazón a ser generosidad, amor e ilusión, y también a ser apatía, impaciencia e inseguridad. No porque no me quede otro remedio, sino por elección propia de aceptar que tanto la luz como la sombra son partes de quien soy y que ambas tienen su función. Solo dando este paso de abrir nuestro corazón podremos evitar que la emoción tome el control de la situación.

El objetivo de aceptar no es que las emociones desagradables desaparezcan, se vuelvan agradables o me lleguen a gustar, sino que lo desagradable se vuelva útil para mí. A nadie se le ocurre decir: «Por favor, quitadme la sensibilidad al calor. No quiero sentir el dolor de cuando me estoy quemando». El dolor está diseñado para prevenirnos, alertarnos de un peligro y, por lo tanto, para mantenernos seguros. ¿Por qué desear deshacernos de aquellos mecanismos que nos resultan muy útiles y trabajan para nosotros? Aceptar nos regala la paz interior que surge de la ausencia de conflicto, de estar en armonía con uno mismo. Desde ahí, podremos acceder a una mayor claridad y confianza a la hora de gestionar las emociones. Si aceptas a las personas que quieres con lo bueno y con lo malo, este es el momento de que hagas lo mismo con tus emociones y ames lo mismo a las que consideras buenas como a las que consideras malas. En el capítulo 3 profundizaremos en la aceptación de forma práctica como primer paso para la gestión de nuestras emociones.

Pilar 3
Estar

¿Qué tipo de camarero o de camarera eres tú? Imagina que llegas a un bar con una sed tremenda. La camarera está al final de la barra hablando con un par de personas, te ve entrar y gira la cabeza rápidamente haciendo como que no te ha visto. Le llamas con educación, «perdone», pero nada, parece que no te oye. Le haces señales con la mano. El mismo resultado. Finalmente, te acercas donde está ella y no puedes creer lo que oyes: «Mira que es pesada, ¿pero no ve que no me gusta y que no la quiero atender? A ver si se va de una vez». Mientras, tú sigues con sed y, como este es el único bar cercano y esta la única camarera que te puede servir, no puedes hacer otra cosa que quedarte ahí, y de vez en cuando probar suerte otra vez, porque tú necesitas apaciguar tu sed.

Este es nuestro comportamiento con muchas de nuestras emociones. Especialmente con las desagradables o negativas, pero también incluso con las agradables y positivas, si resulta que su manifestación no se considera adecuada o apropiada en ese momento. Por ejemplo, si alguien lo está pasando mal, se considera de mal gusto que muestres tu alegría o satisfacción con tu vida actual, pues parece que le estás dando envidia, que te chuleas o que no tienes empatía. Está mejor visto esconder tu alegría y bienestar, y unirte al malestar del otro. Veremos que esto no solo te sienta mal a ti, sino que, además, no ayuda en nada a la persona que lo está pasando mal.

El pilar 3 nos invita a que seamos camareros respetuosos, que reconozcamos que hay un cliente y que le atendamos. Incluso que vayamos un poco más allá, que le demos la bienvenida y que le hagamos sentir como en casa. Cuanto más auténtica y verdadera sea nuestra aceptación, cuanto más abramos el corazón a nuestra emoción, más sencillo será *estar*. De hecho, si nos resulta muy difícil *estar* con la emoción, es síntoma de alguno de estos tres aspectos:

1. Pretendemos que la hemos aceptado. Pero en realidad lo decimos de boquilla, porque pensamos que así nos desharemos de ella.

2. Tenemos miedo de estar con la emoción. La intensidad de la emoción nos asusta y no confiamos en que seremos capaces de mantenernos al mando.

3. No sabemos cómo hacerlo. ¿Cómo acoger aquello que llevo prácticamente toda la vida rechazando o reprimiendo?

Veremos que este pilar nos lleva a cultivar la presencia en el momento presente, en la cualidad física de la emoción, y a expandir nuestra experiencia del ser, dando permiso y acompañando a lo que es. Nos recuerda el poder de observar y también de confiar. Observar de forma neutral, sin juicios ni expectativas, y confiar en que todo está bien como es, en que somos capaces de ponernos al mando de nuestra emoción y en que esta quiere lo mejor para mí. Al *estar* no tenemos ninguna otra pretensión que la de ser conductores de la energía emocional. No se trata de escuchar o de aprender, no por el momento. Simplemente observar y ser. *Estar* con nuestra emoción desde la observación despierta la sensación de compañía, de conexión con uno mismo, de unión. De ser algo más que nuestra emoción, de estar al mando, de tranquilidad y control. Y es además el paso sin el cual no pueden ocurrir ni la gestión física ni la evolutiva. ¡Estar es fundamental!

Si lo que más te preocupa ahora es cómo hacerlo, cómo estar con tu emoción, respira profundamente, sonríe y continúa leyendo, sabiendo que en el capítulo 3 encontrarás procesos, técnicas y ejercicios con los que experimentar y adentrarte en el arte de estar y acompañar.

Pilar 4
Responsabilidad

«Soy incapaz de evitarlo, es aparecer y ya me pone nerviosísima». «Si yo estoy bien hasta que viene ella». «Me desespero con ellos, no hacen nada bien». «Si yo entro con ilusión a la oficina, pero es verles las caras que tienen y se me baja la moral». «Este teléfono me pone mala». «¡Este programa lo han hecho exclusivamente para fastidiar al personal!». «No soporto las reuniones familiares, ¡me aburren soberanamente!». «El tráfico de las mañanas me estresa un montón». Estas frases del día a día son un ejemplo perfecto del segundo error más común que cometemos en la gestión de nuestras emociones.

ERROR #2: Responsabilizar o culpar a una persona, objeto, situación o circunstancia de ser la causa de nuestro estado emocional.

Si nos fijamos en los ejemplos anteriores, los causantes de nuestro nerviosismo, irritación, frustración, aburrimiento o desilusión, ¡según nosotros!, son: los demás, el teléfono, las reuniones familiares, el programa del ordenador, el tráfico... Y el precio que pagamos por cometer este error es enorme: perder control sobre nuestro estado emocional. Al responsabilizar a una persona o circunstancia externa —por cierto, dos de las formas más comunes de dar nuestro poder—, creamos una condición de dependencia emocional. Y según esta condición es la otra persona o circunstancia la que tiene que cambiar para que nuestra emoción cambie. Ahora bien, no sé si lo habrás intentado alguna vez, pero cambiar aquello que no depende de ti no solo resulta bastante laborioso, sino que además suele acabar en frustración, impotencia y desesperación, y terminamos por gestionarlo con quejas sin llegar a conseguir el cambio que queremos.

Entonces, ¿por qué lo hacemos?, ¿por qué echamos balones fuera? Principalmente, por desconocimiento. Simplemente no somos conscientes de que con esa estrategia perdemos nuestro poder. Además, es lo que hemos aprendido de pequeños. Las típicas frases: *pórtate bien que si no me pongo triste*, o, *parece que lo haces para fastidiarme*, nos sugieren que el estado emocional de una persona depende del comportamiento de otra. También puede ser una estrategia de protección. Responsabilizarse conlleva reconocer que algo tiene que cambiar en uno mismo, que hemos contribuido al resultado. Y esto al ego no le acaba de sentar nada bien, ya que ve el cambio como una amenaza y le disgusta reconocer que estaba equivocado. Ahora bien, podemos elegir entre tener razón o la seguridad que nos proporciona el control.

El pilar de la responsabilidad nos invita a practicar la humildad para reconocer que algo que hacemos o pensamos no nos está siendo útil, y la valentía para pasar a la acción, cambiar y abrirnos a otras formas de actuar o de ver. Cambiar da miedo. Reconocer que somos nosotros o algo en nosotros la causa de sentirnos mal puede ser aterrador para nuestro ego, sí, pero a la vez es la puerta que tenemos que abrir y por la que debemos pasar para identificar la verdadera causa de nuestra emoción, que se encuentra en nuestro interior y que siempre está en nuestro control. Es conveniente que en este punto planteemos una distinción entre el estímulo que despierta la causa de la emoción, y la causa de la emoción.

Lo que observamos fuera, el comportamiento de otras personas, sus puntos de vista, la atmósfera de la oficina, el funcionamiento lento del móvil, etc., no son más que estímulos que despiertan la causa de la emoción en nosotros. De ahí que el mismo estímulo, por ejemplo, la rabieta de un niño pequeño, desconcierte o haga perder los nervios a uno de los padres, mientras el otro mantiene la calma como si no pasara nada. O que un contratiempo en unas vacaciones programadas despierte emociones tan distintas dentro de un grupo de personas. La situación es la misma, sin embargo, unos sentirán rabia, otros descontento, otros curiosidad y otros calma o incluso alivio. El estímulo no está en nuestro control, pero sí la causa, que veremos que está relacionada con nuestros pensamientos, necesidades, valores y principios.

Este pilar nos propone por lo tanto que nos apropiemos de nuestra emoción, que la hagamos nuestra con el fin de retomar el poder que soltamos al responsabilizar a otros de ella. Y que nos preguntemos: ¿qué puedo cambiar yo para sentirme como yo quiero? En el capítulo 4, la gestión emocional evolutiva, profundizaremos en las distintas causas de las emociones y entenderemos mejor qué es lo que está en nuestras manos cambiar.

Pilar 5
Elegir

Deja un barco con el motor apagado en medio del mar. ¿Hacia dónde va? Hacia donde vaya la corriente. Si ese día la corriente fluye hacia el norte, el barco irá hacia el norte; si va hacia el sur, el barco irá hacia el sur. Sin embargo, si subimos a la sala de control, elegimos en el mapa el destino hacia el que queremos dirigirnos, calculamos la mejor ruta, encendemos el motor y giramos el timón en esa dirección, ¿hacia dónde irá el barco? Ahora es mucho más fácil predecirlo, ¿verdad? Claro que, si nuestra intención es continuar en la dirección elegida, además tendremos que mantenernos atentos a las circunstancias externas e ir haciendo las correcciones y los ajustes necesarios durante el camino. De ahí que sea imprescindible que haya siempre un piloto al timón que conozca el destino y la dirección que ha de seguir el barco. Que viene una tormenta y nos desvía, no pasa nada, no cambiamos el destino, simplemente recalculamos la ruta y seguimos en marcha.

Llegados a este punto, no te sorprenderá que diga que tú eres ese piloto, pero ¿conoces el destino y la dirección? Cuando empiezas el día, ¿hacia dónde te diriges emocionalmente? Si estás de vacaciones, creo que puedo acertar la dirección que inconscientemente elegirás: calma, desconexión y *relax* si has elegido un lugar de playa tranquilo y sin mucha gente o un todo incluido. Y disfrute, emoción y sorpresa si has elegido hacer turismo de aventura. Pero, en un día normal, cuando sales de casa, ¿eres consciente del destino emocional hacia el que te diriges? ¿O te dejas llevar por la emoción con la que te levantaste, la que se despierta al ver el tiempo que hace fuera o al escuchar el nuevo escándalo de corrupción en las noticias de la radio? ¿O quizás simplemente al salir te encomiendas al cielo para que sea un buen día y dejas tu emoción en manos de la providencia? Este es sin duda el tercer error más común que cometemos.

ERROR #3: Dejar nuestro estado emocional a la deriva, es decir, sin información sobre el destino o sin piloto al timón.

¿La consecuencia? Cuando las cosas van bien, es decir, como yo quiero o las he planeado —estoy de vacaciones con un grupo de personas y nos lo estamos pasando fenomenal o tengo una buena racha—, prácticamente ninguna. Sin embargo, cuando aparece un imprevisto y se tuercen las cosas o estoy en compañía de una persona que se queja de todo o no veo la luz al final del túnel, entonces, ese tropiezo momentáneo puede enturbiar el resto de nuestro día y alargarse innecesariamente. La energía de la emoción tiene su propia inercia y, una vez que empezamos a avanzar en una dirección, si no hacemos nada al respecto, no solo continuaremos en esa dirección, sino que además lo haremos cada vez con más velocidad. Hasta que otra situación nos haga volver a cambiar el rumbo. Por lo tanto, el truco para no depender emocionalmente de lo que nos rodea es elegir la dirección de avance y estar atentos, por si nos desviamos, poder regresar a ella.

Mucho antes de ser consciente de que mi estado emocional estaba en mi poder, perdía el norte con facilidad. Me viene a la memoria una mañana de mayo en la M30 de Madrid. Iba hacia el trabajo con muy buen humor gracias al programa de radio que cada mañana me hacía reír y disfrutar de los cuarenta y cinco minutos de trayecto. Como de costumbre, estábamos completamente parados. Delante de mí, una fila de coches que llegaba tan lejos como mi vista podía alcanzar. Entonces, el coche de delante arrancó y yo tardé unos diez segundos en seguirle. Diez segundos que encendieron al conductor del coche de atrás de tal manera que le llevó a acelerar bruscamente, a meterse como pudo en el carril de al lado para adelantarme y volverse a poner delante de mí, mientras me gritaba que si estaba dormida. Todo mi humor y mi bienestar se esfumaron como por arte de magia y dio paso a la indignación, al enfado y a la ira, que me duraron, no solo el tiempo que le tuve delante porque la caravana no avanzaba, sino que dejé que ese incidente amargara el resto de mi mañana.

Hoy en día, sigo encontrándome de vez en cuando con situaciones que me provocan enfado de forma instantánea. Sin embargo, en los últimos años, y gracias a que doy prioridad a cómo me siento, me resulta mucho más fácil recuperarme de estas situaciones y ponerles fin. Y todo empieza por elegir cómo quiero sentirme.

Incluso si se tuerce el día, está en nuestras manos quejarnos, tirar la toalla y dejarnos llevar por la corriente, o mantenernos al mando. Y para ello nos ayudará inmensamente saber a dónde vamos. Elegir el destino nos proporciona claridad a la hora de tomar decisiones y poner límites si es necesario, aviva nuestra creatividad al enfocarla en algo concreto, elimina la inseguridad que se despierta con la incertidumbre de «a ver cómo es el día de mañana» y, sobre todo, nos conecta con la libertad de ser nosotros mismos. Nos recuerda que tenemos opciones, y que, al elegir nuestra respuesta, estamos también eligiendo lo que esta despierta emocionalmente en nosotros. Por ejemplo, ante una persona que se está quejando, podemos dejarnos llevar y responder haciendo lo mismo, encontrando algo en nuestras vidas de lo que quejarnos o quejándonos de su queja. Podemos empatizar con la persona y abrirnos a escuchar mientras la persona se desahoga o buscamos soluciones juntas. Podemos compartir nuestra necesidad de hablar de cosas positivas. O redirigir la conversación hacia un tema diferente. Y cada una de estas respuestas lleva acompañada un estado emocional particular que puede ir desde la irritación y la frustración hasta la satisfacción y el poder. Las personas y las circunstancias a nuestro alrededor nos van a influenciar, sí, pero el poder solo se lo podemos dar nosotros. Y es en el momento en el que cedemos nuestro poder a otras personas o circunstancias cuando se pueden convertir en tóxicas para nosotros.

Puede que ahora te estés preguntando: «Si elijo alegría y disfrutar, ¿voy a estar alegre y voy a disfrutar todo el rato?». La respuesta es que, si de verdad te lo propones, está en tus manos crear muchos más momentos de alegría y disfrute en tu vida. Ya que como puedes estar intuyendo, el estado emocional no es algo que posees y puedes perder, —«antes tenía confianza y la he perdido»—, sino que es una energía que generas consciente o inconscientemente —«antes creía en mis posibilidades y ahora dudo de ellas»—. El pilar de elegir te propone que atiendas tu estado emocional igual que atiendes tu estado físico, de una forma intencionada. Esta es la base de la gestión emocional intencional que desarrollaremos en los capítulos 5, 6 y 7 y que responderán en particular a qué podemos hacer para generar más amor, confianza y paz interior.

Pilar 6
Aprender

Me viene a la memoria el caso de un matrimonio que perdió a su hija de doce años por una enfermedad. Sin duda alguna, una de las situaciones más terribles que un ser humano puede experimentar durante su vida. En el proceso de la enfermedad y la muerte, la madre acabó concluyendo que cada momento de vida es un momento precioso, que estar viva es un regalo que podemos apreciar o esconder en un cajón y no darle importancia. Y algo todavía más poderoso para ella. Descubrió que estaba llena de amor, que tenía muchísimo que dar. Y que, si no podía dárselo a su hija, se lo daría al resto de personas de su entorno. La persona que me contó esta historia lo hizo como respuesta a una pregunta que yo le hice: «Piensa en alguien a quien admires y dime qué es lo que admiras». Su respuesta fue: «A mi tía. Admiro la alegría con la que vive cada momento, su determinación para disfrutar de la vida, su generosidad y su gran corazón, y todo esto después de lo que ha pasado». El dolor y la tristeza no solo la han llevado a aprender sobre la vida y sobre sí misma, sino que además la han convertido en inspiración para todos los que la conocen y toman contacto con ella.

¿Cuántas veces has oído que cada momento es único y que hay que disfrutarlo? Seguramente no sea un concepto nuevo. Sin embargo, ¿disfrutas de cada momento como si fuera único? ¿Mantienes tu corazón abierto y despiertas cada día en ti la alegría de vivir, como hizo esta mujer? Muy probablemente ella también lo había escuchado antes, pero las palabras, por si solas, no enseñan. Sin embargo, la experiencia, gracias a la emoción que despierta, ayuda a nuestro cerebro a aprender. Según Francisco Mora, uno de los máximos referentes dentro del campo de la neuroeducación, la disciplina que estudia cómo aprende el cerebro, «la emoción es el ingrediente secreto del aprendizaje». La información que percibimos por los sentidos pasa por el sistema límbico, o cerebro emocional, antes de ser enviada a la corteza cerebral, encargada de los procesos cognitivos. En el sistema límbico se encuentra la amígdala, que se activa ante eventos importantes para la supervivencia, lo que consolida un recuerdo de manera más eficiente y ayuda, por tanto, en el proceso de aprendizaje. De ahí que, cuando uno mismo llega a una conclusión, es como si la pieza de un rompecabezas hubiera hecho clic y hubiera encontrado su lugar. Y es entonces cuando pasamos de pensarlo y hablarlo a vivirlo.

En el caso de la mujer que perdió a su hija, pasa a disfrutar de las pequeñas cosas y a tener, aunque parezca una contradicción, una vida más plena, ya que se ha expandido su capacidad de apreciar y despertar alegría en el día a día, a la vez que se ha despertado una nueva consciencia sobre la grandeza de su corazón acompañado de un nuevo sentido de vida: compartirlo. ¿Quiere decir esto que no echa de menos a su hija? Es muy probable que la tenga presente en cada momento de su vida, y sea precisamente este recuerdo el que mantenga su compromiso firme de amar y apreciar a cada persona y cada momento, y de sentir la alegría de estar viva.

Seguro que conoces historias de personas que ante una circunstancia adversa han elegido el aprendizaje y expandir su experiencia de vida. Desde fuera lo llamamos «capacidad de superación». Sin embargo, lo que a veces no vemos, y que este pilar nos recuerda, es que no hay superación ni expansión sin que haya un aprendizaje que nos abra las puertas a una forma nueva de experimentar la vida. Seguro que también conoces a personas que ante una situación adversa eligen, aunque crean que no lo están eligiendo, el rencor hacia la vida o los demás, la desconfianza, la queja, la negatividad. Eligen cerrarse a la emoción, no experimentar dolor, tristeza, desilusión. Es entonces cuando experimentamos la contracción, el estancamiento y la disminución de la alegría, el amor y la plenitud en nuestras vidas. Ante la resistencia al sentir, el aprendizaje tarda mucho más en ocurrir.

Todavía hoy, la astrofísica sigue observando que el movimiento del universo es de expansión. El aprendizaje es la capacidad con la que cuenta el ser humano para formar parte consciente de este movimiento de expansión. La alegría y satisfacción que sentimos cuando aprendemos algo nuevo es la forma que tiene nuestro ser de compensarnos por el esfuerzo y la valentía que significa avanzar hacia lo desconocido y convertirlo en parte de nosotros. La capacidad de aprendizaje nos ayuda a desarrollar habilidades, nuevos hábitos, actitudes y formas de pensar. A evolucionar de forma consciente y, sobre todo, a conocernos a nosotros mismos. Uno de los pensamientos que más ilusión despierta en mí es saber que podré estar aprendiendo hasta el último instante de mi vida. Aprender tiene el potencial de mantenerme vital, ilusionada y segura, ya que no necesito saberlo todo, solo asegurarme de que estoy abierta a emocionarme y aprender.

¿Tienes curiosidad por saber qué aprendizajes tienen tus emociones para ti? Pues adelante, ahora te toca a ti. Recuerda que yo te señalaré el camino y te iré dando el «quehacer» para ir sorteando y superando los obstáculos, pero el camino lo tienes que andar tú. ¡Ahí es donde está la emoción!

Propuestas prácticas

Al final del libro, ¿cómo sabrás si has ampliado la forma como gestionas tus emociones? La manera que yo te propongo es medir tu progreso. Ser consciente de tu progreso es fundamental a la hora de mantenerte motivado para experimentar y continuar avanzando. En ocasiones, sin embargo, puede parecerte que no hay avance. Si es así, observa si estás cometiendo alguno de estos dos errores:

1. No reconoces o no das importancia a los pasos que estás dando porque los consideras pequeños o insuficientes. Si es así, recuerda que el aprendizaje es un proceso y que cada paso cuenta. Está en tus manos celebrarlo y seguir avanzando, o desecharlo y tirar la toalla.

2. No tienes forma de medirlo. En este caso, es necesario que definas unos indicadores específicos que no solo pongan en relieve dónde estás en cada momento, sino que además te direccionen en las áreas más significativas y de mayor influencia, en este caso, para ponerte al mando de tus emociones.

Verás que las áreas que yo te propongo coinciden con los seis pilares del círculo del poder emocional, ya que son fundamentales para hacernos con el mando de la energía emocional y mantener nuestro poder. Las propuestas que encontrarás en este libro están diseñadas para que desarrolles estas áreas y avances en ellas. Pero empecemos por el principio: identificar el punto de partida. O, todavía mejor, «tu» punto de partida. ¿Te pica la curiosidad?

■ PROPUESTA 1. *Autoevaluación*

El objetivo principal de esta autoevaluación es proporcionarte claridad respecto a dónde estás, la dirección que debes seguir y la posibilidad de medir tu progreso más adelante. No se trata de castigarse o juzgarse, simplemente ver el punto de partida para poder elegir el siguiente paso. Si quieres avanzar, es necesario reconocer y aceptar dónde estás. La honestidad contigo mismo, aunque en ocasiones cuesta reconocer-se, te devolverá el poder de cambiar.

Pilar 1: **Reconocer**

0: No tengo ni idea de qué emoción tengo. Hace mucho que no siento nada.
10: En cada momento soy capaz de saber cómo me siento, distingo perfectamente una emoción de otra y puedo expresar mis emociones con precisión.
Mi puntuación (Del 0 al 10):

Pilar 2: **Aceptar**

0: No creo que las emociones sirvan para nada. Las veo más como un estorbo y creo que viviríamos mejor sin ellas.
10: Creo que la emoción es una parte inherente a la experiencia de ser humano y vital para el autoconocimiento, para navegar la relación con

uno mismo y los demás y vivir intencionadamente.
Mi puntuación (Del 0 al 10):

Pilar 3: **Estar**

0: Me siento extremadamente incómoda con mis emociones y hago todo lo que sea para no sentirlas.
10: Me siento cómoda con mis emociones, incluso las desagradables, me permito sentirlas, explorarlas y me siento bien expresándolas en público.
Mi puntuación (Del 0 al 10):

Pilar 4: **Responsabilidad**

0: Tengo muy claro que yo estaría bien y todo sería perfecto si no fuera por el comportamiento de otras personas o por las situaciones que me ha tocado vivir. ¡Mis emociones no dependen de mí!
10: Mis emociones son consecuencia de cómo veo o me tomo las cosas. Del momento de desarrollo personal en el que me encuentro. La verdadera causa de mi emoción está en mi poder.
Mi puntuación (Del 0 al 10):

Pilar 5: **Elegir**

0: Reacciono de forma impulsiva y automática, no lo puedo evitar, yo soy así.
10: Soy consciente de que, en cada momento, yo tengo la oportunidad de escoger cómo me quiero sentir y lo hago conscientemente para mi beneficio y el de mi entorno.
Mi puntuación (Del 0 al 10):

Pilar 6: **Aprender**

0: No tengo ni idea de qué me quieren decir mis emociones. No les encuentro sentido.

10: Conozco el lenguaje de mis emociones y lo que me quieren decir sobre mí. Me aportan claridad constantemente sobre mí y el camino que debo seguir.
Mi puntuación (Del 0 al 10):

Coloca las puntuaciones en tu círculo de poder:

Gráfico 1. Círculo de poder emocional

■ PROPUESTA 2. *Mi marco actual*

«Uno no alcanza la iluminación fantaseando sobre la luz sino haciendo consciente la oscuridad... lo que no se hace consciente se manifiesta en nuestras vidas como destino».

Carl Jung

Es imposible cambiar aquello que está oculto o que desconocemos. De ahí que esta propuesta tenga como objetivo descubrir y sacar a la luz las creencias y actitudes que puedan estar interviniendo en la gestión de tus emociones, bien dándote o quitándote control. Pon las cartas sobre la mesa y descubre con qué baza juegas.

1. Escribe al menos tres frases que describan los pensamientos o conclusiones que has sacado en el transcurso de tu vida sobre tus emociones:

- Pensamiento o conclusión 1:
- Pensamiento o conclusión 2:
- Pensamiento o conclusión 3:
- Otras:

¿Cuáles te hacen ponerte en contra de ellas?

2. ¿Cómo me describo, emocionalmente hablando?
Ejemplo: inestable, sensible, frío, sereno, llorón, en control.

3. ¿A qué emociones te resistes o cuáles quieres dejar de sentir? ¿Cuáles tiendes a esconder?

4. ¿Qué condicionamientos están presentes hoy en tu vida? ¿A qué condición le estás dando el poder?

Completa las siguientes frases:

- Cuando sea/tenga ..., entonces me sentiré...
- Para sentirme ..., esta persona tendría que cambiar ...
- Para sentirme ..., esta situación tendría que ser ...
- Solo me siento ... cuando ...

■ PROPUESTA 3. *Ponte al mando y ¡emociónate!*

Para que este capítulo tenga un final emocionante, te propongo que despiertes intencionadamente la emoción en tu interior con la siguiente práctica:

1. Responde a esta pregunta: Cuando me siento seguro y libre para ser yo, ¿qué palabras definen la expresión más auténtica de quién soy yo? Por ejemplo, algunas de las mías son:
Aventura, alegría, carcajadas, baile, generosidad, humor, flexibilidad, apertura, hospitalidad, inspiración, ternura, presencia, coraje, amor...

2. Cierra los ojos y despierta recuerdos de cuando eras cada una de las palabras que has escrito, hasta que sientas la emoción por dentro. Date permiso para sentirte de nuevo en esa forma de ser. Hazla más intensa prestando atención a los detalles del recuerdo y déjate llenar por ella. En tu historia encontrarás quien eres, y, si lo deseas, te permitirá reconectar con ello.

¡No lo dejes para luego! Luego puede ser que no ocurra. Si solo este libro te sirviera para despertar esta emoción y no leyeras más, te aseguro que sería más beneficioso que leerlo todo, entenderlo todo y no sentir nada.

CAPÍTULO 2

Mapa emocional evolutivo

«Perderse no es una pérdida de tiempo».

Pierre Bernard

¡Menos mal que me perdí! Llevaba tres días visitando a una amiga en una ciudad nueva para mí. Habíamos ido juntas a todos los lugares y, al cuarto día, después de que ella saliera para ir a trabajar, yo salí de casa toda confiada. Sabía por dónde ir de vuelta al parque. Primera a la derecha, recto, luego izquierda... «¡Ummm! Esto no me suena, ¿pero no es por aquí por donde venimos siempre?». ¡Pues no, no era por ahí! En ese momento me di cuenta de que, aunque llevaba tres días recorriendo prácticamente las mismas calles y pensaba que había prestado atención y me había quedado con detalles de las calles y los puntos clave, la realidad era que no las conocía tan bien como creía. Había dejado que mi amiga me guiara, algo completamente normal, ya que ella conocía su ciudad y yo no. Mientras, yo me había dedicado a curiosear todo lo que veía y a entretenerme con nuestra conversación. Me encanta conversar.

El resultado: estaba perdida. Sin embargo, aunque no sabía dónde me encontraba, no estaba completamente desprovista de recursos. Enseguida saqué un mapa que llevaba en mi bolso. En unos pocos segundos supe dónde estaba, en qué momento y lugar me había equivocado de calle y la dirección en la que tenía que andar para llegar al parque al que me dirigía. Lo mejor de todo, sin embargo, fue que, al mirar el mapa, de repente me encontré con una visión más amplia de la ciudad cuyas calles había estado recorriendo en los últimos días. Fue como si las piezas esparcidas de un rompecabezas hubieran encontrado su lugar todas a la vez. De pronto, todo cobró un sentido diferente. «¡Ah! Claro, ahí está el mercado y a la derecha la plaza con el restaurante donde comimos el primer día... Ahora me encaja todo». En realidad también me encajaba antes, pero el hecho de poder colocar todas las piezas enfrente de mí y verlas en su lugar le daba un orden y sentido diferente a la ciudad. La inseguridad y desorientación del principio fue reemplazada por una sensación de confianza y seguridad al saber dónde estaba y la ilusión de poder ir donde quisiera. Aquel mapa me permitió conocer en mayor profundidad la ciudad, reconociendo los lugares en los que había estado, por los que había pasado. Me abrió el horizonte que podía explorar, la ciudad se amplió ante mis ojos. Y todo gracias al mapa, sí, pero también a que me perdí. Perderme despertó la necesidad de «encontrarme», de saber más y me llevó a abrir el mapa.

Perdernos despierta la necesidad de parar, de cuestionarnos, y nos ofrece la oportunidad de ampliar nuestro conocimiento. A la hora de hablar de nosotros mismos o de nuestras emociones, por ejemplo, pensamos que nos conocemos, pero, en realidad, como en el caso de la visita a mi amiga, nos hemos dejado guiar por las personas que creíamos que sabían más que nosotros, que hablaban de nosotros como si nos conocieran, en las que habíamos puesto nuestra confianza y en las que nos fijábamos para aprender.

En lo que respecta a nuestras emociones y a su gestión, con frecuencia nos encontramos muy perdidos, abrumados por su intensidad, sin saber qué nos pasa, por qué nos pasa o sin saber qué hacer. De ahí que un mapa emocional que nos abra la visión a los diferentes terrenos emocionales disponibles al ser humano nos será extremadamente útil para ponernos al mando de nuestras emociones.

Beneficios de contar con un mapa emocional

En términos generales, tener un mapa va a facilitar que viajemos con mucha más seguridad. Y, en el caso de tener un mapa que nos presente nuestras emociones, además nos permitirá:

1. Reconocer mejor y más rápidamente el punto de partida emocional. El mapa nos da una visión general y completa de la ciudad. Nos permite ver todos los vecindarios que la componen. Habrá vecindarios de la ciudad que reconozcamos con facilidad y donde vamos a menudo, y otros que nos sean completamente extraños y a los que casi nunca vamos, pero que no por ello dejan de existir. Vecindarios por los que pasamos sin darnos cuenta o con los ojos tapados porque no queremos ver lo que hay en ellos.

El mapa emocional evolutivo incluye para cada vecindario, además del nombre de la emoción, otras características observables. Veremos que las emociones tienen elementos físicos y mentales que nos pueden ayudar a reconocerlas con mayor facilidad y desde ahí gestionarlas. En el primer capítulo vimos que reconocer es el primer pilar del círculo de poder y este mapa es la herramienta que tiene como función principal ayudarnos con este primer pilar.

2. Aportar claridad y opciones a nuestro destino emocional. Cuando hacemos un viaje, hay dos puntos claves: el punto de partida y el punto de llegada. Una vez que tenemos ambos, ya podemos trazar la ruta, elegir el medio de transporte y hacer las reservas o las gestiones apropiadas.

Con mucha frecuencia, en la gestión de nuestras emociones conocemos el punto de partida, pero el de llegada no acaba de estar definido. Lo único que sabemos es que no queremos estar donde estamos. Pero eso no es suficiente.

En mi experiencia como *coach,* cuando pregunto cómo quieres sentirte o qué emoción te gustaría sentir más a menudo, la respuesta es algo así: «Yo lo que no quiero es sentir esta inseguridad cada vez que tengo que hablar en público» o «lo que quiero es dejar de enfadarme por todo» o «no ser tan sensible y emocionarme tanto». Esto es lo mismo que montarte en un taxi y decirle al taxista: «Por favor, no quiero ir al centro». O entrar a la frutería y, ante la pregunta de la dependienta: «¿Qué te pongo?», contestar: «Naranjas no, por favor». Saber la emoción que pretendemos dejar de sentir no es lo mismo que saber la emoción que deseamos despertar o generar. Pero sí nos da mucha información porque, en general, al lado contrario de lo que no queremos suele estar lo que anhelamos.

El mapa nos pone delante los opuestos y las diferentes opciones. No solo nos ayuda a reconocer el punto de partida, sino también a elegir el de llegada. Nos recuerda que todas las emociones están siempre disponibles independientemente de la emoción de la que partamos. Que podamos pasar de una a otra con mayor o menor facilidad dependerá de la experiencia que tengamos en ponernos al mando de nuestras emociones y de la flexibilidad emocional con la que contamos. Pero es conveniente recordar que donde nos encontramos emocionalmente no es donde nos tenemos que quedar.

3. Normalizar el estado emocional en el que estoy y aceptarlo como lo que es, el punto de partida. Esto nos va a beneficiar sobre todo cuando estemos en aquellas emociones que todavía hoy creemos que son inadecuadas o negativas. Que nos avergüenzan o que no queremos sentir. En definitiva, nos ayudará con el segundo pilar: aceptar la emoción en la que estamos.

El mapa nos presenta una imagen en la que la emoción en la que estamos no es más que una emoción más, un vecindario más. Y que depende de nosotros si queremos ponerle la etiqueta de buena o mala y convertirla así en algo atractivo o completamente indeseado. Nos permite «des-identificarnos» de la emoción. No somos alegres o pesimistas, sino que «estamos» en un estado de alegría o de pesimismo. Nos recuerda que podemos modificar los estados e influir en ellos. Y nos libera de la connotación de permanencia del «ser», que nos etiqueta para siempre y nos hace pensar que es imposible cambiar.

Una emoción, una realidad

¿Cómo es posible que lo que ayer me parecía gracioso hoy me ponga de los nervios o que hoy me den miedo situaciones que ayer no me preocupaban lo más mínimo? ¿Cómo puede ser que una misma situación parezca tan distinta de un día para otro, o de un momento para otro? La realidad que experimentamos es susceptible a la interpretación que hacemos de lo que vemos o de lo que nos ocurre. Y la interpretación que nuestra mente realiza va a depender de:

- nuestras creencias, preferencias, y nuestros principios,
- el estado emocional en el que nos encontramos,
- la energía física que tenemos en ese momento,
- y también de nuestro comportamiento.

Siempre había experimentado altibajos. Días mejores y días peores. Pero aquellos pensamientos me empezaron a asustar. Había días que pasaban por mi cabeza ideas como: «¿Pará qué tanto esfuerzo?», «No le veo sentido a nada de lo que hago» o «A ver si se acaba pronto el día para irme a casa y meterme a la cama». Y, aunque lo mismo que venían se iban, cada vez se alargaban más en el tiempo. Así que decidí prestar atención a lo que ocurría esos días, con el fin de encontrar una razón a esos pensamientos. Esto fue lo que descubrí: los días en los que esos pensamientos aparecían coincidía con que yo estaba más cansada.

En esa época iba en bici al trabajo, y los doce kilómetros que hacía sin mucho esfuerzo, aquellos días se volvían literalmente una cuesta arriba continua. En ocasiones hasta miraba hacia atrás con el convencimiento de que estaba arrastrando algo muy pesado de lo que no era consciente. ¿Cómo me podía costar tanto cuando el día anterior iba canturreando a la misma hora y por el mismo lugar? Observé también que esta situación la experimentaba de forma cíclica y, aunque siempre había pensado que mis hormonas no interferían en mi vida, empecé a darme cuenta de que influían más de lo que yo me creía.

Ya sé que para muchas mujeres esto no es una novedad. Sin

embargo, aunque sí influyen, no tienen por qué determinar el estado emocional final. De hecho, es precisamente en esto en lo que se enfoca este libro. Podemos vernos influenciados emocionalmente por situaciones externas, comportamientos de otras personas e incluso nuestros propios pensamientos y hormonas, pero el resultado final está más en nuestras manos de lo que creemos.

Aunque suene raro, darme cuenta de que mis hormonas estaban afectando, no solo en cómo me sentía, sino también en cómo pensaba, fue mi salvación. Ya que, aunque el día de bajón se pasaba, había empezado a cuestionarme si los pensamientos que aparecían durante esos días quizás fueran ciertos. Dándoles mi atención en mi día a día, sin quererlo estaban ganando relevancia hasta el punto que empecé a creerme que la vida quizá no tuviera mucho sentido después de todo. Pensamiento que no puede ser más opuesto a la creencia que alimento hoy en día sobre la vida, dicho sea de paso. El caso es que fue el hecho de observar que los pensamientos estaban unidos a una condición física de cansancio lo que me hizo llegar a la conclusión de que era ese cansancio físico el que actuaba como filtro y me hacía ver o interpretar la vida de una forma negativa. Hoy hace más de una década de ese periodo de mi vida y continúo con la norma de no hacer caso a mis pensamientos cuando estoy cansada, o después de una comida copiosa y, en particular, no tomar decisiones en estados de cansancio en los que todo, como cuando iba en la bici, se me hace cuesta arriba.

Nuestro estado físico va a afectar a nuestro estado emocional, y nuestro estado emocional afectará cómo vemos una situación, una oportunidad o la primera impresión que tengamos de una persona. De ahí que, si por cualquier razón, nuestro sistema nervioso se pone alerta, (una situación o un lugar nuevos, por ejemplo), se despertará una sensación de inseguridad que actuará como si colocáramos un filtro a la mente. Y esta, al ver la situación a través de este filtro, es más probable que imagine más riesgos, peligros o problemas que otra persona que esté en un estado de mayor calma. Cuanta más inseguridad, más miedos imaginamos. Cuantos más miedos despertamos, más inseguridad sentimos. Y así continuamente. También ocurre en la otra dirección: cuanta más ilusión tenemos, por ejemplo, de ir de viaje a ver un país nuevo, más pensamientos positivos o emocionantes sobre las ciudades o lugares que vamos a ver vienen a nuestra mente. Cuantos más pensamientos de ese estilo, más ganas tenemos de ir. Cuantas más ganas... En ambas situaciones, entramos en espirales que, en un caso, viajan en una dirección cada vez más catastrófica o, en otro caso, cada vez más apasionante. De ahí que, cuando nos levantamos de buen humor, todo nos sale mejor. Esto no es casualidad. Cuando nos sentimos bien, somos más amables, sonreímos más y, si una persona no es amable con nosotros, tendemos a empatizar más rápidamente con ella y a disculparla. Y todo lo contrario. Cuando nos levantamos con el pie izquierdo, ese día nos encontramos con lo peor de lo peor.

Si la emoción en la que nos encontramos va a influir en la interpretación que hace nuestra mente de una situación, lo que pensamos sobre una situación, va a influenciar también nuestro estado emocional. Es decir, si interpretamos o pensamos que un evento es peligroso o que nos puede pasar algo no deseado, experimentaremos un estado de mayor nerviosismo cuando llegue ese momento. Los exámenes, hablar en público, las entrevistas de trabajo, por ejemplo, son eventos que tendemos a ver como situaciones en las que podemos perder algo o nos puede pasar algo malo. Es el hecho de enfocarnos en lo que podemos perder o lo que puede salir mal lo que provoca que lo vivamos con mayor estrés, y, en ocasiones, hasta el punto de ser contraproducente y de crear exactamente lo que estábamos tratando de evitar.

Una de las mayores sorpresas de mi vida ha sido que me cogieran en mi primera entrevista de trabajo. Y estoy convencida de que fue porque yo iba «a ganar en experiencia», en vez de a conseguir el puesto. Había oído, y me había creído, que se necesitaba hacer muchas entrevistas para ir cogiendo experiencia y, cuando me llamaron de Sony Semiconductores Europe para concertar una entrevista en Basingstoke, en inglés, lo primero que pensé fue: «Seguro que no me lo van a dar, pero, si voy, por lo menos cojo experiencia». Este pensamiento hizo que yo fuera muy tranquila a la entrevista. No tenía nada que perder y todo que ganar. Fue esa tranquilidad, estoy convencida, la que ayudó a que mis respuestas fluyeran con naturalidad, a pesar de mi inglés medio-bajo, y que mi comportamiento inspirara a las cuatro personas que me entrevistaron una mayor confianza en mí. Fue la tranquilidad la que me permitió dar ese día lo mejor de mí.

Y es que la energía emocional que tenemos disponible en cada momento va a influir no solo en cómo pensamos, sino también en cómo nos comportamos. De ahí que lo que pensamos, sentimos y cómo nos comportamos se realimenten entre ellos (gráfico 2) creando espirales de negatividad o positividad y determinen cómo experimentamos los distintos momentos de nuestra vida y la realidad que creamos.

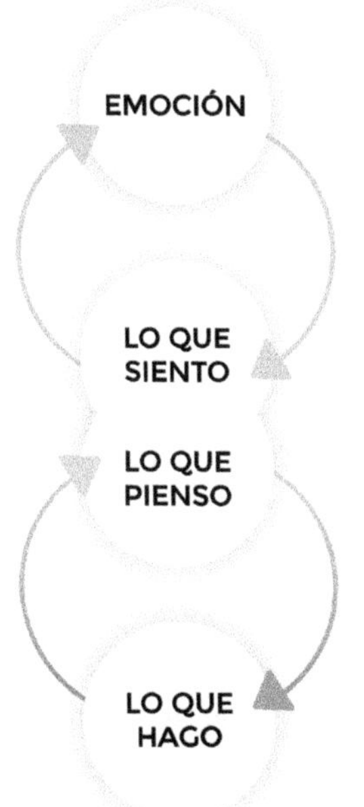

Diferencia entre emoción y sentimiento:
Emoción: Conjunto de señales físicas que llaman nuestra atención.
Sentimiento: Consciencia de la emoción física a la que le damos un significado o interpretación.

Por ejemplo: un nudo en el estómago, dependiendo de la situación en la que estemos, un viaje que deseamos o una presentación en público muy importante, pueden significar anticipación y excitación en el primer caso o terror e inseguridad en el segundo.

Gráfico 2. Realimentación: emoción - pensamiento - acción

Estos son algunos ejemplos de la interconexión entre emoción-pensamiento-acción:

Imagina que estás tumbado en el sofá y llega la hora de ir al gimnasio. Tu energía física lo más seguro es que sea de relajación. Sin embargo, tu mente puede interpretarlo como falta de ganas o desgana, lo que te lleva a seguir tumbado y a justificar el seguir ahí. «Siempre me pasa igual, soy un vago», «no soy nada constante». Ahora la desgana se convierte en malestar contigo mismo, insatisfacción o culpabilidad. Sentimientos que te llevan a actuar en contra de lo que deseabas o de lo que te habías propuesto.

Imagina ahora que un adolescente piensa que las matemáticas son muy difíciles o que no se le dan bien. Partiendo de este pensamiento, cada vez que llegue la hora de la clase de matemáticas o de hacer la tarea o de estudiar, lo lógico es que su estado emocional sea de mayor alerta y nerviosismo. Como consecuencia de este estado emocional, es muy probable que evite la situación y que retrase el momento de hacer los ejercicios o de estudiar. Por otra parte, si los hace, el nivel alto de estrés influirá negativamente en su capacidad de comprensión, retención e integración de lo estudiado. Cuando llegan los resultados del examen, el adolescente tiene un suspenso, resultado que le hace concluir que es correcta la premisa inicial: «Las matemáticas son difíciles y no se me dan bien».

Lo mismo ocurre cuando queremos decir algo importante a una persona y pensamos que le puede sentar mal o que se puede enfadar con nosotros, así que nos decimos a nosotros mismos que no nos atrevemos a hacerlo. La inseguridad que se despierta con este tipo de pensamientos va a provocar que la emoción de miedo aparezca en escena con el fin de reestablecer una sensación de mayor seguridad, que es lo que necesitamos en ese momento, y la acción que nos va a inspirar será callar. De esta manera, evitamos todo lo que no deseamos que ocurra. Pero, al mismo tiempo, lo que hacemos es reforzar la creencia de que no somos capaces o lo suficientemente valientes.

Ser conscientes de que este círculo de realimentación existe nos será muy útil para poder romperlo y tomar el mando. Veremos que se puede salir de él de formas diferentes: atendiendo a la parte fisiológica (capítulo 3), descubriendo los pensamientos que están activos y aprendiendo de ellos (capítulo 4), con acciones, hábitos y comportamientos (capítulos 6 y 7), o, utilizando el mapa emocional evolutivo que comparto a continuación en cualquiera de los dos modos de utilización que propongo.

El mapa emocional evolutivo

(ver en la página siguiente)

Cómo funciona el mapa

En el mapa nos vamos a encontrar con la emoción y con el tipo de pensamientos, el estado físico y la actitud que es más probable tener cuando estamos en esta emoción. El simple hecho de mirarlo nos ayudará a recordar esto, a tomar conciencia de que donde estamos no es donde nos tenemos que quedar, y puede crear la diferencia entre salir de un estado de miedo o depresión o quedarnos en él más tiempo. Una vez que entendemos y aceptamos que lo que estamos pensando es la interpretación que nuestra mente está haciendo de lo que recibe a través de los sentidos, y que esta interpretación está influenciada por la emoción en la que me encuentro, nos liberamos del poder de convencimiento que pueden llegar a tener nuestros pensamientos.

Por ejemplo, desde una emoción de miedo, muy probablemente tengamos pensamientos de que algo no nos va a salir bien, de que no vamos a ser capaces, de que no somos lo suficientemente valientes, etc. Ahora bien, estos pensamientos están coloreados por la emoción. El simple hecho de tener enfrente un mapa que nos recuerda que estamos pensando eso, no porque no seamos valientes, sino porque

Cuerpo	Mente Creencias/Pensamientos	Emoción	Experiencia del momento	Foco
Vitalidad	*Es un honor servir a la vida y al prójimo.*	Paz	Plenitud	**Al servicio del entorno/contribuir**
	Estar vivo es un regalo.	Alegría	Felicidad	
	La vida está de mi parte.	Amor	Serenidad	
	Soy parte de algo más grande.	Compresión	Armonía	
	Todo tiene un para qué, un sentido.	Aceptación	Satisfacción	
	Al final seguro que sale bien.	Entusiasmo	Disfrute	
Cansancio	*Soy más valiente y capaz de lo que pienso.*	Confianza	Esperanza	
	En cada momento tendré lo que necesito.	Coraje	Irritación/Impaciencia	**Obsesión con uno mismo**
	Ya está bien, hasta aquí he llegado.	Orgullo	Frustración	
	Me merezco algo mejor.	Rabia	Enfado/Conflicto	
Enfermedad	*La vida no es justa, no tengo suerte.*	Miedo	Inseguridad /duda	
	No me veo capaz.	Tristeza	Ansiedad	
	Todo me sale mal, no tengo ganas de nada.	Pena	Desesperación	
	Es toda mi culpa, no tengo remedio.	Apatía	Impotencia	
	¿Qué van a pensar?	Culpa	Depresión	
	No me lo merezco, nada tiene sentido.	Vergüenza		

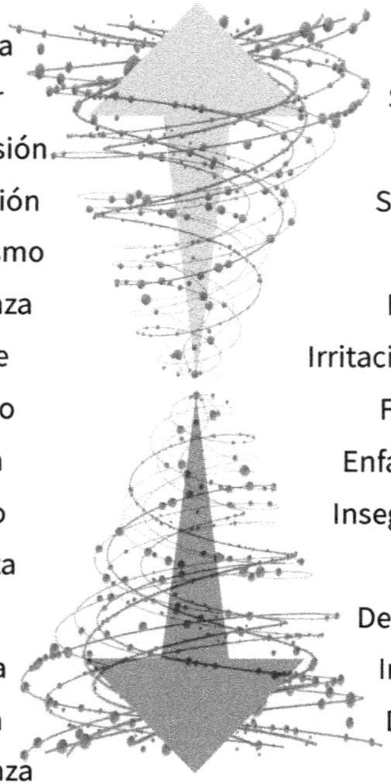

Gráfico 3. El mapa emocional evolutivo

estamos en una emoción de miedo, nos dará la suficiente perspectiva para tomar el mando y hacer lo necesario para aliviar ese estado emocional o crear otro diferente. En realidad, un pensamiento no tiene más poder que el que le damos nosotros al elegir darle veracidad o no. De esta forma, no pasa nada si en un momento dado pensamos que nuestra vida es un desastre. El problema surge cuando, consciente o inconscientemente, elegimos creer que es verdad. A partir de ese momento, es como si nos pusiéramos unas gafas con cristales verdes. Todo lo vamos a ver en tonos verdosos. Y, en el caso anterior, si el cristal es que «mi vida es un desastre», al mirar a nuestro alrededor, construiremos montañas de granos de arena. Y miremos donde miremos veremos exclusivamente lo que no va bien.

Creernos todo lo que dice nuestra mente a pies juntillas, puede limitar nuestra experiencia de vida y, en particular, la gestión que hacemos de nuestras emociones. Por ejemplo, desde un estado de apatía, desgana o desilusión, al pensar en levantarse del sofá para ir a dar un paseo o para hacer la comida, es frecuente escuchar una voz que nos dice: «¿Para qué? Si, haga lo que haga, no me va a servir para nada». Si en este momento creemos a la mente, concluiremos que cocinar algo bueno y saborearlo o sentir el aire fresco en la piel, incluso estar vivo, no tiene ningún sentido y nos quedaremos tumbados en el sofá. Al momento, empezaremos a sentir culpabilidad por estar así y por no saber disfrutar de la vida o no poder estar bien. Y si no cambia nada, continuaremos hacia sentir vergüenza por estar así. Lo uno nos llevará a lo otro si lo dejamos avanzar por su propia inercia. Si observas el mapa, verás que en este ejemplo estamos yendo en la dirección sur. Es decir, hacia abajo. De la apatía a la culpa, y de ahí a la vergüenza.

Si alguna vez has hecho este camino, lo reconocerás enseguida. Si no lo has hecho nunca, te puede ayudar a entender por qué hay personas que, estando en una emoción de pena o depresión, les cuesta salir de ahí. Simplemente el diálogo que hay en su mente, y que consideran real y cierto, les dice que no merece la pena. Y convencerles de lo contrario, sin conocer el mecanismo de la mente, es inútil o no lleva a ningún sitio. Incluso a veces les hace sentir peor porque, aunque saben que lo único que tienen que hacer es disfrutar más y ser más positivos, se ven incapaces. Los medicamentos antidepresivos o ansiolíticos ayudan cambiando la fisiología, y por lo tanto el estado emocional, que a su vez provoca que los pensamientos no sean tan catastróficos o negativos. Pero no es suficiente para ponernos al mando de nuestro estado emocional. Es común por ejemplo que, al salir de la pena, la depresión o la ansiedad y sentirnos un poco mejor, empecemos a pensar que podemos perder ese nuevo estado de mayor bienestar y entremos en una emoción de miedo. De ahí, que sea necesario no solo cambiar la fisiología de nuestro cuerpo, sino mantenerla estando al mando, en particular, de nuestra mente y del diálogo interno que mantenemos en ella. Ponerse al mando de las emociones conllevará, por lo tanto, ampliar la forma de verse a uno mismo, de ver la vida y lo que nos ocurre en ella, como forma de higiene y gestión emocional.

He puesto un ejemplo del camino hacia el sur. Pero también existe el camino hacia el norte, que comienza, por ejemplo, hablando de un ser querido o admirado, y apreciando qué es lo que ha aportado a nuestra vida, recordando los momentos divertidos juntos. Más o menos formal, es un tipo de homenaje que nos lleva a estados de alegría, orgullo, amor o plenitud. Además, una vez que estamos en un estado emocional agradable, existe la posibilidad de mantenernos más tiempo en él. Es lo que hacen las personas que parece que siempre están alegres o que son positivas. Eligen el camino hacia el norte. Lo que no quiere decir que en ocasiones, o durante ciertos tramos o periodos del camino, viajen en dirección sur, sino que su tendencia es hacia arriba. Porque, cuando elegimos intencionadamente ver un nuevo día como una oportunidad única, esa elección nos dirige hacia estar más ilusionados, apreciar más todo lo que nos rodea, e incluso es posible que lleguemos a convencernos de que es un lujo y merece la pena estar vivo.

Esta es probablemente una de las ideas más importantes de todo el libro y me gustaría que quedara clara. Cómo vemos y lo que pensamos sobre la situación actual, lo que nos rodea, nuestro futuro o a uno mismo, va a estar influenciado por el estado emocional en el que nos encontremos. Y el objetivo de este libro es ponerse al mando para poder experimentar todos los distintos estados emocionales sin quedarnos en ellos o dejarnos llevar, en especial, por la corriente hacia abajo, a la vez que, aprender a avanzar en dirección norte. Porque siempre es posible dar un paso en dirección norte, partamos desde donde partamos.

Lo que nos lleva al siguiente concepto clave: la propia emoción no va a poder gestionarse a sí misma. O como dijo Einstein: «Un problema no se puede resolver desde el mismo estado en que se ha creado». Por ejemplo, cuando un niño pequeño llora porque tiene miedo, ¿cómo le calmamos? Nos acercamos a él con confianza y le decimos que todo está bien. Le abrazamos y dejamos que sienta nuestra compañía y seguridad. Es nuestra calma, en definitiva, lo que le ayuda a tranquilizarse. De la misma forma, cuando nos sentimos inseguros o nerviosos por algo, vamos a necesitar generar o despertar otra emoción para poder gestionarlo por nosotros mismos. Esta otra emoción puede ser de rabia («lo voy a hacer para darles en las narices»), neutralidad («yo lo voy a hacer lo mejor que pueda y ya está») o de confianza («pase lo que pase, estaré bien») o de optimismo («seguro que me va a salir mejor de lo que pienso»). Y para dar este paso, veremos que una herramienta muy útil es el mapa.

Con frecuencia, tanto en las sesiones individuales como en los cursos que imparto, escucho cosas como: «Es que cuando vengo aquí es más fácil», «después de la sesión estoy mejor y más tranquila o ilusionada, no sé lo que haces». En realidad, yo lo que hago es mantenerme en estados emocionales que varían entre la confianza, el amor y la ilusión. Nada más. Lo que digo y lo que hago en las sesiones tendría un efecto muy distinto si yo estuviera en otra emoción. Independientemente del estado en el que vengan los clientes, si la semana o el día les ha ido mejor o peor, yo me mantengo ahí, o regreso cuando observo que me desvío. Al trabajar desde la confianza, el amor o la ilusión, me resulta más fácil dirigir la conversación, tantas veces como sea necesario, hacia las posibilidades y aquello que está en nuestro poder. El resultado es que el estado emocional del cliente o de los participantes del curso va modificándose y cogiendo fuerza en la dirección de mayor bienestar. Y cuando dicen: «No sé qué haces, pero siempre que vengo salgo mucho mejor», esto es lo que les enseño que hago: antes de empezar, despierto un estado emocional lo más beneficioso posible para el trabajo que vamos a realizar. Despierto confianza al pensar que, por muy mal que esté la persona o por muy compleja que parezca la situación, encontraremos una nueva perspectiva o estrategia para que consiga lo que quiere, ya sea alivio, avance o un cambio concreto. Y despierto amor empatizando con la situación y estado emocional de la persona, aceptando sus preferencias, creencias y sus formas de ver, ¡todo!, para, desde ahí, abrirnos a otros caminos, perspectivas y posibilidades. Lo que en definitiva aprenden mis clientes en el proceso de desarrollo personal o cursos de gestión emocional es:

1. Que podemos elegir nuestro estado emocional y crearlo.

2. Que el estado emocional en el que estamos está influenciado por las circunstancias externas o internas (fisiología, historia que me estoy contando o creencias), pero somos nosotros los que acabamos alimentándolo, haciéndolo más grande y potenciándolo.

3. Que los seres humanos somos flexibles emocionalmente y podemos pasar de una emoción a otra de forma consciente de la misma forma que pasamos del berrinche más grande a la sorpresa o a la calma de forma natural cuando somos pequeños.

4. Que la clave está en despertar la parte de nosotros mismos que está al mando, que sabe que, estemos donde estemos, no es más que un estado que puede cambiar. Que el tiempo que estemos en él va a depender en gran medida de si lo alimentamos o no.

5. Que la emoción no es el problema, sino simplemente una llamada de nuestro ser, a la que podemos atender.

Cierto es que, para mí, es mucho más fácil generar y mantener las emociones de confianza y amor, ya que no estoy expuesta a las circunstancias tanto externas como internas a las que está expuesto el cliente. Lo que me permite mantener una perspectiva más amplia y más neutral. Ayudarnos a entrar en esta perspectiva es exactamente una de las funciones principales del mapa. Nos permite introducirnos en un terreno neutral de observación y desde ahí estar, escuchar, elegir, ponernos al mando. Y hacerlo tantas veces como sea necesario. Veamos entonces cómo utilizar el mapa emocional evolutivo.

Modos fundamentales de empleo del mapa

MODO DE EMPLEO 1: *intención-elección*

Este primer modo de empleo se basa en la premisa de que el mejor momento para usar un mapa es antes de ponerte en camino, y es de lo más sencillo. Muy probablemente al levantarte por las mañanas tengas claro qué es lo que vas a hacer durante el día. O, si no lo sabes exactamente, por lo menos tendrás una variedad de actividades, recados, personas a las que llamar o ideas de cómo pasar el día. Pero ¿sabes cómo te quieres sentir? Vale, sí, te quieres sentir bien, pero ¿qué haces para asegurarte de que eso ocurra? Sabes la dirección que tienes que tomar para ir al trabajo o para llevar a la niña al cole, ¿pero sabes hacia dónde te diriges emocionalmente? No es lo mismo salir a la calle y «esperar que hoy sea un buen día», que salir a la calle y decirte: «Hoy voy a hacer todo lo que esté en mi mano para que sea el mejor día posible». La primera opción, aunque en principio parezca positiva, deja tu estado emocional al azar y completamente expuesto a las circunstancias externas o al humor que tengan las personas con las que te relaciones. La segunda, sin embargo, es más intencionada y te coloca en el puesto de mando. No te garantiza el resultado, pero sí te posiciona como parte *co-creadora* y responsable de lo que ocurra en tu día, emocionalmente hablando. A continuación, te propongo dos formas de responsabilizarte de tu estado emocional.

1. Salir de casa con una dirección emocional y la determinación para mantenerla. Antes de salir de casa, mira el mapa. Puedes dibujar uno algo más artístico que el que te presento yo en este libro y colgarlo en la puerta de casa o en el frigorífico, o en cualquier parte que vayas a ver todas las mañanas. Elige qué es lo que quieres sentir más y elige también algo que vayas a hacer para que eso ocurra. Por ejemplo, para mí es muy importante sentir coraje, valentía, atrevimiento. Y es por lo tanto una de las emociones que elijo para generar en mi día. Con el fin de despertarla conscientemente, he creado el siguiente hábito: terminar mi ducha con agua bien fría. Hoy por hoy, sigue teniendo el efecto que deseo. Es apagar la caliente, dar más volumen al grifo del agua fría, y ¡ahhhhhhh, ahí voy! Tengo entendido que acabar la ducha con agua fría también tiene otros muchos beneficios, pero el sentido que yo le doy y para lo que a mí me sirve es como despertador de valentía. Después de hacer eso, me siento capaz de hacer cualquier cosa.

Otro ejemplo para ilustrar este modo de utilizar el mapa es lo que sucedió el día que cumplí cuarenta y tres años. No siempre le he dado importancia al día de mi cumpleaños, pero ese año quería vivirlo con un extra de ilusión y entusiasmo. Como caía en un día de diario, planeé un final del día con mi familia, que se me antojaba muy bonito y acogedor. Un momento para disfrutar todos de todos. Sin embargo, unos días antes, mi abuela, que en ese momento tenía noventa y ocho años, acabó ingresada en el hospital con la cadera rota y sin fecha concreta para la operación. Lo que sí quedaba claro era que para el día de mi cumpleaños no estaríamos todos en casa como yo lo había imaginado. Sin embargo, recuerdo que era tan clara mi decisión de vivir ese día con ilusión y hacerlo especial, que lo primero que pensé fue: «De qué otra forma lo puedo hacer especial».

Puedo asegurar que la vida puso de su parte para ver si yo realmente deseaba vivir mi cumpleaños con ilusión, porque todo lo que se me iba ocurriendo acababa por venirse abajo. Sin embargo, y, a pesar de los inconvenientes, mantuve mi elección. El día de mi cumpleaños llegó y, sinceramente, no había nada extraordinario o planeado que lo hiciera diferente. Sin embargo, yo me levanté con la determinación de vivirlo con ilusión y, cuando me pregunté qué puedo hacer para despertar esa ilusión, decidí centrarme en que ese día era único y especial. Y, desde el primer minuto y con los ojos abiertos, aprecié mi habitación de una forma especial, saboreé el desayuno añadiéndole un extra, recordar todas las sorpresas que ese año me había traído, y me dejé ilusionar por las que me traería el año en el que entraba. Una de ellas era este libro, que nunca se me hubiera ocurrido planear en ese momento. Después decidí dejarme llevar por aquello que sentía que quería hacer. Y acabó siendo un día realmente único. Hasta el día de hoy, me recuerda el poder que tenemos de vivir o experimentar nuestros días de una forma más acorde a cómo queremos que sean. Pero, eso sí, se necesita:

1. Elegir la dirección (pilar número 5).
2. Determinación para seguir mirando en la dirección elegida pase lo que pase.
3. Voluntad para hacer las modificaciones necesarias para mantenerte en esa dirección.

De momento, antes de salir de casa, coge el mapa, elige la emoción desde donde quieres vivir el día y hazte la pregunta: «¿Qué voy a hacer para despertarla en mí?». Confía en que tienes la respuesta a la pregunta. En el capítulo 5 encontrarás ideas concretas para despertar más amor y confianza en tu vida. Pero confía en tus propias ideas. Normalmente, son mucho más apropiadas para ti.

2. Contribuir conscientemente con un estado emocional en cada *segmento*. Por *segmento* me refiero a un periodo de tiempo del día que suele estar definido por el comienzo y el fin de una determinada actividad. Así, por ejemplo, podemos considerar el desayuno como un segmento, o también prepararme antes de salir de casa. Nosotros decidimos cuál es el segmento y podemos diferenciar tantos segmentos como queramos: el camino al trabajo, una reunión, el momento de hacer deporte o de tomarme una cerveza con un amigo o amiga. En definitiva, un segmento es un periodo de tiempo que nosotros definiremos. Ahora bien, ¿con qué fin? Pues con el fin de ponernos al mando de nuestro estado emocional y no dejarlo completamente a expensas de las circunstancias externas. ¿Y cómo lo vamos a hacer? De nuevo, el primer paso será elegir con qué queremos contribuir a ese momento.

Hace poco, uno de mis clientes me dijo que quería trabajar la relación con sus padres. Por un problema de salud de uno de ellos, la situación en casa no era todo lo armónica que él deseaba. Se sentía muy frustrado porque no sabía qué hacer para que sus padres no riñeran, y sobre todo, para que uno de ellos no tratara «mal» al otro. Me confesó que, cuando iba a verlos, con el fin de ayudar en lo que pudiera, salía siempre o frustrado o triste o cabreado, porque nada de lo que hacía parecía arreglar el problema, y al final acababa él también riñendo. La situación había llegado a un punto en el que, al llegar al portal y llamar al telefonillo, pensaba: «A ver con qué me encuentro hoy». Había dejado su estado emocional en manos de la situación. Y así, si sus padres estaban bien, él saldría de la casa bien, y, si estaban mal, saldría mal. Cuando le pregunté qué quería conseguir, me dijo que, por un lado, que su padre no se comportara como lo hacía, y, por otro, que esa situación no le afectara tanto. Como el comportamiento de los demás, si bien podemos llegar a influenciarlo, está fuera de nuestro control, nos centramos en el segundo objetivo, es decir, que, si el ambiente no era bueno, no le afectara tan negativamente. Mi primera pregunta fue: «¿Qué ambiente te gustaría que hubiera en casa de tus padres?». «Más amabilidad y calma», contestó. Sin saber que estaba respondiendo a la segunda pregunta: «¿Con qué quieres contribuir a esa visita?». Le propuse que, antes de llamar al telefonillo, se tomara unos segundos para comprometerse a aportar amabilidad y calma en casa de sus padres, y que su ayuda fuera solo eso. Pasara lo que pasara, aportar calma y amabilidad. Que su objetivo fuera, en vez de arreglar la situación y cambiarla, contribuir con aquello que deseaba encontrarse en casa de sus padres.

En la siguiente sesión, dos semanas después, compartió que se sentía mucho más relajado y tranquilo con la situación de sus padres. Que ya no iba preocupado por cómo estarían, y que durante las visitas lo había pasado mucho mejor, hasta el ambiente también había sido mejor. ¿Por qué desaparece la preocupación y hasta mejora el ambiente? Lo primero, porque deja de depender de cómo tendrán el día sus padres para pasar a despertar la sensación de control eligiendo con qué quiere contribuir él a la visita. Recuerda que tanto el pensamiento como el comportamiento afecta al estado emocional. Y lo segundo, porque él también es parte creadora del ambiente y, al llevar amabilidad en vez de juicio y frustración, el resultado final mejora.

Este es un ejemplo del efecto de ponerse al mando del estado emocional de uno mismo, eligiendo con qué contribuir antes de entrar en un *segmento*, para uno mismo y también para la situación en la que participamos. Y todo empieza por elegir de forma intencionada nuestra contribución, emocionalmente hablando: ilusión, confianza, alegría, amor, cariño, vitalidad, calma... Quizás pienses: «Si supiera cómo mantener la calma, no estaría como estoy». Recuerda que, en un primer momento, el cliente no tiene tranquilidad o calma. No porque no sea capaz o no sepa generarla, sino simplemente porque ha soltado el mando de su estado emocional y lo ha dejado en manos del día que tengan sus padres. Desea la calma, pero no ha elegido contribuir con ella. Es al elegirla que los cambios aparecen. O quizás te preguntes, ¿y si no quieres poner calma, ilusión...? Entonces, simplemente ten en cuenta que aquello con lo que contribuyes afecta cómo te sientes y el resultado final de cómo experimentas la situación. Por ejemplo, si te estás aburriendo y observas que empiezas a culpar a la situación, a la conversación, a la película, etc., mira a ver qué es lo que estás poniendo tú. La forma más efectiva de despertar un estado de aburrimiento es empezar a criticar y menospreciar lo que hay a tu alrededor, no poner interés o pensar que sería mejor estar en otro lugar o que ahí no pintas nada.

Siempre que imparto una clase, tanto si es *online* como si es presencial, elijo la energía emocional que quiero despertar antes de empezar y mantener hasta el final de la sesión. Y pido a los participantes que hagan lo mismo. No se trata de pretender estar alegre cuando uno está triste o de enmascarar el sentimiento si es desagradable, sino de elegir la energía con la que contribuir y responsabilizarse de ella. De cambiar uno mismo en vez de pedir a los otros que cambien y así tener más control sobre nuestra experiencia de vida. Y para convencerse de que esto es así, solo es necesario activar el tándem intención-elección.

MODO FUNDAMENTAL DE EMPLEO 2: ***perspectiva-elección***

Este modo de empleo nos va a ser muy útil para dar un paso hacia atrás y tomar perspectiva. Sobre todo para cuando estemos en estados emocionales que pertenecen a la parte media-baja del mapa, en los que vemos la vida, lo que nos rodea o a nosotros mismos de una forma pesimista, incluso derrotista o sin sentido. Este tipo de pensamientos, el cansancio sin actividad física o una sensación física desagradable, se convierten ahora en la señal de alerta para saber que estamos en un estado emocional de baja energía. Cuando esto ocurre, y nos ocurre a todos más o menos a menudo, es el momento de tomar el mando, coger el mapa y observar la variedad de emociones y pensamientos que podemos tener. Todos igual de reales y accesibles. El simple hecho de observar el mapa y tomar conciencia de la emoción en la que estamos nos ayudará a contrarrestar la fuerza o la inercia que, como la corriente de un río, nos arrastra en una dirección no deseada o poco útil. Podemos imaginar entonces que el mapa es esa rama que desde la orilla se extiende hasta el río y a la que nos agarramos con fuerza y determinación. Mientras estamos agarrados seguimos sintiendo la corriente, pero ya no nos arrastra. En este momento nos estamos haciendo responsables (pilar número 4) de nuestro estado emocional, y es entonces cuando podemos pasar al siguiente paso.

Para el siguiente paso podremos elegir entre estas dos opciones:

1. Escuchar a la emoción utilizando la gestión física o evolutiva que aprenderemos en los capítulos 3 y 4.

2. Crear inercia en una nueva dirección. En particular, aprovechando la librería de recuerdos emocionales con la que contamos y que te enseñaré a utilizar a continuación.

En esta librería disponemos de momentos de nuestro pasado en los que hubo una respuesta emocional lo suficientemente intensa como para crear un recuerdo. Una de mis clientas, por ejemplo, se veía invadida por una gran sensación de paz y bienestar al recordar el momento de la mañana en sus vacaciones de verano cuando ella esperaba al sol a que su abuela acabara de hacerle una tortilla para desayunar. Recordaba, como si fuera ayer, el olor del huevo en el aceite y la suavidad del tejido de su pijama en su cuerpo. En otra ocasión, al pedirle a una clienta que fuera a un momento de su vida en el que sentía ilusión, me dijo, sin dudarlo un momento: «Cuando poníamos el árbol de Navidad en casa». Fue cerrar los ojos, viajar a ese momento con la mente y su estado cambió en un segundo. Su voz era mucho más alegre y energética. Unos minutos después, al levantarse para salir de la sala, ella misma observó el cambio en cómo se sentía físicamente. Según sus palabras: «Me siento mucho más estable y fuerte». Y es precisamente esta librería el recurso utilizado en la mayoría de las relajaciones guiadas en las que nos invitan a viajar a una playa de arena blanca y agua azulada, completamente en calma, con el fin de estimular un estado de mayor relajación. No nos movemos de la sala en la que estamos. Ni hay arena, ni agua turquesa, ni sol, ni brisa suave. Sin embargo, al despertar imágenes y pensamientos que puedan tener asociados estados de relajación o calma, estamos despertando al mismo tiempo esas emociones.

Por lo tanto, para crear inercia en una dirección, el primer paso es elegir un destino, y usar la librería de recuerdos para ir a ese destino. O, dicho de otra manera, recordar un momento de nuestra vida en el que vivimos esa emoción de forma intensa. El siguiente paso será amplificar el estado emocional. Puede ser con más recuerdos, hablando de ello con una amiga o alineando nuestra siguiente acción con esa emoción. Por ejemplo, si viajamos a un momento de nuestra vida en el que sentíamos seguridad, entonces podemos elegir hacer la llamada que llevamos retrasando horas o días. O, si nos sentimos con un poco más de ganas y nos llega el impulso de ir a algún sitio, levantarnos y hacerlo.

En este punto es conveniente diferenciar entre, salir del agua, y crear una corriente nueva e ir contracorriente. Imagina que estás un poco decaído y quieres despertar más ilusión utilizando la librería de recuerdos. Te transportas a un momento de ilusión y, justo cuando lo estás recordando, escuchas el siguiente pensamiento: «Sí, pero eso ya no lo tienes», o «eso ya no va a volver a ser nunca más así». Y observas que la desgana da paso a la tristeza. Cuando ocurre esto es síntoma de que estás yendo contracorriente. Quieres convertir lo negativo en positivo, y, no solo no lo consigues, sino que además acabas agotado o sintiéndote incapaz de gestionar tu estado emocional. No sueltes la rama y prueba con otro pensamiento que te produzca satisfacción pero que no despierte la pérdida. Por ejemplo, el recuerdo de saborear el café de tu cafetería preferida. Irás notando que, dependiendo de lo que actives en tu mente, tu estado emocional será un poquito más, o menos, agradable. Deja que él te guie y ayude a elegir por dónde dirigir tu mente. La idea clave en este momento es recordar que los estados emocionales no son permanentes, que puedes influenciarlos con tu pensamiento, y, que el mejor momento para salir del agua, como podrás imaginar, es justo cuando empiezas a sentir la corriente y esta todavía no es muy fuerte.

El modo instintivo de supervivencia provoca que los estados emocionales «negativos» tiendan a durar más. Simplemente porque prioriza, y por lo tanto presta más atención, a todo lo que va mal, a los problemas. En definitiva, a lo que nos lleva a sentirnos estresados, inseguros, frustrados, tristes. Y así, al final del día, nos quedamos con la frase que no debería haber dicho, o el correo electrónico donde he metido la pata, lo que no he hecho, etc. Pero hay luz al final del túnel. En la charla TED: *Getting stuck in the negatives (and how to get unstuck)*, Alison Ledgerwood, doctorada en Psicología social, nos habla de la tendencia a quedarnos atascados en los modos de pensamiento negativo. Y también del antídoto: elegir otros modos de pensamiento en los que la importancia esté en lo que sí ha ido bien en el día. Este es el músculo que necesitamos desarrollar y fortalecer de forma consciente. Las personas que llamamos «positivas» no son diferentes al resto de nosotros. Lo que las caracteriza es precisamente la tendencia, natural o desarrollada, para ver lo útil, lo que sí funciona, lo bello. Y eso, partamos desde donde partamos, lo podemos hacer todos.

¡ATENCIÓN!

Si utilizas este mapa para «deshacerte» de la emoción porque la consideras inadecuada, la temes o crees que no es buena, recuerda que estás en la no aceptación. Desde ahí, inevitablemente, introducirás resistencia en la ecuación y aplicarás fuerza en la dirección no deseada. El propósito de utilizar el mapa en este modo de empleo es, principalmente, impedir que la emoción no deseada coja fuerza o se transforme en otra todavía peor para nosotros. Aunque también nos será muy útil para aceptar nuestra emoción y des-identificarnos de los pensamientos que la acompañan. Mantener la distancia y perspectiva y ver la emoción como un estado más, que también pasará. A este modo de empleo, además, podrás añadir el resto de ideas y formas de gestión emocional que te propongo en este libro, aportando así un sentido más amplio y beneficioso a estar al mando de tus emociones.

Propuestas prácticas

■ PROPUESTA 1. *Pon en práctica los dos modos de empleo: intención-elección /perspectiva-elección:*

La forma más útil de utilizar el mapa en cualquiera de los dos modos de empleo que te propongo es tenerlo visible, recordar que eres todas las emociones y que está en ti generar la energía emocional que elijas. Unos días será un poco más fácil o te saldrá de forma natural, otros, quizás te resulte algo más costoso. Si es así, no te fuerces a estar bien, pero por lo menos no añadas leña al fuego, no te creas todo lo que tu mente dice cuando no te sientes bien. Date tiempo para recuperarte y sé benevolente, que no indulgente, contigo mismo. Todos tenemos mejores y peores días o momentos. El objetivo es alargar los deseados y acortar todos los demás.

■ PROPUESTA 2. *Crea un mapa emocional anual (del último año) para aprender de ti.*

Para el mapa emocional anual puedes dibujar un círculo y dividirlo en cuatro partes correspondientes a las cuatro estaciones. Luego, en cada división, escribe las emociones predominantes en ese periodo de tiempo y qué tipo de actividades y pensamientos alimentabas en ese periodo. De esta forma, podrás recordar cuáles son los hábitos o las formas de pensar que te ayudan a estar mejor y cuáles contribuyen a que estés peor. Esta información te será fundamental, ya que, nadie mejor que uno mismo puede crear su receta para generar estados emocionales de mayor satisfacción. Saber qué puedes hacer te ayudará a priorizar, y diseñar tu vida incluyendo esos ingredientes.

También puedes crear el mapa emocional de un solo día con el fin de observar cómo varía tu energía. Conocer el biorritmo de tu cuerpo te ayudará, por ejemplo, a elegir los momentos de mayor energía para las tareas más demandantes físicamente o para los momentos en los que necesitas un mayor nivel de concentración o creatividad, y a no forzarte cuando estás bajo mínimos. Y, si ya sabes lo que te sienta bien pero no lo haces, sé honesto contigo mismo, quizás no estés dando prioridad a tu estado emocional para ponerte al mando, o estás dejando que la apatía o el miedo tomen el mando. O quizás lo que ocurre es que no sabes qué hacer concretamente. Si es así, continúa leyendo para ver cómo gestionar estos estados de inacción o estancamiento.

CAPÍTULO 3

Gestión emocional física

«No podemos cambiar nada hasta que no lo aceptemos. La condena solo nos oprime».

Carl Jung

La emoción es sin duda lo que más nos acerca a la noción de estar vivos. Cuando algo nos parece lo suficientemente increíble para ser verdad, ¿qué hacemos? Nos pellizcamos para asegurarnos de que no es un sueño. De que estamos despiertos. Las sensaciones físicas son la prueba de que estamos vivos. Y las emociones resulta que, en su esencia, son un conjunto de sensaciones físicas provocadas por cambios en nuestra fisiología. El ser humano busca experiencias, contribuir, aprender, relacionarse, crear... y todo con el fin de sentir. De ahí que, cuando organizamos un viaje para visitar un nuevo país, a nadie se le ocurre pensar: «¿Para qué ir?, si total vamos a empezar y a acabar en el mismo sitio, en casa». No nos vamos de viaje para tacharlo de la lista o completarlo. Nos vamos de viaje para experimentar las sensaciones que el viajar y conocer nuevos lugares, culturas y personas nos proporcionan. Sensaciones de sorpresa, disfrute, libertad, admiración, gratitud, satisfacción, calma, relajación, placer. De hecho, todo aquello que deseamos tener o hacer, es porque pensamos que nos sentiremos mejor cuando lo consigamos.

Para el ser humano, el sentir es inherente al vivir. Y me atrevo a decir que es una de las razones por las que estamos aquí, aunque en ocasiones no sepamos cómo gestionar lo que sentimos o no queramos sentir lo que sentimos. Aceptar y estar con nuestras emociones nos abre la puerta a reconocernos como seres que sienten y a devolver a las emociones un lugar o un sentido dentro de nuestra experiencia de vida. Y, para ello, es necesario que dejemos de considerar a nuestras emociones como el problema, y deshacernos del miedo, soledad, frustración o culpa como la solución.

Cuando somos pequeños y experimentamos una emoción desagradable, como puede ser vergüenza, culpa, miedo o tristeza, llegamos a la conclusión de que, si no sentimos esa emoción, el problema desaparecerá. Es decir, identificamos el sentirnos mal con el mal en sí, y concluimos que la solución está en no sentir. «Si no siento, no lo pasaré mal». Si a esto le añadimos que nuestros padres y los mayores a los que tenemos como referencia, y de los que aprendemos, muy comúnmente hacen todo lo posible por esconder ciertas emociones, acabamos certificando que hay emociones que además de ser desagradables, es mejor no sacar a la luz. Si bien la intención de un padre o una madre al no expresar ciertas emociones tiene como fin proteger de ellas al hijo, para que no se preocupe o se ponga triste, la enseñanza que se queda grabada en el niño es algo así: cuando te sientas mal, lo mejor es no decirlo y pretender que todo va bien.

Hablando con una psicóloga que trabaja exclusivamente con niños, me decía que los padres se quedan muy sorprendidos cuando comparte con ellos que sus hijos de siete u ocho años le han dicho cosas como: «Mi mamá está muy triste» o «mi papá se enfada mucho». La sorpresa por supuesto viene porque por su parte creen que lo están escondiendo y que no se nota. Lo justifican, por ejemplo, así: «Sí llevo una temporada un poco más baja de ánimo, pero yo sonrío siempre cuando estoy con ellos». Sin ser conscientes de que el estado de ánimo es algo más que un gesto facial y unas palabras. Que las emociones son energía que se expanden más allá del limite físico de nuestro cuerpo y que son percibidas por las personas que tenemos cerca. De ahí que, en ocasiones, aunque un ser querido nos diga que está bien, nos quedemos con la sensación de que no es así. O que se nos acelere el corazón cuando se nos acerca una persona con mucho estrés.

Tanto empeño ponemos en esconder o no sentir, que llega un momento en el que, ante la pregunta «qué sientes», nos cuesta hasta responder. Hemos dedicado tanta energía a no sentir o ignorar lo que sentimos, que se nos ha olvidado que es una parte fundamental de la experiencia de vida. Pretendemos no sentir, hacernos insensibles como forma de protección o fortaleza. Utilizamos medicamentos que nos ayudan a adormecer, aliviar o reducir la sensación física de nuestras emociones. Por ejemplo, nos bajan el nivel de nerviosismo, ansiedad o angustia, y sentimos cierto alivio, incluso calma. Ahora bien, ¿quiere decir eso que hemos aprendido a vivir con mayor ilusión, confianza o seguridad en nosotros mismos? ¿La calma que sentimos es consecuencia de haber aprendido una nueva habilidad, de conocer nuestras fuentes de estrés y cómo gestionarlas, de haber reforzado la imagen que tenemos de nosotros o, por el contrario, viene de algo externo a nosotros? Cuando conseguimos gestionar nuestro estado emocional exclusivamente con elementos externos, no solo medicamentos, sino también con personas, lugares, alcohol, comida, etc., por un lado, nos estamos perdiendo la oportunidad de desarrollar capacidades y habilidades propias, de conocernos mejor a nosotros mismos. Y, por otro, es muy probable que comencemos a crear una relación de dependencia con el elemento externo que nos proporciona la sensación que queremos: tranquilidad, desconexión, inspiración, energía, diversión, confianza, etc. No porque el elemento sea adictivo, sino porque nos acostumbramos a conseguir un estado emocional a través de él.

La forma de gestionar el estado emocional que yo te propongo, que no descarta que la combines con cualquier otra forma de gestión que te sea útil, es que te abras a descubrir que las emociones están de tu parte. Tanto las que consideras buenas y adecuadas, como las que no. Que tienen una función práctica en nuestra supervivencia, en nuestra evolución consciente y en el conocimiento de uno mismo y de la vida. Que tus emociones no son el problema. Y dejar de sentirlas no es la solución. Así que, ¡adelante!, da el gran paso.

El gran paso: la aceptación

«¿Qué me estás diciendo?, ¿que tengo que querer a mi ansiedad?». La cara de incredulidad del cliente me decía mucho más que sus palabras. Le había propuesto algo completamente absurdo. Él había venido con el propósito de deshacerse de su ansiedad y de todos los problemas que estaba convencido que la ansiedad le estaba causando, y voy yo y le propongo que la acepte, e incluso que la quiera. ¿Quién en su sano juicio va a elegir sentir angustia, ansiedad, apatía o vergüenza así porque sí? La respuesta es... nadie. Ahora bien, una cosa es no elegir sentir esta emoción y otra muy diferente es oponernos a ella enjuiciándola, evitándola, resistiéndonos o simplemente ignorándola, haciendo como que no existe. Al reaccionar de esta manera generamos un conflicto interno. Y es precisamente este conflicto lo que nos debilita. No la emoción en sí.

¿Cómo vamos a gestionar nuestra emoción si entramos en conflicto con ella, si nos dividimos y dejamos en el lado opuesto precisamente aquello que necesitamos acoger para trabajar con ello? Entrar en conflicto con nuestra emoción es lo mismo que entrar en conflicto con una parte de nosotros. Lo cual genera una división interna que impide el diálogo con esa parte que se está comunicando con nosotros a través de la emoción y levanta una barrera que dificulta que la emoción encuentre una salida y disipe su energía. Además, la propia resistencia que generamos para ir en contra de la emoción contribuye a crear una espiral de energía que nos empuja hacia la dirección opuesta a la que queremos. Por ejemplo, resistirnos a nuestra rabia sin pararnos a gestionarla o a aprender de ella puede llevarnos a la impotencia o a la ira. De ahí, que el primer paso para gestionar las emociones que consideramos malas, inadecuadas o negativas, es modificar la reacción automática de oposición y resistencia que se despierta cuando aparecen. Lo cual requiere que seamos conscientes de ella. Es decir, necesitamos identificar que nos estamos resistiendo a sentir. El reconocer que esto está ocurriendo nos coloca en una posición de poder, ya que es en este momento cuando se abre la posibilidad de escoger una respuesta diferente. El momento de consciencia supone encontrarse ante un cruce en el que es posible avanzar en varias direcciones.

Al comenzar el ejercicio consciente de gestión emocional, es común que te encuentres en alguna de estas situaciones:

1. Te das cuenta de que estás resistiendo tu emoción momentos después de que ya haya pasado o te estés calmando. En este caso, al llegar al cruce, simplemente has tomado el camino que sueles coger.

2. Te das cuenta de que estás resistiendo tu emoción en el momento en el que está ocurriendo, pero, como no sabes gestionarlo, sigues haciendo lo mismo. En este caso, hay una pequeña parada ante el cruce, pero solo el camino de la resistencia aparece iluminado y el resto de caminos andan escondidos bajo la niebla. Sabes que están ahí, pero no te es posible verlos.

3. Te das cuenta de que estás resistiendo tu emoción en el momento en el que está ocurriendo y, aunque sabes qué hacer diferente, la fuerza de la inercia o de la rutina te empujan hacia el camino que no quieres. En este caso, hay una pequeña parada ante el cruce; ves el camino por el que no quieres ir y también por el que sí quieres ir y, aun así, avanzas como sin querer por el que no quieres.

4. Te das cuenta de que estás resistiendo tu emoción en el momento en el que está ocurriendo, sabes qué hacer diferente y unas veces «te sale» y otras no. En este caso, en el cruce, ves el camino que no quieres tomar y el que sí. En ocasiones tomas el que sí y en ocasiones tomas el que no, o te dejas llevar por él. Esto ocurre hasta que vas haciendo del nuevo camino el más frecuente, y llega el momento en el que la inercia de este es mayor y se convierte en tu elección por defecto.

Vemos entonces que, si el primer paso es ser consciente de que damos la bienvenida a nuestra emoción con resistencia, el segundo paso será conocer qué otras formas de bienvenida o qué otros caminos podemos elegir. Para este segundo paso, tanto la gestión física como la evolutiva nos van a ayudar. Y, por último, necesitamos perseverar hasta que las nuevas elecciones conscientes se conviertan en las habituales. Y lo mismo que por inercia anteriormente avanzábamos en una dirección, ahora avanzamos por otra que es mucho más beneficiosa para nuestro estado emocional y por lo tanto para nosotros. Así que vamos por pasos.

PASO 1: ***Reconocer las distintas formas y señales de resistencia, oposición o negación.***

En mi último trabajo diseñando circuitos integrados, recuerdo el momento en el que fui consciente por primera vez de la conexión que había entre mi cuerpo, mi mente y el efecto que tenía en mí negar una de mis emociones. El jefe del proyecto acababa de asomarse a mi cubículo para pedirme si era posible que yo me encargara de diseñar un circuito para añadir una función muy sencilla al sistema que estábamos construyendo. Estábamos a un mes del día de entrega de uno de los sistemas más complejos en los que habíamos trabajado hasta entonces y que más beneficio económico aportaría durante los próximos tres años a nuestra unidad de negocio. La presión era muy grande e íbamos retrasados. Bueno, por no decir que parecía imposible que nos fuera a dar tiempo con todo lo que quedaba por hacer. La petición del jefe de proyecto me llegó en un momento en el que estaba completamente saturada de trabajo, pero qué iba a decir. En aquellos días nunca se me hubiera ocurrido decir otra cosa que la que dije: «Por supuesto».

El caso es que, después de que se fuera y al volver la mirada hacia el ordenador para seguir trabajando, fui consciente de un dolor en mi hombro derecho. Un dolor que me resultaba conocido, ya que aparecía y desaparecía con frecuencia. Normalmente, lo había identificado con malas posturas o estrés. Ese día, sin embargo, yo ya estaba trabajando con un *coach* y uno de los lugares donde estaba prestando atención era a mi cuerpo. No solo con el fin de estar en forma y cuidar la salud, sino viéndole además como mensajero de otro tipo de información. Así que, en vez de seguir trabajando e ignorar el dolor, o aguantarme con él, mejor dicho, me hice la siguiente pregunta: «¿Qué está pensando mi mente en este momento?». Esta fue la respuesta: «No vas a saber hacerlo». Lo había dicho tan bajito que ni siquiera me había dado cuenta de que mi mente había hablado. Sin embargo, esa vocecita ya había activado mi sistema nervioso y lo había puesto en alerta. Y mi reacción automática fue mirar hacia otro lado y aplazar el enfrentarme a mi miedo.

Ser consciente de lo que realmente estaba pasando en mi mente y en mi estado emocional me permitió pararme, mirar al miedo que se había activado en mí y darle un poquito de calma. Fui consciente de que siempre que me pedían algo nuevo reaccionaba con tensión, y entonces tuve mucho más claro el porqué de esta tensión. No era por tener más cosas que hacer, era porque un modo anticuado en mí se activaba. El modo: «No lo vas a saber hacer». Ver a mi miedo sin juicios, con curiosidad, y sobre todo, con mucha empatía, fue muy reconfortante. Ahora la conversación en mi mente estaba dirigida a calmar a este miedo. «Siempre has acabado diseñando lo que te han pedido. Si no sabes hacerlo, no pasa nada, preguntas lo que no sepas y ya está. Otras veces has pensado lo mismo y al final te han venido las ideas para hacerlo». A la vez que iba calmando mi miedo, el dolor del hombro derecho también se calmaba.

Por lo tanto, identificar la resistencia te va a resultar muy sencillo si:

- Llevas la atención al cuerpo y observas las señales físicas que este te ofrece. Señales de que estás resistiendo tu emoción son, por ejemplo: contener la respiración, apretar la mandíbula, dejar de hablar o decidir no hablar, tensión en alguna parte de tu cuerpo o en varias, cruzar los brazos, mirar para otro lado, apretar los puños o lo que sostengas con las manos, etc. Básicamente, todo aquello que haces para que no se vea la emoción o para contenerla es una forma de resistencia física.
- Llevas la atención a la mente y observas tus pensamientos. Muchos de estos pensamientos te acompañan desde hace años. Hubo un momento en que los aceptaste como *la verdad* de cómo son las cosas y se convirtieron en la base desde la cual funcionas. Desde donde ves el mundo y juzgas lo que ocurre, el comportamiento de las personas, el tuyo propio y, por supuesto,

desde donde ves las emociones y las juzgas. A continuación compartiré algunas de las formas de pensar o de las creencias que más fácilmente activan la resistencia u oposición hacia las emociones. Asegúrate de que descubres las tuyas propias.

Creencia 1. «Que te afecten las circunstancias es síntoma de debilidad». Esta creencia nos lleva a pensar que, si nos afecta que una persona no cumpla con su palabra, perder el trabajo, un mal resultado, que nuestro hijo no nos haga caso o que uno mismo o un ser querido tenga una enfermedad, es sinónimo de debilidad. Y de ahí concluimos que *hay que aprender a que no te afecten las circunstancias.* Esta petición es de hecho una de las más frecuentes entre los clientes que vienen a verme: «Quiero que no me afecte todo tanto» o «quiero ser como esas personas a las que no les afecta nada».

Si bien hay personas a las que parece que no les afecta nada, entre ellas podemos distinguir dos grupos. En un grupo encontramos a quienes han aprendido a gestionar su decepción, su tristeza, su enfado, etc. Se responsabilizan de cómo se sienten y de hacer lo necesario para que no influya de forma negativa al lugar en el que están o en sus relaciones. En definitiva, sí les afecta su entorno, pero tienen recursos para recuperarse de un mal momento o un tropezón. En el otro grupo encontramos a aquellas personas que simplemente pretenden que lo que ocurre a su alrededor no les afecta. Se hacen los fuertes como forma de gestión, lo que implica que se guardan para sí mismos muchas de sus emociones, las esconden, y es entonces cuando, sin darse cuenta, se están volviendo más débiles.

La inseguridad se despierta no por el hecho de tener emociones, que las tenemos todos los seres humanos, sino porque hemos creído que es de débiles verse afectado emocionalmente. Y, al resistirnos a ellas, al esconderlas, lo que conseguimos es alimentar la inseguridad que nos ha llevado a esconderlas. Porque ahora se despierta el miedo a que nos descubran. Que descubran que no somos fuertes. Nos prohibimos el pedir ayuda o mostrar cualquier síntoma que creamos que muestra debilidad. Y comenzamos a vivir con dos versiones, la que sentimos por dentro y la que enseñamos por fuera que creemos que es la correcta. El mundo a nuestro alrededor se vuelve una amenaza constante, un lugar en el que tenemos que estar probando constantemente nuestra valía, nuestra fuerza.

Sin embargo, mostrar nuestra vulnerabilidad es, muy al contrario de lo que hemos oído durante nuestra vida, una muestra de poder. Solo cuando nos vemos capaces, fuertes y con confianza para gestionar lo que ocurre en nuestra vida es el momento en que nos abrirnos a compartir nuestros sentimientos desde la certeza de que estaremos bien. Independientemente de lo que la otra persona o personas hagan, independientemente de lo que ocurra después. Es entonces cuando disolvemos el conflicto entre lo que sentimos y lo que enseñamos. El momento en que nos damos permiso para ser nosotros mismos y experimentar coherencia interna y autenticidad.

Creencia 2. «Sentir miedo significa que eres inseguro». Esta creencia da por hecho que las personas seguras no tienen miedo ni experimentan inseguridad. Si bien es cierto que, cuando se despierta un miedo, experimentamos la sensación de inseguridad, esto solo es porque estamos diseñados de esta manera, ya que una de las funciones de nuestro sistema nervioso y de su centro de control, que es el cerebro, es mantenernos vivos y protegernos. Esta parte se activa siempre que hay algún tipo de amenaza o ataque a la supervivencia, y pone en marcha ciertos mecanismos, en particular los modos llamados «lucha», «huida» y «parálisis». ¿Alguna vez te has asustado al oír sonar el teléfono? ¿O cuando el coche que va delante de ti pega un frenazo? Este susto no es más que la activación de tu sistema nervioso ante una posible amenaza, poniéndote alerta y segregando hormonas de estrés que te ayudan a responder con mayor rapidez y mantenerte a salvo. Por lo que sentir miedo, no solo es natural, sino que además es imprescindible para la supervivencia.

Ahora bien, esta emoción que nos ayuda a sobrevivir ante un peligro, también se activa con amenazas imaginadas. Es decir, amenazas generadas por nuestra imaginación, que viaja al futuro y prevé situaciones que no son deseadas o de nuestro agrado. Por ejemplo, «si dejo el trabajo, tal y como está todo, seguro que no encuentro otro», «si lo digo, seguro que se monta una bronca», «si se enteran de que he sido yo, me la cargo para siempre», «si salgo a la calle, seguro que me da el ataque de ansiedad y no hay nadie cerca para ayudarme», etc. Todos estos pensamientos son amenazas que estamos creando nosotros mismos. Sin embargo, nuestro sistema nervioso responde de la misma manera, poniéndonos alerta e influenciando la parálisis o inacción como forma de protección. El resultado es que nos quedamos en el mismo trabajo o sin salir de casa, no porque seamos inseguros, sino para protegernos. Para estar seguros. Al culpabilizar al miedo de nuestra inseguridad, olvidamos que lo podemos estar provocando nosotros mismos, que está de nuestra parte, y, a la vez, que su estrategia para protegernos es muy limitada y que está en nuestras manos encontrar otras formas de mantenernos seguros que estén alineadas con experimentar, atreverse y vivir la vida que deseamos. En definitiva, pensar que sentir miedo es un problema o una debilidad, limita tu capacidad de gestionarlo cuando aparece, y de utilizarlo como un recurso.

Creencia 3. «Sentir envidia, odio o desprecio es de malas personas». En este ejemplo podemos comprobar, de nuevo, la tendencia a identificarnos con lo que sentimos, —estoy alegre se convierte en soy alegre, tengo nervios en soy nerviosa y tengo envidia en soy mala persona—. En el caso de aquellas emociones que hemos catalogado como buenas esta tendencia puede sernos útil. Ahora bien, en el caso de los estados emocionales que juzgamos como malos o inadecuados esta identificación es como echar leña al fuego. Y así, de la envidia, el odio o el desprecio, pasamos a la culpa, y de la culpa a la pena o la vergüenza. El juicio hacia la emoción es, por lo tanto, la causa de que nos veamos arrastrados hacia emociones cada vez más desagradables, y no la emoción en sí. Es el juicio el que nos impide abrirnos a atender a las emociones de envidia, odio o desprecio, escucharlas y dejar que estas cumplan con su función. Es el juicio también el que puede convertir a una emoción agradable en inadecuada. Por ejemplo, expresar alegría o reír en presencia de una persona que tiene un problema, puede estar visto como insensible. Hay personas que, aun estando estupendamente, cuando les preguntan: ¿Qué tal estás?, responden: «Vaya, pues tirando, como siempre», porque no quieren que piensen que están fanfarroneando o como forma de empatizar con alguien que lo está pasando mal. Como si hubiera que disculparse por estar bien. De esta forma hemos ido reduciendo el número de emociones que nos damos el permiso de sentir y expresar, haciéndolas inadecuadas, negativas y hasta peligrosas. Las hemos convertido en un problema a resolver en vez de en un recurso para vivir.

PASO 2: ***Elegir otra forma de dar la bienvenida a las emociones: de la resistencia a la aceptación.***

¿Te has preguntado alguna vez por qué parece que la alegría, la satisfacción o la calma duran menos que el enfado, la pena o la apatía? Imagina que estás esperando al tren en el que llegará tu mejor amiga. Estás llena de emoción, no puedes aguantar las ganas de que llegue. Llega el tren, os veis, sonrisa de oreja a oreja, os abrazáis, compartís la alegría de veros y, pocos minutos después, ya está, ya se ha pasado el subidón de veros. Lo que sigue después por supuesto que también es agradable, sin embargo, el momento de alegría intensa ya pasó. Y todo porque nos hemos dado el permiso de sentirla, expresarla y compartirla. Es decir, la hemos aceptado como buena, adecuada, y la emoción ha venido y se ha ido. Como la ola que baña la orilla y retrocede para dar paso a la siguiente. Que la energía de una emoción se haga presente y se transforme en otras es lo natural, a menos que la mantengamos con algún tipo de resistencia o con los pensamientos que la han creado en un primer momento y que la alimentan.

Si te fijas en un niño de tres o cuatro años, verás que pueden estar en una emoción muy intensa de frustración o rabia y que, de un momento a otro, pasan a estar en curiosidad o incluso alegría. Esto ocurre por la completa aceptación del niño hacia lo que siente. La aceptación nos hace flexibles emocionalmente, capaces de pasar de una emoción a otra con mayor rapidez. La resistencia, sin embargo, nos vuelve rígidos y provoca que el enfado, la culpa o la insatisfacción duren mucho más que la alegría de ver a un ser querido. De ahí que la propuesta es dar la bienvenida, intencionadamente y con aceptación, a nuestras emociones. Y por aceptación no me refiero a resignarse a sentirlas o a rendirse. Me refiero a tenerlas en cuenta y abrirles la puerta de nuestro corazón, como le abriríamos la puerta de nuestra casa a una amiga que viene a visitarnos y contarnos algo. Respirar y sentirlas. Llenarse de ellas. Mirarlas con curiosidad y la certeza de que están de nuestra parte y tienen una función que cumplir. Nuestra función empieza por darles la bienvenida y aceptarlas.

Cada uno de nosotros ha nacido con la capacidad de aceptar lo que es similar a uno mismo, de la misma opinión, lo que creemos bueno, adecuado y con sentido. El truco entonces está en expandir nuestra capacidad de aceptar para incluir además otros puntos de vista y, por lo menos, cuestionarnos lo que consideramos inadecuado, irrespetuoso, negativo, malo o sin sentido.

La emoción como guía. ***Función básica de la emoción.***

Con el fin de comenzar el camino de aceptación, te propongo una forma de ver las emociones y de entender su función básica que las dota de sentido y utilidad: *Ver a la emoción como una compañera. Una guía que está llamando tu atención para indicarte el camino por dónde ir y por dónde no ir, mantenerte conectada con tu centro y acompañarte de vuelta a él si te alejas.*

Muchas de las clientas con las que he trabajado y trabajo llegan a mí porque piensan que se han alejado de quien son. Algunas hasta el punto de que no se reconocen a sí mismas. «Yo antes era alegre, social, divertida, y ahora no sé qué me pasa que estoy todo el día riñendo y de mal humor». Es precisamente el malestar que sienten lo que hace que se paren a mirar que está pasando. O dicho de otra manera, es la emoción que consideramos desagradable y que creemos que es el problema la que llama su atención. Y es que resulta que hacemos mucho más caso al dolor y a lo desagradable que a lo que va bien.

Esta llamada de atención, este malestar interno, no es más que la oportunidad de revisar nuestra vida, nuestros pensamientos, nuestras elecciones y acciones, y decidir si seguimos en la misma dirección o cambiamos. ¿No es genial que, si he dejado de poner cariño y amor en el día a día con mi familia o si he dejado de poner ilusión en aprender y desarrollarme como profesional o si he dejado de admirar la belleza de todo lo que me rodea, haya una parte de mí que me lo diga? Mi propuesta es que esta parte existe. Es un yo interior que sabe exactamente quién eres, lo que es importante para ti, la vida que deseas vivir, tus anhelos e ilusiones. Esta claridad de tu yo interior te permite ver cuándo te sales de tu camino en el mismo momento que ocurre. Su función por lo tanto es: recodar quién eres, mantenerse fijo en ese punto y avisarte cuando no estás alineado en tu forma de pensar o actuar con quien eres. ¿Y cómo te avisa? Pues con emociones.

Una clienta utilizó una metáfora para describir el momento en el que estaba y que nos proporciona un ejemplo muy claro de la guía que supone nuestro yo interno. Ella describía su estado emocional de la siguiente forma: «Me siento como si tuviera el freno de mano echado».

Cuando avanzamos en la conversación, vio con claridad que efectivamente tenía el freno de mano echado. Había un proyecto que llamaba mucho su atención, pero que, por falta de claridad en cómo hacerlo, estaba dejando a un lado. Cuando una parte de nosotros quiere avanzar y no se lo permitimos, es seguro que la emoción no va a ser de plenitud. Si vamos en la dirección contraria a lo que nuestro corazón nos dice, lo vamos a notar. A veces con apatía o estrés, otras con sensación de esfuerzo, cansancio o frustración, ya que ir contracorriente requiere mucho más de nosotros que ir a favor.

Vistas de esta manera, podemos asemejar nuestras emociones al volante de un coche. Al conducir, el volante nos va dando información sobre la dirección en la que apuntan nuestras ruedas y, como consecuencia, de la dirección en la que avanzamos. Nos permite por lo tanto dirigir nuestra ruta y también hacer las correcciones necesarias para mantenernos en ella. De ahí que, si nuestras manos perciben que el volante se va hacia la derecha, suavemente le giramos hacia la izquierda y al revés. Una y otra vez, tantas veces como sea necesario, hasta que llegamos al destino deseado. A nadie se le ocurre quitar las manos del volante ni se enfada por tener que ir corrigiendo constantemente el volante. De hecho, nos da una cierta seguridad tener las manos al volante, ya que nos permite estar en control de hacia dónde va el coche. Sin embargo, cuando se trata de nuestras emociones, no somos tan pacientes, principalmente porque hemos olvidado la función que tienen y la información tan beneficiosa que nos están proporcionando.

Tener como objetivo no sentir y deshacernos de las emociones desagradables sería como deshacernos del volante del coche. Una locura que acabaría con nosotros. Y quizás por eso no es una opción. Podemos aliviar o adormecer las sensaciones físicas, desconectar de lo que creemos que es la realidad, distraernos con mil y una cosas para evitar sentir lo que sentimos, pero seguirán ahí para cuando quieras escuchar a tu ser interior, que te estará diciendo con las emociones agradables «por aquí», y con las emociones desagradables «por aquí no». Algo tan simple como no alinear nuestros actos con lo que hemos dicho que íbamos a hacer, o no dar un paso en una dirección que nos resulta incómoda o da miedo, provocará que nuestro ser nos lo indique con una emoción de insatisfacción. Emoción que evitaremos sentir ignorándola mientras nos entretenemos o distraemos con alguna otra cosa que no es tan importante, convenciéndonos con razones lógicas de por qué no damos el paso, retrasando la acción para más tarde, o de cualquier otra manera. Si alguna vez has experimentado esto, seguro que también has experimentado la sensación de satisfacción que se despierta en el momento en el que pasas a la acción y das los pasos alineados con tu palabra o tu corazón. Momentos en los que es común pensar: «Si lo he hecho en un minuto, podía haberlo hecho antes», «pues ha sido más fácil de lo que parecía», «¿tanta preocupación para esto?».

De la misma forma que con nuestros actos o nuestro comportamiento, nuestro ser nos hará saber si nuestros pensamientos se están desviando de quien somos. Ha habido personas que en ciertos momentos de mi vida me han recomendado que no fuera tan ingenua, que tenía que ser un *poco más malpensada*. He tenido incluso clientes que me han confesado que creían que tenían que aprender a ser, precisamente eso, *un poco más malos* y que así les iría mejor. Mi respuesta siempre es la misma: «A mí, pensar mal, me sienta mal», así que no se lo recomiendo a nadie.

Además, he observado que hay una diferencia muy grande en cómo experimento el momento —independientemente de si estoy dando una vuelta por el campo, en una cena con amigos o impartiendo un curso—, cuando mantengo mi mente enfocada en apreciar el lugar en el que estoy, las personas con las que estoy y la comida que saboreo o la oportunidad de contribuir al aprendizaje de otras personas, que si estoy enfocada en el frío que hace, los sabores que no están a mi gusto o enjuiciando el comportamiento de algún alumno que no participa activamente. Con la primera opción, mis pensamientos me llevan a realzar lo positivo de la situación convirtiéndola en una situación más placentera, satisfactoria y más fácil de disfrutar que en la segunda opción, en la que mi mente realza todo aquello que despierta en mi irritación, disgusto o frustración. En consecuencia, todo me resulta mucho más desagradable y me es más difícil experimentar satisfacción.

En ambos casos, las emociones simplemente están aportando información en tiempo real de lo que está despierto en mí. En particular, del ingrediente con el que estoy contribuyendo a la situación, mi actitud, forma de pensar o ver, y que contribuye en gran medida a crear la experiencia que tengo de ese momento. Gracias a nuestras emociones, por lo tanto, contamos con información que nos conecta con nuestro poder de experimentar cada momento de una forma un poquito más agradable o satisfactoria.

A la propuesta de que nuestro ser interior nos guía y las emociones son la manifestación de esa guía, añadiré que nuestro ser interior, además, desea lo mejor para nosotros en cada momento. Desea nuestro disfrute, nuestra paz interior, satisfacción, ilusión. Por lo que nos mostrará siempre esa dirección, una y otra vez. Nuestro ser interior no se cansa de este trabajo, ni se rinde ni se enfada, simplemente se mantiene en el centro de quien somos y nos lo muestra para que sepamos hacia dónde redirigirnos o avanzar. Y, lo que puede sonar un poco más extraño, no pide nada a cambio. Somos paz, disfrute, satisfacción, alegría, amor, ilusión y nos merecemos sentir el ser que somos.

Este planteamiento choca frontalmente con la cultura del esfuerzo y el sacrificio que hemos alimentado durante décadas. Una cultura que nos lleva a considerar y, aun más, a creer que tenemos que ganarnos la tranquilidad, la alegría o la abundancia con sufrimiento. De ahí que nos cueste entender que una persona después de haberse sacrificado o sufrido no consiga un final feliz. Nos quedamos atascados en pensamientos como: «Con todo lo que ha tenido que pasar y lo que se ha esforzado. No se merecía esto». Nos desconcierta porque partimos de una premisa errónea: consideramos el sacrificio como moneda de cambio. A más sacrificio, más nos merecemos, mejor nos irán las cosas. Y, además, le hemos dado más valor a aquello que conseguimos con sacrifico. Tanto es así que, si lo que conseguimos no nos cuesta sacrificio, entonces pensamos que no puede ser gran cosa. Devaluamos su valor solo porque no nos ha costado mucho.

Me viene a la memoria la primera clienta emprendedora con la que trabajé. Llevaba año y medio dedicando toda su energía y tiempo al negocio que estaba emprendiendo. Estaba sacrificando su tiempo de ocio, el tiempo con su pareja y con sus amistades. Sin embargo, su negocio no acababa de tirar para adelante. Y no lo entendía, porque ella se estaba esforzando mucho. «¿Qué más puedo hacer?», «¿qué más puedo sacrificar?» eran las preguntas que estaban en su mente. Su objetivo era aprender a organizarse mejor y gestionar mejor el tiempo para poder hacer más, porque, obviamente, no era suficiente. Esta clienta había dejado su anterior trabajo que le parecía superficial y aburrido, para crear un negocio en el que poder desempeñar tareas con las que disfrutaba y contribuía a mejorar la vida de sus clientes. Ambos elementos importantes para ella. Sin embargo, no era consciente de que tenía activa la creencia del sacrificio, y esto le estaba obstaculizando la parte del disfrute.

En la segunda sesión recuerdo que le comenté: «Da la impresión de que lo estás haciendo más difícil de lo que es y que el disfrute ha dejado de ser relevante». Casi sin acabar de decir esa frase, ella dijo: «Mónica, mi padre y mi abuelo siempre decían que, si quieres algo, tienes que sacrificarte y luchar por ello». Y eso era exactamente lo que ella estaba experimentando. Le pregunté entonces si conocía a alguna persona que disfrutase haciendo lo que le gustaba y que tuviera éxito. Me respondió: «Pues claro, son esas personas las que me inspiraron a dar el paso». La siguiente pregunta fue la que le abrió los ojos: «¿Es entonces posible hacer lo que a uno le gusta, disfrutar haciéndolo y además tener éxito?». Su respuesta fue: «Sí, es posible y es lo que deseo». Viendo que ambas afirmaciones, la de su padre y abuelo, y esta última, eran posibles, fue que eligió alimentar una nueva forma de pensar. Todo tenía un precio, sí, solo que el nuevo precio que ella le ponía ahora era el disfrute en vez del sacrificio.

Esto no hizo que dejara de dedicar gran parte de su tiempo al negocio, pero sí que volviera a prestar atención al resto de áreas de su vida. Disfrutar ya no era un impedimento para el éxito, era la clave. Se dio el permiso de pasar más tiempo con su pareja y sus amigos, de salir a correr, y en pocos meses su negocio comenzó a coger velocidad. El número de horas que invertía en el negocio no cambió tanto, la gran diferencia era que había soltado el sacrificio como moneda de cambio y, en consecuencia, disfrutaba de las tareas que tenía que realizar, del esfuerzo motivado por su aspiración de servir a sus clientes con profesionalidad y calidad.

Nuestro ser nos conecta con el momento presente, es aquí y ahora donde sentimos y experimentamos la vida. Donde tenemos por lo tanto el poder de modificar la experiencia. Y es una elección de cada uno, sacrificarse y pasarlo mal durante años para obtener al final un momento de gloria, o disfrutar lo máximo de cada momento, independientemente de si al final conseguimos ese momento de gloria. Cuando elegimos disfrutar del camino hacia nuestros objetivos, las emociones nos serán de mucha utilidad, ya que te avisarán muy claramente cuándo te estás saliendo del camino.

Aunque la gestión evolutiva que trataremos en el siguiente capítulo se centra precisamente en cómo escuchar lo que nos quieren decir nuestras emociones, compartiré ahora posibles mensajes de emociones como la apatía, la desilusión o decepción, la envidia, la vergüenza o la culpa. Ten en cuenta, eso sí, que partimos de la premisa de que nuestro ser interior desea siempre lo mejor para nosotros, recuerda lo mejor de nosotros, de lo que somos capaces, lo que es importante para nosotros, y nos hará saber si estamos alineados con todo esto con emociones agradables, y, al contrario, con emociones desagradables si nos alejamos de lo que nuestro ser interior sabe sobre nosotros y sobre la vida.

La apatía como guía

Cuando no tenemos ganas de nada y nos hacemos la pregunta ¿para qué?, sin pararnos a responderla o encontrar respuesta, uno de los mensajes de nuestro ser interior puede ser recordarnos que siempre hay un para qué, un sentido. Que, donde antes lo veíamos, ahora lo hemos dejado de ver. Porque el sentido, la ilusión o el entusiasmo resulta que no nos lo da la actividad, sino que lo despertamos nosotros. De ahí que, por ejemplo, sintamos más ilusión al comenzar un trabajo nuevo que diez años después haciendo ese mismo trabajo. Al comenzar pensamos en el trabajo como una oportunidad de aprender, de conocer nuevas personas, de contribuir a un proyecto, y pensar así despierta ilusión. Según pasan los años, el trabajo sigue siendo el mismo, pero los pensamientos sobre él van cambiando y con ellos la emoción, —quizás desgana, frustración, ansiedad—, que sentimos. La apatía por lo tanto nos puede estar recordando que hemos dejado de poner ilusión o entusiasmo en aprender, experimentar, cuidar, contribuir, crear, relacionarnos o vivir lo cotidiano. O que hemos dejado de dar sentido a nuestras actividades o incluso a nuestra existencia. Y que necesitamos cambiar la pregunta: ¿qué sentido tiene?, por, ¿qué sentido le quiero dar? Y responder a esta última si queremos experimentar mayor ilusión, plenitud, autorrealización o, simplemente, mayor disfrute.

La desilusión y la decepción como guías

Cuando sentimos desilusión o decepción, lo que ocurre es que lo que esperábamos, nuestra expectativa, y lo que está ocurriendo o ha ocurrido no concuerdan. Ahora bien, la decepción solo se mantiene cuando evitamos aceptar lo que ha ocurrido. Cuando nos apegamos a que el resultado de una acción o el comportamiento de otra persona sea de una forma concreta, nuestra forma, y nos quedamos atascados ahí. Nuestro ser interior, con la decepción, nos indica que estamos resistiéndonos a lo que es y nos llama hacia la aceptación de lo que ha ocurrido y la claridad que nos puede proporcionar ese desenlace para el futuro. Ya que ver lo que no queremos es también una forma ideal de ver con más claridad lo que sí queremos. Aceptar que lo ocurrido es distinto de cómo lo queremos nos coloca en una posición de poder para tomar las decisiones necesarias y redirigirnos en el sentido que sí deseamos, para conocer mejor a alguien, profundizar en nuestras relaciones, aprender algo nuevo o hacer los cambios necesarios. Una de mis frases preferidas es lo que dijo José Narosky: «Mi mayor ilusión es seguir teniendo ilusiones» porque nos recuerda que, si sentimos decepción o desilusión, solo tenemos que mirar al otro lado.

La envidia como guía

Cuando sentimos envidia, suele ocurrir que nuestra atención está en una cualidad, característica, posesión o circunstancia que observamos en otra persona y que nos negamos a nosotros mismos. Es decir, vemos la cualidad o circunstancia deseada en la otra persona y a la vez pensamos que no la tenemos, y que, además, no nos es posible alcanzarla. Es esta última parte la que desencadena que nuestro ser interior quiera llamar nuestra atención. Y el mensaje: *lo que observas en la otra persona también está disponible para ti*. Por ejemplo, cuando admiramos la capacidad de una persona para hablar en público y nos decimos que nosotros somos incapaces de hacerlo, estamos impidiendo el desarrollo de esa capacidad, limitando nuestra experiencia de vida. La llamada de nuestro yo interior tiene como objetivo derribar esa barrera. De ahí que podamos entender la función de la envidia como la toma de consciencia de que nos estamos negando nuestros propios deseos, limitando nuestro desarrollo o hemos dejado de reconocer y apreciar quien somos. La forma más efectiva para gestionarla entonces es devolvernos a nosotros mismos la posibilidad de ser o conseguir lo que nos estamos negando.

La vergüenza como guía

Cuando sentimos vergüenza es probable que necesitemos ser vistos tal y como creemos que es la forma adecuada, y aceptada por el entorno, de ser. Por ejemplo, seguros, capaces, inteligentes, sin fallos. Nos alerta de que estamos dando más importancia a lo que los demás piensan de nosotros que a lo que nosotros sabemos de nosotros mismos. A hacerlo bien, en vez de a experimentar y aprender. A encajar, en vez de a ser uno mismo. A que nos aprueben en vez de aprobarnos nosotros mismos. Podemos entender entonces la función de la vergüenza como la toma de consciencia sobre este desequilibrio y la oportunidad de reestablecer nuestras prioridades. De elegir dar más importancia a nuestros anhelos e impulsos, a nuestras ganas de aprender, de experimentar y de ser nosotros mismos. Y de valorar las peculiaridades de lo que aporta cada uno, así como de apreciar nuestras diferencias y entenderlas como elementos que suman y enriquecen.

La culpa como guía

Cuando sentimos la emoción de culpa suele ocurrir que nos estamos enfocando en aquello que no está en nuestro poder cambiar. Bien porque no depende de nosotros, por ejemplo, el estado emocional de otra persona, o bien porque es algo del pasado que ya no se puede cambiar. En ambos casos, nuestro ser nos avisa con esta emoción para que no continuemos por ahí y llevemos la atención a un lugar donde sí tengamos poder, donde sí haya opciones y donde podamos actuar. En vez de culparnos y mantenernos en la inacción, podemos hacernos preguntas como: «En este momento, ¿qué sí puedo hacer?, ¿de qué sí me puedo responsabilizar?, ¿cuál ha sido mi responsabilidad o contribución en lo que ha pasado? ¿Qué puedo hacer diferente la próxima vez?». Nos ayuda a redirigir la atención del lugar donde no podemos actuar al lugar donde sí. A pasar de la culpa que nos inhabilita a la responsabilidad y a las posibilidades, que son las que nos ayudan a avanzar. Independientemente de si la acción es pedir perdón, aceptar que hemos hecho algo que ha tenido un resultado no deseado y aprender cómo hacerlo diferente la próxima vez, arreglar el roto o realizar cualquier otra acción, redirigirnos en esta dirección hará que nos sintamos mucho mejor.

El miedo como guía

Si bien ya hemos hablado de que el miedo tiene como función principal mantenernos seguros, podemos entender también su función como una llamada de atención hacia la *historia de miedo* que está activa en nuestra mente, y, por lo tanto, como la posibilidad de liberarnos de su poder limitador o angustioso. Así, por ejemplo, si sentimos miedo, podemos tomar consciencia de que nuestra mente está imaginando un resultado catastrófico y tomar el mando. Podemos considerar que otros resultados son también posibles, abrir el abanico, y desde ahí despertar energía de esperanza o incluso confianza para continuar. O si observamos que nos estamos criticando o inhabilitando, «no vas a ser capaz», podemos darle la vuelta y pararnos a revisar todos los logros conseguidos hasta ese momento, así como las situaciones en las que a pesar de que no nos veíamos capaces conseguimos avanzar y terminar. El miedo también es la señal que nos indica que estamos saliendo fuera de nuestra zona de seguridad, de conocimiento. Que entramos en terreno desconocido. Por lo que, si deseamos expandir nuestra experiencia de vida, probar, explorar, aprender, vivir situaciones nuevas, el miedo se convierte entonces en la confirmación de que vamos en la dirección deseada. Hacia lo nuevo.

La satisfacción como guía

La sensación de satisfacción es una de las emociones más valiosas para conocerse, y en particular, para identificar lo que es importante para uno mismo, ya que la sensación de satisfacción aparece, precisamente, cuando estamos alineados con lo que es importante para nosotros o nos sienta bien. Por ejemplo, si nuestra palabra es importante y cumplimos con ella, el estado emocional que generamos será de paz o satisfacción. La tendencia natural es pararnos a aprender de los errores y ver qué no hemos hecho bien para corregirlo o evitarlo la próxima vez. Pararnos a identificar qué hemos hecho bien nos da información sobre lo que podemos repetir. Nos aporta claridad sobre el tipo de actividad, comportamiento, forma de pensar o actitud que nos sienta bien, y así, nos convertimos en nuestros propios maestros. Mantener el cuerpo en movimiento realizando algún tipo de ejercicio es común para todos. Ahora bien, a unos nos sienta estupendamente bailar, a otros correr y a otros pasear. La persona con mejor capacidad para contestar las preguntas ¿qué nos sienta bien?, ¿qué estilo de vida deseamos? o ¿cuáles son nuestras prioridades? es siempre uno mismo.

En los momentos de satisfacción, nuestro ser interior nos puede estar enviando mensajes como: «Gracias por cuidarte», «gracias por ser fiel a tus principios», «gracias por dar lo mejor de ti», «gracias por ser coherente con», «gracias por decirte sí a ti, por ser tú», «gracias por apreciar y ver lo valioso de este momento, de la vida», «gracias por valorar tu contribución, tu valor, quien eres», o cualquier variación de estas. En definitiva, nos muestra el camino a nuestro centro, así como la insatisfacción nos indica que nos estamos alejando de él. Nos será muy valioso también pararnos a reflexionar en los momentos de ilusión, plenitud, alegría, admiración, orgullo o paz interior.

Conocer la función y utilidad de las emociones nos facilitará abrirles la puerta y darles la bienvenida desde un lugar de poder o por lo menos de curiosidad. Aceptar las emociones como «valiosas» se convierte entonces en un acto de amor hacia uno mismo. Nos gusten o no, son una parte muy importante de quienes somos. Nos ayudan a vivir más conscientemente, a mantener la conexión con nuestro ser interior, a cocrear nuestra experiencia particular de vida, a ser nosotros mismos.

Llega el momento de la verdad. Aquí está tu miedo, tu enfado, tu ira, tu frustración, tu desilusión, tu depresión, tu vergüenza, tu culpa. ¿Elegirás abrirles tu corazón, darles la bienvenida y dejar que realicen su función? ¿O vas a resistirlas, ignorarlas y enjuiciarlas como negativas? Si eliges abrirles las puertas, aprender de ellas, escucharlas, entonces las siguientes prácticas te serán de mucha utilidad.

Prácticas para la gestión física de la emoción

Importante: te recuerdo que, si observas pensamientos del estilo «vale, entonces, si acepto mi emoción, ¿se irá?», la respuesta es no. Esta forma de pensar es síntoma de que todavía no estás en aceptación, de que tu prioridad es deshacerte de ella en vez de escucharla, entenderla, entenderte.

■ PRÁCTICA 1: ***Estar con la emoción.***

«¿Por qué honrar a aquellos que han muerto en el campo de batalla? Un hombre puede demostrar tanto o más coraje al ingresar en los abismos de sí mismo».

William Butler Yeats

Recuerda el círculo de realimentación (emoción-sentimiento-pensamiento-acción) del que hablábamos en el capítulo anterior. *Estar con la emoción* te permitirá romper este círculo e impedir que la emoción coja más fuerza, y la historia que está activa, más consistencia o veracidad. La mecánica de esta práctica está centrada en dirigir la atención de la mente hacia las sensaciones físicas o impronta de la emoción. Sigue los siguientes pasos y practica con ellos.

PASO 1. **Activa el observador.** Para ello, cierra los ojos y dirige la atención de tu mente hacia la respiración. Observa tu respiración, cómo entra el aire al inhalar y cómo sale al exhalar. Así durante tres circuitos completos. Simplemente obsérvala, de forma neutral, sin modificarla, sin hacerla más profunda o lenta o más rápida. En este punto no estamos buscando conseguir que la respiración sea más profunda o relajarnos. Simplemente llevar la atención de nuestra mente al circuito de la respiración y ver cómo entra el aire al inhalar y cómo sale al exhalar sin que tengamos que hacer nada. Si al observarla ves que la velocidad cambia, que puede ocurrir, simplemente observa el cambio, pero no intervengas intencionadamente, deja que ocurra de forma automática.

PASO 2. **Activa la mentalidad de aceptación y poder.** Recuerda que la emoción es una parte de ti, una parte que puede estar asustada, rabiosa, angustiada. Y está en ti el ponerte al mando y acompañarla.

PASO 3. **Conectar con la emoción.** Continúa con los ojos cerrados y observa en qué parte de tu cuerpo se manifiesta la emoción, dónde la sientes, en el pecho, en la entrada del estómago, en la garganta... Una vez que la hayas localizado, activa tu curiosidad, imaginación y sentidos internos para observar la huella física de esta. Imagina que la emoción tiene forma, tamaño, color, textura, movimiento, temperatura, y observa tantas características de esta lista como te sea posible:

- La forma: es cuadrada, redonda, con picos, plana, como una nube...
- El tamaño y los límites: es del tamaño de un puño o llena toda una zona del cuerpo.

- El color: es brillante, opaca, hay más de un color...
- La temperatura: es fría, caliente...
- La textura: rugosa, lisa, aterciopelada...
- Se mueve o está quieta.

Ten en cuenta que cada ser humano tiene unos sentidos internos más desarrollados que otros. No te preocupes si alguna de estas características no es clara. Siempre puedes observar y describir cuál es la sensación, si es de presión, de nudo... Lo importante en este paso es que actives cuantos más sentidos internos mejor con el fin de mantener la atención de tu mente enfocada en la huella física.

PASO 4. **Activa tu hospitalidad.** Regresa la atención a la respiración y ahora imagina que diriges el aire a la emoción de la siguiente manera: al inhalar, imagina que el aire viaja hasta la zona del cuerpo donde observas la emoción. Al exhalar, imagina que es la emoción la que exhala. Practica esta respiración durante otros tres o cuatro ciclos y añade lo siguiente: en la inhalación, di en voz baja, para ti: «Te veo. Estoy contigo», dirigiéndote a la emoción. En la exhalación, imagina que es la emoción la que exhala. Cuando observes que la atención de tu mente se va a un pensamiento, la historia inicial o un sonido, con mucha amabilidad la traes de vuelta a las palabras «Te veo. Estoy contigo» y a observar la huella física de la emoción. Tantas veces como sea necesario.

PASO 5. **Monitoriza el progreso.** Cada cinco o seis respiraciones de este estilo, observa qué cambia. Si se hace más grande o más pequeña, si el color se intensifica o cambia. Si se mueve o cambia de lugar. Observa cualquier cambio por muy pequeño que sea. Lo importante en este punto es que no esperes ningún cambio en concreto. Simplemente déjate llevar por la curiosidad de conocer una parte de quien eres y de cómo se mueve la energía de la emoción dentro de ti.

PASO 6. **Continúa con el paso 4 y 5** activando tu hospitalidad, acompañando a tu emoción y monitorizando el proceso. No tengas prisa. El fin lo pones tú.

Quizás ahora te preguntes ¿cómo me va a ayudar llevar la atención de la mente a la impronta física a gestionar la emoción? A continuación te explico cómo y por qué funciona:

1. Recuerda que los pensamientos afectan al estado emocional. Por lo tanto, llevar la atención de la mente a un punto neutral, —la descripción física de la emoción—, te permite crear un nuevo lazo de realimentación con un nuevo pensamiento y, por lo tanto, una nueva respuesta emocional. No es posible olvidar o dejar de pensar un pensamiento, pero sí está en tus manos elegir uno nuevo. La huella física es ese nuevo pensamiento o lugar donde dirigir y mantener la atención de tu mente. De esta manera, la impronta de la emoción se convierte en tu ancla, tu recurso para romper el círculo de realimentación y detener una espiral de negatividad.

2. Gestionar un pensamiento pesimista o negativo con otro optimista o positivo es efectivo cuando el pensamiento positivo es una creencia arraigada con una respuesta emocional intensa. Sin embargo, si ya estás en una espiral de negatividad y esta ha cogido velocidad y fuerza, pensar en positivo y convencerte de lo contrario despertará una lucha interna que acaba ganando, casi siempre, el pensamiento negativo. Para evitar la lucha, en esta práctica la sugerencia es redirigir la atención con una serie de preguntas que despiertan curiosidad y respuestas con carga emocional neutra, y dar a la mente una actividad que realizar. Al hacer esto, dejas de *echar leña al fuego*, das tiempo al sistema nervioso a cambiar su respuesta y a tu organismo a deshacerse del posible extra de estrés que se había activado con los pensamientos negativos.

3. Observar tu emoción, además, implica poner distancia entre la parte consciente que observa y la emoción que observa. Ser consciente de que, si bien tu emoción es tuya, no lo es todo. Te coloca al mando y convierte a tu emoción en una parte de ti ahora más manejable, que está a tu alcance. Estar al mando o tener la sensación de estar al mando tiene su propia respuesta fisiológica potenciando un estado de mayor seguridad y bienestar.

4. Por último, al estar con tu emoción de una forma neutral, se abre la posibilidad de continuar acompañándola desde el cariño y la comprensión. Y siempre que tanto el cariño como la compresión sea honesto, descubrirás lo fácil que resulta desde este punto generar un estado emocional de mayor paz, seguridad y bienestar. Al fin y al cabo, comienzas a abrir tu corazón a tu emoción, a una parte de ti, a comprenderte en vez de juzgarte, y esto te sentará muy bien.

La atención de la mente, la neutralidad de la observación y la apertura de corazón son las claves de esta práctica. Y el mejor momento para activar el *estar con la emoción* es en el primer instante en el que observas que una emoción está tomando forma dentro de ti. Puede ser que notes la emoción formándose en tu cuerpo, o que seas consciente de que tus pensamientos son negativos o estás atascada en un diálogo interno nada productivo. Lo importante es ponerte al mando cuanto antes para romper el círculo de realimentación e impedir que la emoción se intensifique y la espiral crezca. En algunas situaciones, sobre todo al principio, para cuando llega el momento en que tomas el mando, observarás que la fuerza de la energía emocional te arrastra. Eres como un coche que va cuesta abajo y sin frenos. En estos casos, lo mejor que puedes hacer es reconocer que has perdido el control, minimizar los daños en la medida que sea posible e irte a dormir. Y lo digo completamente en serio. Al dormir, tu organismo tendrá tiempo para recuperarse.

El personaje de Escarlata O'Hara lo sabía muy bien. En la última escena de *Lo que el viento se llevó*, cuando parece que las cosas ya no pueden ser peor, suspira y dice: «Mañana será otro día». Y, con el nuevo día, la distancia física y temporal, y, en particular, con la nueva fisiología, accederás a nuevas formas de ver lo que ha pasado y a sentimientos más beneficiosos y útiles para gestionar lo ocurrido. Además, estarás en una posición más ventajosa para escuchar a tu emoción, aunque no esté físicamente presente, y entender qué es lo que te estaba queriendo decir y cómo te quería ayudar.

Si todavía no estás convencido de que funciona te propongo que pruebes y le des una oportunidad. Con la práctica, conseguirás tomar consciencia y observar las señales del cuerpo o las historias y pensamientos en los que está entretenida tu mente desde sus inicios, dejarás de temer o resistirte a tus emociones y experimentarás una mayor sensación de control con respecto a tu estado emocional.

Obstáculos que pueden surgir durante la práctica

La mecánica es simple. Sin embargo, hasta que vamos cogiendo práctica y confianza en nuestra capacidad para estar y acompañar a nuestra emoción, sea la que sea, puede ser que nos encontremos con los siguientes impedimentos que reducen los beneficios de la práctica.

Obstáculo 1: Observas que la atención de la mente vuelve a la historia o al pensamiento negativo que alimenta a la emoción y decides que esto no es para ti, que tu mente va por libre, que a ti no te funciona. Para evitarlo debes saber que durante la práctica de *estar con la emoción* es de esperar que la atención de tu mente viaje de la huella física a otros pensamientos. Y que esto no significa que no esté funcionando. Como te propongo en el paso 4, simplemente regresa la atención de tu mente hacia las cualidades y sensaciones físicas de la emoción. Sí, puede resultar fastidioso, sin embargo, cada vez que observas que tu mente está en un pensamiento en vez de en el acompañamiento con la respiración y la traes de vuelta, es en ese preciso instante cuando te pones al mando. Recuerda que tu tarea no es evitar pensar, sino observar dónde está la atención de tu mente y mantenerla o devolverla al acompañamiento.

Obstáculo 2: Observas que la emoción no se va, o que no te relajas. Lo que significa que tu objetivo no es el de acompañar a la emoción, sino el de relajarte o dejar de sentirla. Tener este objetivo provoca que evalúes el resultado, —si te estás relajando—, minuto a minuto. Y cuando el resultado es el que esperas, bien, pero, si no lo es, entonces es fácil despertar la duda («funcionará esto o no funcionará»), la impaciencia («esto es muy lento»), la inseguridad («será que yo no lo sé hacer») o la incredulidad («esto es una tontería, a mí no me sirve de nada»). Con la mente en estos pensamientos, lo que consigues es acompañar a tu emoción con más nervios, preocupación, angustia o desesperación. Para evitar esto mi recomendación es que estés abierto al resultado, que no utilices esta práctica para deshacerte de la emoción, sino para poder estar con ella desde un lugar de poder. Quizás no se vaya, pero el hecho de verte y sentirte al mando ya será más que suficiente para poder dar otros pasos.

Obstáculo 3: Ni siquiera le das una oportunidad a la práctica porque pienses que no eres capaz de hacerlo. Para evitarlo, recuerda que el aprendizaje es un proceso que requiere práctica y repetición. Seguro que puedes enumerar habilidades —andar en bici, conducir, hacer cálculos con una hoja Excel...— que actualmente ejecutas sin pensar y que sin embargo hubo un momento en el que te parecían difíciles o incluso imposibles. Sé respetuoso con tu capacidad para adquirir nuevas capacidades y confía que, con práctica, conseguirás experimentar los beneficios de acompañar a tu emoción.

Obstáculo 4: Ni siquiera empiezas porque es tan simple que es imposible que te sirva para tu problemón. Para superarlo te diré que, de todas las técnicas de gestión física de la emoción que he probado, y he probado unas cuantas, esta es la que enseño y utilizo en las sesiones con mis clientes y la que yo misma utilizo, una y otra vez, para gestionar mi estado emocional. La sencillez, de hecho, es parte de su eficacia. Hidratarse bebiendo agua es algo sencillo que da resultados muy beneficiosos para el estado de nuestra salud y energía. No hace falta complicarse la vida con fórmulas especiales de hidratación para obtener grandes resultados. Cuanto más sencilla sea la estrategia que utilices, mayores serán las probabilidades de éxito.

Durante los últimos diez años utilizando esta práctica, he podido comprobar su eficacia una y otra vez y refinar con el tiempo cada paso. Todos los pasos, incluidos los detalles de cada paso, como las frases, las he compartido contigo. No me he dejado nada en el tintero. Yo acompaño al cliente a acompañar a su emoción, dándole la bienvenida con respeto, sin apegarme a que desaparezca o cambie, aunque el resultado final es que, al mantener el acompañamiento, la emoción se acaba transformando y llevando al cliente hacia un lugar de mayor alegría, tranquilidad o claridad. Sí que confesaré que ha habido un par de momentos muy intensos en los que pensé en parar la práctica, pero la creencia de que la emoción es un recurso, el yo interior ofreciendo su ayuda, venía a mi rescate: «Sigue con ella, no la juzgues, no la tengas miedo, sigue acompañándola».

Recuerdo una ocasión en la que el pensamiento de la clienta se iba una y otra vez a «no puedo con esta emoción, no quiero verla, no puedo», y yo simplemente volvía a hacerle preguntas sobre su color, su forma... Fue uno de los momentos más intensos que he vivido en los diez años que llevo como *coach*. Sin embargo, confié en que todo lo que he compartido contigo y compartiré durante el resto de este libro es así. En la siguiente sesión, esa misma clienta, que se había visto incapaz de ver a su emoción de ansiedad, venía orgullosísima y con unas ganas tremendas de decirme que había sido capaz de estar con su emoción ella sola. Me dijo: «Hace dos tardes empecé a sentir el nudo en la garganta y me asusté porque sé lo que viene después. Pero le dije a mi pareja que estaba empezando a volver la ansiedad y que me iba a ir a la habitación un rato. No te lo vas a creer, hice lo mismo que hicimos aquí, ni siquiera me paré a pensar si sería capaz o no. Simplemente me fui a la habitación, me senté y empecé a respirar como habíamos hecho aquí. Acompañé a mi emoción, le dije que la veía, que estaba con ella, estaba un poco asustada, pero seguí. Y poco a poco fue bajando de intensidad. ¡¡Me siento tan bien!! Ahora sé que soy yo la que estoy al mando, como tú dices». Después de esto, continuó teniendo episodios de ansiedad, pero empezó a vivirlos con mayor confianza y fueron distanciándose en el tiempo, a la vez que fue identificando algunas de las creencias y comportamientos que habían contribuido a despertar la ansiedad. Claridad que utilizó para crear una nueva imagen de sí misma fundamentada en sus valores, fortalezas, recursos y capacidades y que la permitió sentirse más segura y a gusto consigo misma.

Es cierto que mi confianza en esta práctica está basada en los resultados que he observado una y otra vez, y es, por lo tanto, desde esta experiencia y la certeza de que funciona, que te animo a acompañar a tu emoción y a que pruebes.

Obstáculo 5: «¿Tengo que hacer todo esto justo cuando estoy en medio de una discusión?». Habrá momentos en los que no será posible cerrar los ojos y dedicarle tu atención plena a la emoción. Pero sí puedes ser consciente de cuándo una emoción comienza a manifestarse en tu cuerpo y elegir intencionadamente:

- Ignorarla y seguir con los pensamientos que están viniendo a tu mente sobre la situación, la otra persona, etc., y acabar comportándote de una forma de la que más tarde te arrepientas.
- Anunciar a la persona (o a las personas) que te estás alterando y que necesitas un tiempo para recomponerte y poder ver la situación con mayor claridad antes de intervenir o decir algo.
- Quedarte en la situación y acompañar a la emoción dándole la bienvenida y a la vez calmándola, diciéndole que encontrarás un momento para escucharla y estar con ella. De esta manera, aunque la emoción esté presente, te mantendrás más al mando

> y evitarás que escale, ya que, en lo que respecta a la emoción, se ha sentido vista y cuenta con tu palabra de que la escucharás y podrá cumplir su función.

Esta práctica te permite ponerte al mando de tu emoción y transformar esa energía en el momento justo en el que se manifiesta. Ahora bien, si una emoción persiste, si vuelve a generarse una y otra vez en circunstancias similares, entonces puedes concluir que hay algo que necesitas ver, aprender o ser consciente de ello para después cambiarlo o no. En el siguiente capítulo, te enseñaré cómo dar el siguiente paso y entender qué te quiere decir la emoción en la Gestión Emocional Evolutiva.

Pero antes compartiré otras prácticas de gestión emocional física que puedes incorporar a tu vida. En particular, aquellas que afectan directamente a la respuesta del sistema nervioso y la fisiología del cuerpo.

■ PRÁCTICA 2: ***Respiración consciente***

Si estar con la emoción es fundamental para mantenernos al mando, en la respiración vamos a encontrar la herramienta con mayor poder para transformar nuestra fisiología, y, con ella, nuestro estado emocional. Por eso, el objetivo de esta sección del libro será conocerla en profundidad y aprender a utilizarla de forma intencionada.

El baile —y bailar— es sin duda una de mis pasiones. Disfruto igualmente dejando que mi cuerpo se mueva con la música que viendo bailar, y me acababa de enterar que ese mismo día el Ballet Nacional de España, con Nacho Duato como director, representaba uno de sus programas en San Francisco. Solo pensar en que estaban en la ciudad y cabía la posibilidad de ver su trabajo despertó una ilusión y alegría tremendas en mí. Pero, eran las 17:30h de la tarde, la actuación empezaba a las 19:00h y estaba a una hora de camino de la ciudad.

Era la primera vez que el Ballet Nacional de España actuaba en San Francisco y yo deseaba verlo aunque todo parecía estar en mi contra. «Voy a llegar muy justa. Eso si encuentro aparcamiento. Y seguro que ya no hay entradas. Cómo no me he enterado antes, qué hago, ¿voy o no voy?». Pero fui igualmente. No creo que hubiera podido dormir pensando que había habido una oportunidad y no lo había intentado. Llegué a cinco minutos de que cerraran las puertas. Solo se veía a un par de personas que parecían esperar a alguien. Con la lengua fuera, me acerqué a la taquilla y, con los dedos cruzados, aunque sin ninguna esperanza, pero con la satisfacción de haber hecho todo lo posible, pregunté si quedaba alguna entrada para la actuación. La persona al otro lado me miró con esa sonrisa del que sabe que te está dando una mala noticia y dijo: «Lo siento, está todo vendido desde hace mucho tiempo». Esto creo que lo añadió con el fin de aliviar mi decepción, rabia o lo que fuera que estaba a punto de experimentar. Sin embargo, antes de que yo pudiera decir nada, una de las personas que estaba por allí se había acercado a mi lado y me dijo: «La persona que iba a venir conmigo no va a poder llegar, y estaba esperando para darle la entrada a alguien que no tuviera. Si la quieres, es tuya». Tres minutos después, estaba sentada en primera fila esperando que la actuación empezara.

Ni que decir tiene que me costó algo más que esos tres minutos para integrar lo que acaba de suceder. Pero te cuento esto porque la persona que me regaló la entrada resultó ser uno de los psiquiatras más conocidos en San Francisco. Y, en la conversación que tuvimos en el intermedio, mientras hablábamos del desarrollo personal, la mente y la gestión emocional, compartió conmigo algo que se me ha quedado grabado para siempre. Me dijo: «Mónica, el 90 % de los pacientes que llegan a mi consulta vienen pidiéndome pastillas para dejar de sentir ansiedad. ¡Si solo supieran que el mejor ansiolítico lo llevamos integrado con nosotros! Ese ansiolítico es nuestra respiración».

Esa conversación despertó en mí el compromiso de incorporar la respiración de forma intencionada en mi día, convertirla en mi compañera y compartir su valor con todo aquel que quisiera escucharlo. De ahí que una de las actividades que elegí ofrecer en el centro El Factor Humano de Burgos durante años fuera la actividad «respiración consciente». Una sesión mensual dedicada a eso, respirar conscientemente. A conocer distintos tipos de respiración y el beneficio particular de cada uno de ellos, sí, pero, sobre todo, con el énfasis puesto en mantener activo y en forma el músculo del diafragma y la consciencia de tener a una compañera de viaje tan poderosa. Fue en el libro *Coherencia,* del doctor Alan Watkins, donde encontré la base científica que respalda la influencia de la respiración en el funcionamiento de nuestro organismo. Una buena parte del libro está enfocado en conocer qué afecta al rendimiento del ser humano y conseguir que esté al nivel óptimo en cada momento. Y resulta que la clave se encuentra en la fisiología de nuestro cuerpo y el estado emocional consecuencia de ella. De ahí que necesitemos estar al mando de nuestras emociones no solo para sentirnos mejor, disfrutar más de la vida y en nuestras relaciones. Resulta que, si queremos mejorar nuestro rendimiento, tomar mejores decisiones y con mayor rapidez, también necesitamos estar al mando de nuestro estado emocional.

Todo empieza con la huella física de la emoción

Nuestro cuerpo genera señales de muchos tipos: eléctricas, electromagnéticas, químicas, ondas de calor, de sonido y presión. El conjunto de todas ellas, en cada momento concreto, dará forma a la huella física que corresponde a la emoción. Y el sentimiento aparecerá en el momento en el que somos conscientes cognitivamente de las sensaciones físicas y le damos un significado. Por ejemplo, si observamos un nudo en el estómago —huella física— es posible que, si estamos a punto de presentarnos ante un tribunal para defender nuestro proyecto sintamos inseguridad, o que, si estamos a punto de cumplir el sueño de tirarnos con paracaídas desde un avión, sintamos excitación. La huella física puede ser la misma, el sentimiento sin embargo dependerá de la circunstancia y del sentido que le damos a esta. El siguiente gráfico nos permite ver la correlación entre la respuesta de nuestro organismo, en particular el tipo de hormonas que segrega ante una circunstancia externa o los pensamientos que ocupan nuestra mente en ese momento, y la emoción o el sentimiento más probable que experimentaremos.

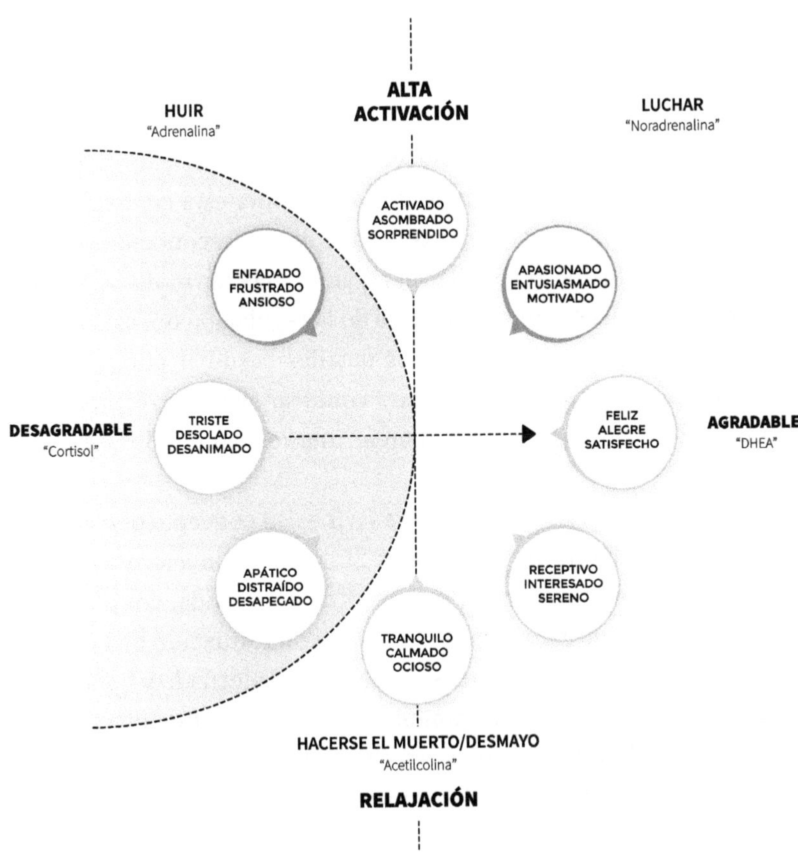

Gráfico 4. La huella física de la emoción

La hormona dehidroepiandrosterona (DHEA), también llamada «hormona del rendimiento» u «hormona de la virilidad», es el antídoto natural de nuestro cuerpo ante la hormona hidrocortisona (cortisol), que se libera principalmente como respuesta al estrés. En su libro, Alan Watkins explica cómo a través de la respiración podemos influenciar la fisiología de nuestro cuerpo y hacer que la respuesta de nuestro organismo cambie moviéndose, dentro del gráfico «la huella física de la emoción», de la parte izquierda a la derecha, que es sin duda lo que la mayoría de nosotros deseamos y uno de los objetivos de cada una de las páginas de este libro.

Te animo a que leas este libro, *Coherencia,* si quieres conocer todos los detalles sobre cómo la respiración afecta al HRV (Heart Rate Variabilty), la variabilidad del ritmo cardíaco, y cómo esta característica y otras funciones del corazón, hasta hace poco desconocidas, permiten que el organismo responda segregando más hormona antiestrés, convirtiéndose así en una parte clave de la regulación del estado emocional. En él encontrarás todos los detalles desde el punto de vista científico. A continuación, yo me voy a enfocar en cómo respirar conscientemente y en contarte cómo crear una relación poderosa con tu respiración.

Que respirar es fundamental para vivir es un concepto que no necesitamos que nadie nos lo demuestre. Sin oxígeno, nuestro cuerpo no puede sobrevivir. Ahora bien, si la respiración es vida, cómo respiramos también influirá en cómo vivimos. En una situación de emergencia, por ejemplo, es común pensar que lo más adecuado y beneficioso es mantener la calma. Y ciertamente así es, ya que una elevada concentración de hormonas de estrés en nuestro cuerpo va a dificultar ciertas funciones, en particular, muchas de las que realiza la corteza prefrontal de nuestro cerebro. La mayoría de nosotros alguna vez nos hemos quedado en blanco ante una pregunta del profesor o sin saber qué decir a una persona que nos acaba de dar una noticia que no esperábamos o de decir algo que nos ha sentado mal. Y, lo más curioso, es que cinco minutos después, cuando la situación ha pasado, recibimos la respuesta a la pregunta o un comentario elocuente. ¿Por qué llega la idea a destiempo? En realidad, no es que se nos ocurra a destiempo. Sino que aparece cuando tenemos habilitadas las funciones necesarias para acceder a la respuesta o al comentario. Funciones de memoria, concentración, lógica, pensamiento crítico, conexión de ideas, lenguaje. Funciones en su mayoría de la corteza prefrontal o neocórtex, que solo están activadas cuando nuestro sistema nervioso se siente seguro y a salvo.

Cuando nuestro sistema nervioso, en particular la parte del cerebro llamada «amígdala», ha interpretado la situación como de peligro, este responde con una subida de hormonas de estrés que nos pone alerta y nos prepara para una de estas tres opciones: huir, luchar o desmayarnos. Fisiológicamente, observaremos ciertos cambios en nuestro organismo. Por ejemplo, que aumenta el flujo sanguíneo en los músculos que nos ayudan a correr o a luchar, como brazos y piernas, o que la visión se acentúa. A la vez que funciones, como la digestión, la memoria, la concentración o la creatividad, que, por no ser fundamentales para nuestra supervivencia, bajan su actividad. De ahí que, después de una discusión con nuestros padres, por ejemplo, resulte más difícil concentrarnos o memorizar lo que estamos estudiando. O que digamos «tonterías» en las entrevistas de trabajo. Ahora bien, en las situaciones de amenaza para las que no es necesario salir corriendo o luchar, una respuesta elevada de estrés no es lo más adecuado. Es por esto, que la sabiduría popular, o el sentido común, además de la ciencia, nos recomiende mantener la calma en los momentos en los que necesitamos conectar con nuestra capacidad de encontrar soluciones y de responder de forma creativa a las situaciones amenazantes o difíciles. Recordemos además que la mayoría de las situaciones por las que nos alteramos no son peligros de vida o muerte, sino amenazas creadas por nuestra imaginación para los que no necesitamos activar el estado de supervivencia. Veamos entonces cómo mantener o despertar un estado emocional de mayor calma y claridad a través de la respiración consciente.

Respiración abdominal

Esta respiración se conoce también como «respiración profunda», ya que gracias a ella aumentamos el volumen de oxígeno que entra a nuestros pulmones y, como consecuencia, mantenemos la frecuencia cardiaca baja. De ahí que sea una de las más utilizadas a la hora de ayudar a nuestro cuerpo a relajarse y a mantenerlo en un estado de mayor calma y tranquilidad.

Para conocer en qué consiste la respiración abdominal, colócate tumbado bocabajo, con las manos formando un triángulo sobre el que apoyarás la frente. Respira con naturalidad, sin hacer nada especial. Lleva la atención a la parte del abdomen y a la parte baja de la espalda. Observarás que, al inhalar, el abdomen hace presión contra el suelo. Esto es porque el diafragma se expande —hacia abajo, hacia los lados y hacia atrás—, para permitir que el pulmón se llene de aire en toda su capacidad, de abajo a arriba. Al expandirse desplaza los órganos internos y nuestro abdomen aumenta de volumen para hacerles espacio. Estás realizando la respiración abdominal. Tu cuerpo sabe hacerlo de forma natural. Ahora túmbate bocarriba y coloca una mano por debajo del ombligo y la otra en el pecho. Observa qué mano se mueve al respirar. Si es la mano del pecho, entonces la respiración es por ahora superficial. Es decir, estás utilizando una pequeña parte de tu capacidad pulmonar. Si la mano que se mueve es la de debajo del ombligo, entonces tu respiración es ya la respiración abdominal.

Independientemente de cómo sea tu respiración en un principio, cierra los ojos y al inhalar imagina que el aire se dirige hacia el abdomen, inflándolo como un globito. Al exhalar, simplemente deja que los músculos se relajen y vuelvan a su sitio. Así, al menos diez respiraciones. En cada una, intenta llevar el aire un poco más abajo, y no retengas el aire. Una vez que hayas completado la inhalación, continúa con la exhalación de forma continua. Si no tienes mucha práctica con este tipo de respiración, practica en la posición tumbada bocarriba. Una vez que vayas cogiendo práctica y te resulte más natural «llenar el abdomen de aire», puedes practicar sentado o de pie. La idea es llegar a integrar este tipo de respiración en las actividades diarias: mientras trabajamos, vamos en el autobús o en el coche, cuando estamos hablando de pie con otra persona o exponiendo nuestras ideas a un grupo. Un buen momento para realizar la respiración abdominal es antes de ir a dormir, ya que nos permite deshacernos del estrés sobrante del día, relajarnos y dormir mejor.

Respiración coherente

La respiración coherente es aquella que nos va a facilitar una mayor resistencia física y claridad mental. Su objetivo es conseguir que nuestra respiración sea regular y con transiciones suaves y continuas.

Para conocer en qué consiste la respiración coherente, elige un ratio de inhalación y exhalación, que es el que vas a mantener. El ratio lo eliges tú, puede ser tres segundos para la inhalación y otros tres para la exhalación, tres segundos para la inhalación y cinco para la exhalación, seis segundos para la inhalación y ocho para exhalación. Lo importante es que elijas el ratio y lo mantengas constante. Presta atención también a las transiciones entre la inhalación y la exhalación, y asegúrate de que son suaves y continuas, y que es la misma cantidad de aire la que sale y entra. Son la regularidad y continuidad en las transiciones los factores claves que influencian un estado de mayor claridad mental y resistencia física. Puedes utilizar esta respiración cuando estés haciendo algún deporte. Si te encuentras cansado o falto de aire, elige un ratio y mantén las transiciones suaves, sin detener la inhalación o exhalación al final ni hacerla abrupta y verás como recuperas el control de tu respiración y de tu resistencia.

Exhalación completa

Ponemos mucho énfasis en inhalar, en coger oxígeno. Sin embargo, es igual de importante exhalar y desprendernos del dióxido de carbono que se genera en las células de nuestro cuerpo en el proceso de obtención de energía. Para el funcionamiento óptimo de nuestro organismo, es necesario un cierto equilibrio entre el oxígeno que inhalamos y el dióxido de carbono que exhalamos.

Quizás hayas oído alguna vez la técnica de respirar dentro de una bolsa de papel cuando estás en un estado elevado de ansiedad o cuando estás teniendo un ataque de pánico. En estos casos, lo que ocurre con nuestra respiración es algo llamado «hiperventilación», que se materializa en un exceso de oxígeno en la sangre que genera sensaciones bastante desagradables. La función que realiza la bolsa es restablecer el equilibrio de oxígeno y de dióxido de carbono. Al exhalar en la bolsa, esta se llena de dióxido de carbono, que en la siguiente inhalación será lo que respiremos. Sin llegar a un desequilibrio tan grande, es más común de lo que puedas pensar el no exhalar hasta el final y quedarse con $CO2$ de más en el organismo.

Exhalar a fondo vaciando los pulmones de forma consciente nos va a permitir conseguir una sensación de mayor presencia, sentirnos más anclados en el momento presente, retomar el control de la respiración, comenzar de nuevo. Una exhalación completa realizada regularmente le envía a nuestro sistema nervioso el mensaje de «todo está bien», «puedes soltar». Y, es que, la exhalación no es más que una forma de soltar, de deshacernos de lo que ya no necesitamos: bien sea de un elemento químico como el $CO2$, o de un pensamiento que nos provoca malestar, o de una situación que nos ha ocurrido por la mañana. Un buen momento para practicar la exhalación profunda es cuando pedimos al cielo paciencia y no nos la da. En esos momentos nos será muy beneficioso alargar todo lo que podamos la exhalación, y permitir que arrastre a su paso todos nuestros juicios sobre la situación.

¿Cómo conseguir la maestría en el uso consciente de la respiración? Lo que convierte a la respiración en un elemento valioso, a la hora de tomar el control de nuestro estado emocional, es que puede ocurrir de forma automática o de forma intencionada. Es decir, si no piensas en tu respiración, esta va a seguir ocurriendo, y se acelerará o ralentizará dependiendo de las necesidades de tu organismo en cada momento. Sin embargo, de forma consciente también puedes elegir hacerla más lenta o más rápida y tomar el control. Para acceder a este control, en primer lugar, necesitarás confiar en que la respiración tiene realmente el poder de modificar la fisiología de tu cuerpo. Aunque esa no haya sido tu experiencia hasta ahora, confía en que es así. Y lo siguiente es convertir la respiración en tu compañera de viaje manteniendo presentes los cuatro elementos básicos de la respiración consciente que comparto contigo a continuación.

ELEMENTO 1. **La atención.** Independientemente de la respiración que utilices para tomar el control en una situación concreta, recuerda que es importante dónde está la atención de tu mente. Es decir, si estás respirando mientras piensas en la mala suerte que tienes, en por qué tienes que aguantar esto, o en cualquier otro pensamiento que alimente estados emocionales de alerta, irritación o enfado, entonces la respiración no te será tan útil. A la respiración la tenemos que acompañar llevando nuestra atención a un lugar neutral, como en el caso de la práctica «estar con la emoción», que explicaba en el apartado anterior, o a un pensamiento que despierte en mí emociones más agradables. Podemos contar hasta diez, sí, pero el resultado no va a depender de contar, sino de dónde está nuestra mente durante ese tiempo y la emoción que estemos alimentando con nuestro pensamiento.

Estos son algunos lugares en los que podemos poner nuestra atención: las características físicas de nuestra emoción, el circuito de la respiración y los músculos que se expanden y se relajan con ella, en un objeto, en una cualidad que aprecio de la persona con la que estoy en ese momento, pensamientos que me den seguridad o pensamientos positivos.

ELEMENTO 2. **La consciencia del cuerpo.** Esta era la segunda sesión que tenía con este directivo. Y uno de sus objetivos era gestionar mejor su enfado y «salidas de tono». Él era consciente del impacto negativo que provocaban esos comportamientos en su equipo, pero no sabía cómo gestionarlo. Partía de que no lo podía evitar, que su repente era así y que no podía hacer nada al respecto. De pronto, yo dije algo, no recuerdo qué, pero a él no le cuadró. Lo vi inmediatamente en la posición erguida que tomó su cuerpo. Su tono empezó a elevarse y, como ya habíamos hablado de estar atentos a las señales de nuestro cuerpo, le pregunté:

—¿Eres consciente del estado que se está activando en tu cuerpo?

—¿Qué? —dijo con un tono todavía más elevado y con un poco de cabreo porque yo le estaba interrumpiendo con mi pregunta.

—Que si eres consciente del estado de tu cuerpo en este momento

—¿A qué te refieres?, ¿a que mire cómo está mi corazón? —me preguntó todavía más enfadado.

Le contesté que ese era un buen lugar por donde empezar. Él miró hacia abajo y dijo:

—Pues está muy alterado, y ni me había dado cuenta. ¿Es a esto a lo que te refieres que tengo que hacer, observar mi corazón sin más? Si no me llegas a parar, estoy seguro de que hubiera seguido encendiéndome. Y para nada, porque lo que me estaba alterando tampoco es tan importante.

En esta situación fui yo la que llamé su atención, pero esto lo puedes hacer tú mismo, sobre todo en situaciones que sabes de antemano que pueden provocar ese efecto en ti. El cuerpo está reaccionando continuamente, seas tú consciente de ello o no. Y es tu cuerpo, en particular el corazón y la respiración, el que te indicará con precisión qué tipo de reacción estás teniendo. Para estar más al mando de tu estado emocional, empieza por observar tu respiración y ponerte al mando de esta en cuanto observes que empiezas a tensarte, acelerarte o irritarte.

ELEMENTO 3. **La postura.** La postura del cuerpo puede favorecer o entorpecer la respiración. De ahí que resulte imprescindible adoptar posturas que permitan que el aire llene los pulmones con facilidad. De hecho, verás que casi siempre va unido el sentirse mal, deprimido, apagado o agotado con una postura de hombros encogidos y la espalda curvada hacia delante. Postura que dificulta que el diafragma se expanda en su totalidad y utilizar así toda la capacidad pulmonar. Recuerda por lo tanto prestar atención a tu postura: rota los hombros de forma que el pecho quede más abierto, levanta la barbilla para que las vértebras estén alineadas y el cuello relajado, mantén la espalda estirada y el abdomen relajado. Deja que entre la vida en ti.

ELEMENTO 4. **La práctica.** Al igual que si quieres correr una maratón, será necesario que entrenes previamente y fortalezcas los glúteos y músculos de las piernas, si quieres utilizar la respiración para calmarte en un momento de ansiedad o enfado, será necesario que practiques y que fortalezcas el músculo del diafragma. Si en alguna ocasión has probado a calmarte con la respiración y no lo has conseguido, no es porque esa técnica no te sea útil, sino porque no estás en forma y lo que necesitas es algo de entrenamiento. Saber cómo se realiza la respiración profunda no te prepara para el momento en el que necesitas activarla conscientemente. Conocer el mecanismo no es más que la primera parte. La segunda es practicar, practicar y practicar para fortalecer, no solo los músculos que intervienen en la respiración, sino también nuestra relación con ella.

Elige una de las respiraciones anteriores y sigue la siguiente jerarquía a la hora de practicar:

1. A solas con los ojos cerrados.
2. A solas con los ojos abiertos.
3. En grupo con los ojos abiertos.
4. Cuando alguien te habla.
5. Cuando tú estás hablando.
6. Alguien está diciendo o haciendo algo que te molesta.
7. Alguien está diciendo o haciendo algo que te irrita enormemente.
8. Cuando estás en una discusión.

La respiración va a ser clave cuando quieras conseguir mayor calma, estar más presente en el momento, y también en situaciones críticas. Sin embargo, para que sea eficaz y te ayude a conseguir lo que quieres, necesitas entrenar y estar en forma. Con solo cinco o diez minutos al día de práctica, verás que el patrón de tu respiración comienza a cambiar asentándose en una nueva dinámica.

Hace tan solo un par de días pasé por un momento de crisis en el que la respiración fue crucial para salir airosa. Quedaban diez minutos para empezar la sesión online en directo del programa mensual Poder Personal. De pronto, el programa que utilizo para emitir en directo y conectar con los participantes deja de funcionar. Había anunciado esta sesión con bombo y platillo porque íbamos a utilizar este nuevo programa que nos ofrecía la posibilidad de conversar en directo, entre otras cosas, y resulta que, en el momento de comenzar, el programa no funciona. Tres años atrás, con un programa diferente, viví una situación similar: el programa que iba a utilizar para la clase online falla minutos antes de empezar. No me lo podía creer. En milisegundos me puse nerviosísima y no se me ocurría nada que hacer para arreglarlo. Así que le dije a mi compañera que enviara un correo electrónico a los participantes para comunicarles que retrasaba la sesión a otro día. Fue mi compañera la que ese día mantuvo la calma y me dijo: «Déjame probar un par de cosas y, si sigue sin funcionar, envío el correo». Estaba tan alterada que no podía ni pensar en escribir ese correo. Y, por supuesto, incluso si mi compañera conseguía que funcionara, yo no confiaba en que me recuperara para poder impartir una clase de una hora hablando a una cámara. Así que retrasamos la sesión.

Sin embargo, la experiencia de hace dos días fue completamente distinta. En cuanto vi que era una situación crítica en la que necesitaba que mi mente estuviera clara y creativa, me centré en la respiración, volví a ella una y otra vez. Viendo que los minutos pasaban y el programa no funcionaba, conseguí ponerme en contacto con el centro de soporte, contar los síntomas del problema que estaba experimentando y seguir las instrucciones que la persona de soporte me envió. Y no solo eso. Un minuto después de estar ya en directo, mantuve la presencia y el estado de calma necesario para facilitar la sesión, que ese día era de dos horas. Es cierto que ahora ya tengo más experiencia en este tipo de sesiones online, pero te aseguro que la respiración consciente fue mi salvación en ese momento. Y, si con la práctica de la respiración he conseguido gestionar mi respuesta de estrés, estoy convencida de que cualquiera puede.

Si deseas vivir más intencionadamente, y con la sensación de estar al mando, te será muy útil convertir a la respiración en una compañera. Te servirá de ancla para traer tu atención al momento presente y vivirlo con más intensidad, para impedir que tu mente entre en un bucle que no te deja ver con claridad, o para poder influenciar un estado de mayor seguridad y por lo tanto de mayor calma. No es solo para los momentos críticos, sino para cualquier momento de la vida. Solo el hecho de ser consciente de tu respiración de forma habitual tiene el poder de cambiar tu vida a mejor. Ahora bien, si decides viajar acompañado de tu respiración, cocreando con ella, o no, es una elección que debes hacer tú.

■ PRÁCTICA 3: ***Renovación de la energía física***

Si para ti es importante no solo sentirte vital y con fuerzas, sino también dar lo mejor de ti a las personas que quieres y a las actividades que realizas, entonces, prestar atención y cuidar de la energía física se convierten en prioridad.

Sin embargo, en lo que respecta al cuidado de uno mismo, no siempre tomamos las decisiones más beneficiosas. Por ejemplo, cuando hay una demanda extra de trabajo o de actividades en el día, la tendencia es a acortar del tiempo de comer, «va, como cualquier cosilla rápida y ya está», o del descanso, «me quedo hasta tarde» o «me levanto antes», sin darnos cuenta de que estos momentos son clave para la calidad de lo que compartimos, para nuestro rendimiento y, sobre todo, para crear una experiencia más satisfactoria de cada uno de los momentos que vivimos.

La pérdida natural de energía física que se experimenta con la edad, por ejemplo, es una de las causas de mayor desánimo, tristeza e impotencia que experimentan algunas personas según van haciéndose mayores. Lo viven como una pérdida de identidad, ya que identifican quiénes son con lo que hacen. Interpretan el no hacer con una pérdida de sentido, de utilidad, lo que provoca que les cueste adaptarse a esa nueva etapa de sus vidas. Etapa en la que no hay tanta energía porque ya no es tiempo de hacer tanto. Es tiempo de recoger, disfrutar, celebrar, enseñar y apoyar al entorno y a los seres queridos desde otro lugar distinto al hacer. Sin embargo, se experimenta como una pérdida, que, de no integrarla en un marco más grande sobre la vida y el sentido de sus distintas etapas, puede llegar incluso a despertar estados de angustia o depresión.

Nuestra mente tiende a interpretar la energía física como poder, y ciertamente es un recurso muy valioso que podemos aprender a cuidar, renovar, y adaptar a las circunstancias de cada momento vital. Pero antes de pasar a formas prácticas y hábitos que nos permiten ocuparnos de la energía física, nos ayudará conocer cuatro de las trampas más comunes que desvían nuestra atención de ella y la pasan a un segundo plano.

Trampa 1. La autoexigencia como estrategia para conseguir reconocimiento nos empuja a hacer más y mejor desde un lugar de no ser suficiente. Nos exigimos resultados que son incongruentes con nuestro nivel de experiencia o el tiempo y recursos disponibles para la tarea. Esperamos lo mismo de nosotros tanto si las circunstancias nos son favorables como si no, de si hemos dormido a pierna suelta o si nos hemos pasado la noche en vela. Desde la autoexigencia, siempre nos quedamos cortos, insatisfechos. Es como si tuviéramos que llegar a un lugar al que nunca llegamos. Ahora bien, existe un espacio muy grande entre la autoexigencia y la indulgencia. Y en el centro de este espacio nos encontramos con la satisfacción de dar lo mejor de uno mismo a nuestros seres queridos, a nuestros amigos, en nuestro entorno y en nuestro trabajo. De aceptar que lo mejor de uno mismo variará con las circunstancias, la actividad y, sobre todo, con nuestro nivel de energía.

¿Quién te pone las prisas? ¿Quién te coloca el listón? ¿Qué es lo importante para ti: acabar, quitar tareas de tu lista o disfrutar de lo que haces, de encontrar soluciones creativas a los problemas? Recuerda que la autoexigencia es una elección propia —es auto-exigencia—, y la prioridad en cada momento la estableces tú.

Trampa 2. Las obligaciones del día a día, que no son otra cosa que el sentido del deber entendido desde la no elección. Desde el «no me queda otro remedio», en vez de desde la libertad de cumplir con aquello que elegimos que es importante para nosotros. Actuar de acuerdo con lo que pensamos que es importante, que es nuestro deber, resulta siempre en plenitud y satisfacción con nosotros mismos. Ahora bien, solo si lo hacemos desde la libertad. En ocasiones actuamos desde el «tengo que hacerlo», cuando, en realidad, si alguien nos diera la opción de no hacerlo, seguiríamos eligiendo hacerlo. Y, en otras, no somos lo suficientemente honestos para reconocer que preferimos, por ejemplo, ir a la comida familiar, que enfrentarnos a las consecuencias de no ir. Somos seres libres. Y solo cada uno de nosotros puede entregar su libertad negándose a sí mismo la capacidad de cambiar, de elegir diferente, de verse capaz de pasar por dificultades, de merecerse lo que desea.

Trampa 3. El «otroísmo», o acto de poner al otro siempre por delante de uno mismo. Dar prioridad siempre y por norma a cubrir las necesidades del otro en vez de las propias nos coloca al final de la fila. Probablemente no sea nuestra intención, sin embargo, el mensaje que enviamos a nuestro subconsciente con esta forma de actuar o de pensar es algo así como que los demás son más importantes que uno mismo, que ellos se merecen más que nosotros. Y, así, cuando llega el momento de cuidarnos, nos sentimos culpables de hacerlo o indignos de recibir cuidados. Esta es la trampa en la que caemos para evitar el egoísmo mal entendido. En el capítulo 4 veremos cómo enfocar el egoísmo de forma útil y beneficiosa para uno mismo y para las personas que nos rodean.

Recuerda que nadie puede descansar o comer por ti. Esa función te corresponde a ti. Y si esperas a que otra persona venga y te dé el permiso para que te cuides, puede ser que muy pronto te encuentres resentido con las personas que más quieres. El permiso te lo tienes que dar tú. Y ten en cuenta que, cuanto más lleno de energía estás, más puedes dar.

Trampa 4. Dejar el descanso para la noche, el fin de semana o las vacaciones. Todos los teléfonos móviles tienen una función destinada a llamar nuestra atención cuando la batería empieza a estar a mínimos. Nos avisa de que necesita que le carguemos las pilas porque, si no, se apagará. Y vaya si se apaga. Por mucho que le digamos, «sigue un poco más, anda, y luego ya en casa te cargo», cuando la batería está a cero, se acabó. El cansancio es la llamada de atención de nuestro cuerpo, que nos dice que necesitamos parar, comer, descansar... Sin embargo, tiramos de él sin hacer caso a esta llamada. En ocasiones, hasta nos juzgamos por no tener energía y por sentirnos cansados. El problema para la mayoría de nosotros no es que no escuchemos a nuestro cuerpo, sino que no le hacemos ni caso o no le damos prioridad, obviando que lo necesitamos en buena forma y con las pilas cargadas para desempeñar lo que estamos haciendo y, además, para disfrutarlo.

La vida es como una carrera de fondo, y nuestros hábitos deben estar al servicio del largo plazo si queremos una carrera larga, y además, disfrutar de ella. Esto no impide que en ocasiones corramos algún esprint que otro, pero pretender vivir un esprint constante nos traerá nefastas consecuencias físicas y emocionales.

Recuerdo a un cliente que estaba pasando por una temporada de mucho estrés y no sabía cómo gestionarlo. Al explicarme cómo era su vida en ese momento, me decía que desde el domingo hasta el viernes dormía fatal, pero que el viernes y el sábado dormía estupendamente. Le pregunté qué hacía el fin de semana para pasarlo bien y disfrutar, y una de las cosas que compartió fue:

—Salir con los amigos un rato a tomar algo.

Le pregunté si los veía durante la semana y se me quedó mirando extrañado.

—¡Claro que no!

—¿Por qué? —le pregunté.

—Porque es día de diario y a la mañana siguiente hay que ir a trabajar.

Sin ser consciente de que lo estaba haciendo, al dividir la semana en días de diario y en fin de semana, estaba dejando para el fin de semana bajar el estrés, bajar la guardia. Y cuando lo hacía no tenía ningún problema para dormir ni para relajarse. Con un par de cambios en los hábitos diarios al salir del trabajo, elegidos intencionadamente para bajar el estrés del día, consiguió dormir mucho mejor y además pasar más tiempo con amigos y haciendo actividades que le sentaban muy bien. Todo gracias a que decidió gestionar su estrés a diario y se dio la libertad de pasarlo bien y de disfrutar también en días de trabajo.

Cómo renovar nuestra energía día a día

A continuación te voy a presentar las tres formas principales de renovar nuestra energía: descansar, activar y repostar.

Descansar

El des-canso nos ofrece la oportunidad de quitarnos el cansancio de encima y de reducir el nivel de estrés que hemos generado para activarnos y mantenernos en acción durante el día. Tener un nivel alto de estrés durante ciertos momentos del día no es en sí mismo un problema. Para realizar ciertas tareas o gestionar algunas de las situaciones con las que nos encontramos en nuestro día a día, es necesario un nivel de estrés más elevado de lo normal. Ahora bien, todo ese estrés que generamos, luego tiene que ser eliminado por nuestro cuerpo o, de lo contrario, se irá acumulando con el tiempo. Esta acumulación es la que resulta peligrosa. De ahí que gestionar el estrés o la ansiedad, como hemos visto en el ejemplo anterior, pasa en muchos casos por reducir intencionadamente el nivel de estrés de forma diaria y regular.

Estas son las cinco acciones diarias más efectivas para quitarnos de encima el cansancio y el sobrante de estrés:

- **Dormir entre siete y ocho horas diarias**. Un día de abril de 2007, Arianna Huffington, cofundadora de la web periodística The Huffington Post y considerada una de las mujeres más influyentes en Norteamérica, perdió el conocimiento momentos después de levantarse de la mesa de su oficina. Se cayó al suelo y se rompió un pómulo. Se despertó en medio de un charco de sangre. Llevaba meses durmiendo entre tres y cuatro horas, y su cuerpo dijo «basta». En una entrevista en

Madrid para presentar su libro La revolución del sueño, donde comparte este momento de su vida y la nueva perspectiva que le dio, dijo: «Lo peor de todo es que, si me hubieras preguntado la mañana anterior cómo me encontraba, te hubiera dicho que estupenda». El médico le diagnosticó agotamiento extremo y hoy día trabaja en un nuevo proyecto, Thrive Global, dirigido a unir la salud, y en particular el dormir, con la calidad del liderazgo en puestos de responsabilidad, la toma de decisiones y la sostenibilidad de un estilo de vida deseado.

Muy a pesar de lo que podemos pensar, dormir no equivale a no hacer nada. Es durante el sueño cuando reparamos tejidos, fabricamos proteínas, desarrollamos músculos y disminuimos nuestro cansancio neurológico a la vez que restauramos nuestras facultades cognitivas, la capacidad de concentración, atención, memoria y aprendizaje, entre otras funciones esenciales. Hasta nuestra capacidad de defensa inmunológica depende de un sueño adecuado. Y la estabilidad emocional también es patrimonio de un sueño reparador. La sensación de agotamiento, de falta de claridad, de irritación y de mal humor, por ejemplo, son más comunes en días o épocas en las que dormimos peor.

En la actualidad, hay estudios que prueban que, por debajo de siete u ocho horas de sueño, las funciones cognitivas y los reflejos ya empiezan a verse afectados. Lo que no quiere decir que no podamos funcionar o, como en el caso de Arianna Huffington, vivir bajo la impresión de que estamos estupendamente.

Reto de siete días: Si no duermes entre siete y ocho horas diarias (no tienen por qué ser seguidas), haz todo lo que esté en tus manos para añadir, durante los siete días, una hora más de sueño a tu rutina actual, y observa qué cambios experimentas.

Si eres de los que lleva años sin dormir bien, busca apoyo en profesionales e información sobre la higiene del sueño, revisa tus hábitos alimenticios, el ejercicio físico que haces, y reduce al máximo tus fuentes de estrés hasta que aprendas a gestionarlas de forma beneficiosa. Además, en el capítulo 5 compartiré una práctica dirigida a mejorar la calidad del sueño que puedes tener en cuenta.

· **Relajación**. El principal objetivo de la relajación es reducir el nivel de estrés y alerta en el que se encuentra nuestro organismo y acompañar, principalmente a nuestro sistema nervioso, hacia un estado de mayor confianza y seguridad. De hecho, el estado de relajación física corresponde a un estado emocional de confianza. Ya que solo podemos soltar toda la tensión utilizada para mantenernos activos y alertas cuando sabemos a ciencia cierta que estamos en un lugar seguro y que, durante al menos el tiempo de la relajación, todo está bien y no tenemos nada más que hacer.

Ingredientes que nos ayudarán a llevar a nuestro organismo hacia un estado de relajación o de mayor confianza:

- Lugar y atmósfera: poca luz y temperatura cálida (cúbrete con una mantita). La música suave es opcional. Preferiblemente a solas.
- Momento: reservar al menos diez minutos para hacer la relajación y apagar las notificaciones de todo tipo durante ese tiempo.
- Postura: lo más beneficioso es tumbados, o sentados con la cabeza y cuello bien apoyados.
- Atención de la mente: si la relajación no es guiada por alguien llevaremos la atención de la mente a nuestro lugar preferido, aquel en el que nos sentimos a gusto con facilidad.
- Cuerpo: si hemos pasado mucho tiempo sentados, nos vendrá bien estirar un poco el cuerpo antes de comenzar la relajación.
- Respiración: comenzaremos con la respiración abdominal descrita anteriormente en este capítulo y luego dejaremos que la respiración ocurra de forma natural.
- Momento del día: preferiblemente a mediodía o antes de ir a dormir, pero cualquier momento es bueno si nos ayuda a deshacernos de estrés que no necesitamos.

- Intención: practicaremos esta actividad desde el cariño, confiando en que nuestro organismo conoce y recuerda el camino hacia el estado de relajación. Un estado completamente natural de nuestro cuerpo.

Reto de siete días: Durante siete días, invierte diez minutos de tu tiempo a acompañar a tu organismo a que regrese a un estado de mayor relajación y observa qué cambios experimentas.

- **Dejar la mente deambular o desenfocar la mente.** Para estar en una conversación, hacer la compra o realizar cualquier tipo de tarea en nuestros trabajos o en la vida diaria, necesitamos estar concentrados. Es decir, enfocar la atención de nuestra mente en una cierta dirección. Para mantenernos enfocados en esa dirección además necesitamos, por un lado, práctica, y, por otro, energía. Cuando estamos cansados, de forma natural nuestra mente se «desenfoca» y se va a otro pensamiento, como forma de descanso y renovación. Y si de forma natural la mente utiliza este recurso para renovarse, ¿por qué no hacerlo conscientemente en vez de obligarla a mantener el foco durante horas seguidas?, con bastante mal resultado, dicho sea de paso.

Reto de siete días: Elige un periodo de tiempo, de entre cincuenta y noventa minutos —el mío, por ejemplo, es cincuenta minutos— y cada vez que transcurra ese tiempo párate y deja que tu mente deambule y salte de un lugar a otro. No pienses en nada específico ni converses con los pensamientos que se activan en tu mente. Simplemente, deja que se vaya de un sitio a otro durante unos minutos. Al regresar a la actividad en la que estabas o a otra nueva, observa el estado de tu mente. A los siete días, observa los cambios experimentados por esta práctica.

- **Eliminar decisiones innecesarias.** ¿Alguna vez has estado de vacaciones y has pensado: «Necesito un poco de rutina»? ¿Qué hay en la rutina que nos llama la atención en esos momentos? Por una parte, la tranquilidad que despierta lo predecible, el saber qué vamos a hacer y cuándo. Por otra, la liberación de no tener que tomar decisiones cada poco tiempo —dónde comemos, qué excursión hacemos hoy, qué vemos primero—. Uno de los momentos en los que más energía gasta nuestro cerebro es en la toma de decisiones, por muy insignificante que sea «me cambio al otro carril o sigo en este», «escribo primero el correo electrónico o lo hago luego», «pongo pescado o carne de comer», «se lo digo ahora o espero a mañana». Nos pasamos el día tomando decisiones, y no todas añaden el mismo valor a nuestra vida. De ahí que una forma de conservar nuestra energía sea revisar las decisiones que tomamos a diario y reducirlas en la medida de lo posible. Por ejemplo, podemos diseñar un menú una vez a la semana o elegir el momento o momentos concretos del día en los que leer y contestar correos, etc. Quizás esta propuesta te recuerde a Steve Jobs, quien decidió vestir exclusivamente con ropa negra para no tener que invertir energía en decidir el color de esta, y dedicar esa energía a otras decisiones que consideraba más valiosas.

Reto de siete días: Revisa qué elecciones tomas a diario y elige aquellas que se pueden reducir o eliminar con solo una elección previa o una elección tomada para siempre. A los siete días, observa los cambios experimentados por esta práctica.

- **Ponte en modo vacaciones.** Una de las características que más me gusta de mi vida actual es que me tomo vacaciones dos veces al día. Quizás te preguntes cómo es posible. Pues muy sencillo. Cuando llega el mediodía, en vez de parar para comer y descansar, lo que hago es decirme a mí misma que me voy de vacaciones. Vacaciones en las que disfruto cocinando o comiendo con una amiga o con mi familia, paseando o echando una siestecita. Al acabar por la tarde, hago exactamente lo mismo. Me digo a mí misma que me voy de vacaciones hasta el día de mañana.

Irse de vacaciones tiene un cierto efecto en nuestro estado emocional, por el sentido de relajación que conlleva y, por lo tanto, en lo que afecta a nuestro nivel de estrés. En nuestra mente, la conexión «vacaciones y soltar», «relajarse y disfrute» ya está hecha. Así que la podemos utilizar intencionadamente para nuestro propio beneficio. Te aseguro que el paseo a mediodía o por la noche se convierte en eso: un paseo, en vez de un trámite de ir de un lugar a otro. Y no, no se trata de engañarse a uno mismo, se trata de crear intencionadamente espacios de mayor disfrute donde no es necesario sostener un nivel alto de estrés.

Reto de siete días: Regálate a ti mismo al menos unas vacaciones cada día, y compártelo en alto con algún compañero, familiar o amigo, con el fin de enfatizar el efecto en tu estado emocional. Si además haces de ello un juego, mejor que mejor. A los siete días, observa los cambios experimentados por esta práctica.

Activar

Otra forma de renovar nuestra energía es activar la que se ha quedado parada o atascada en nuestro cuerpo debido principalmente a las condiciones en las que nos encontramos. Por ejemplo, si pasamos periodos de más de dos horas sentados, en lugares con ventilación y luz artificial, la energía tiende a desactivarse. Nos da la sensación de que nos estamos quedando sin energía, pero simplemente es que está adormecida o sin activar. Y al igual que el descanso, activar de manera intencionada nuestra energía es un trabajo que debemos hacer periódicamente si no queremos llegar al final del día agotados y tirando de reservas.

A continuación, compartiré cuatro formas básicas de activar la energía que está en ti y utilizando el tiempo del que dispongas.

· **Estirar el cuerpo**. La energía de nuestro cuerpo es similar al agua. Se vuelve nociva cuando se atasca. Cuando mantenemos el cuerpo en una misma postura durante periodos de tiempo largos nuestra energía comienza a atascarse. Y podemos pensar en el estiramiento como en una forma de liberar la energía que se había quedado inmovilizada. Estirarnos es de hecho lo que hacemos de forma natural al levantarnos de la cama, del sofá, y que desearíamos hacer en medio o al final de alguna reunión soporífera, si no fuera porque ha sido incluido en la lista de acciones de mala educación. La sabiduría de nuestro cuerpo nos guía, y lo ideal es no esperar a que nos lo pida, sino incluir momentos para estirarlo intencionadamente durante el día. Al realizar estiramientos sencillos, que incluyan músculos y articulaciones, además de activar energía y liberar tensión, mantendremos nuestro cuerpo físico más flexible y saludable. Y lo bueno de esta práctica es que nos reporta beneficios, incluso si estiramos durante un solo minuto, y que lo podemos hacer en cualquier sitio.

Reto de siete días: Elige un periodo de tiempo, de entre cincuenta y noventa minutos —el mío, por ejemplo, es cincuenta minutos— y cada vez que transcurra ese tiempo párate y dedica al menos tres o cinco minutos a estirar tu cuerpo. A los siete días, observa los cambios experimentados por esta práctica.

· **Pasar tiempo al aire libre**. Casi seguro que todos hemos experimentado los beneficios de respirar aire puro. Darnos un paseo nos ayuda a despejar la mente, a tomar perspectiva. Favorece que nuestro cuerpo se ponga en movimiento y active su propia energía, y promueve que respiremos más profundamente y que haya más oxígeno en nuestro cuerpo. Ahora bien, ¿cuánto tiempo pasamos al aire libre?

En el libro *Las cuatro sendas del chamán*, de Angeles Arrien, una de las prácticas que propone para mantener el bienestar físico y emocional es pasar al menos una hora al día al aire libre. Recuerdo que al leerlo pensé: «Qué poco me parece, yo paso mucho más tiempo». Pero resultó que no era así. Sentí curiosidad por saber cuánto tiempo pasaba al aire libre y me quedé asombrada: en invierno, resultó que había días en que no llegaba ni a la hora. Aunque iba en bici al trabajo, el trayecto transcurría en unos escasos diez minutos. El resto del día eran transiciones de un lugar a otro, pero que no sumaban mucho más. Y me di cuenta de que, sobre todo en invierno, mi vida transcurría en interiores.

Reto de siete días: Haz la prueba, si ves que te estás empezando a cansar, que te cuesta concentrarte o que no te ves capaz de aguantar hasta la hora de irte a casa, para, sal al aire libre y respira conscientemente. Y, si no necesitas hacer la prueba, revisa tus días y asegúrate de que disfrutas al menos una hora al aire libre. A los siete días, observa los cambios experimentados por esta práctica.

Si además te puedes permitir tiempo en la naturaleza, en parques o en lugares donde hay árboles, el resultado se expande proporcionalmente. La naturaleza está en un estado de calma y presencia que se contagia, y además es gratuito.

- **Meditar.** La meditación nos puede reportar los mismos beneficios que una buena siesta, aunque sin llegar a dormirnos. En ocasiones se confunde la práctica de la meditación con una relajación. Y, si bien es posible y común experimentar una reducción del estrés al meditar, el propósito de la meditación no es relajarse, sino traer la atención al momento presente. Es una práctica activa en la que elegimos un objeto hacia el que dirigir la atención de la mente, y, cuando observamos que esta deambula en otra dirección, con amabilidad, la traemos de vuelta al objeto elegido. No se trata de dejar la mente en blanco, aunque con la práctica se puede llegar a observar espacio entre los pensamientos. Se trata de ponernos al mando de la atención de nuestra mente y llevarla al objeto elegido. Este objeto puede ser observar el circuito de la respiración, un punto concreto del cuerpo, una palabra o mantra, un sonido, una sensación corporal. El objeto no es lo importante, lo importante es observar la atención de nuestra mente y regresarla hacia el objeto.

Hay muchas personas que no acaban enriqueciéndose de los beneficios de esta práctica porque creen que, como su mente no para, no saben hacerlo. Que la mente no pare es lo que se espera de ella. Al fin y al cabo, la mente genera pensamientos, así que es de suponer que siga pensando. La práctica consiste en observar y dirigir. Observar dónde está la atención de la mente y elegir dónde dirigirla si no está donde queremos. Entre los muchos beneficios que se han demostrado en las últimas décadas que genera la práctica de la meditación se encuentra el activar la energía de nuestro propio cuerpo.

Reto de siete días: En mitad del día o a media tarde, medita durante diez-quince minutos, eligiendo un objeto hacia el que dirigir la atención de tu mente. Cuando observes que deambula, con amabilidad, la regresas de vuelta al objeto elegido. A los siete días, observa los cambios experimentados por esta práctica.

Repostar

La última forma que te propongo para renovar la energía es repostarla en forma de: alimentos, agua y oxígeno. La clave a la hora de repostar energía es la regularidad. Si sentimos hambre o sed, es un síntoma de que ya estamos funcionando con reservas en vez de con la energía del día, y en consecuencia nuestro cuerpo tiene que hacer un sobresfuerzo. A nuestro sistema nervioso, además, le sientan muy bien las rutinas a la hora de comer y beber. Si de forma regular le llega avituallamiento, no tendrá por qué ponerse alerta ni encender alarmas. Sin embargo, si el cuerpo necesita de algún elemento concreto y no se lo proporcionamos, es seguro que nuestro sistema nervioso nos lo hará saber. En ocasiones incluso con cambios de humor, o con dolores. Lo que sea para conseguir lo que necesita.

No hace falta que te obsesiones con comer saludable o beber una cierta cantidad de agua al día, pero sí debes mantener una cierta regularidad a la hora de ingerir alimentos y de hidratarte. Trata de elegir consciente e intencionadamente lo que comes y bebes, teniendo en cuenta cómo te afectan, si te dan energía o si por el contrario necesitas pararte para digerirla. Si prestas atención, verás cómo tu cuerpo te dice qué le sienta bien y qué le hace estar despierto y vital y qué no. Si observas que te sientes cansado o fatigado a menudo, por favor, visita a un profesional de la salud que pueda obtener información sobre tu estado físico y darte pautas adecuadas.

Reto de siete días: Diseña una rutina que incluya cinco comidas al día, y momentos de hidratación al menos cada hora u hora y media. Incluye en la rutina los momentos de la semana en los que harás la compra, y una lista de alimentos que te hagan sentir orgullo y satisfacción cuando abras el frigorífico o los armarios de tu cocina y los veas allí. A los siete días, observa los cambios experimentados por esta práctica.

¡Ah!, y, si en ocasiones quieres saborear algo que está fuera de esa lista, elige hacerlo conscientemente y saborearlo a tope, o, no lo comas. Pero por favor, si lo comes, no te castigues o culpes por ello. Esta ultima opción es la menos aconsejable de todas.

El objetivo principal de los hábitos que elegimos integrar en nuestro día a día es que sean los que deseamos incluir en nuestra vida a largo plazo. Es decir, que formen parte de la vida que queremos vivir. Hábitos que, cuando tengamos ochenta años y miremos hacia atrás, nos hagan sentir satisfechos y contentos con la vida que hemos llevado.

Todo lo que he compartido en esta práctica de renovar la energía física puede parecerte muy básico. Tanto, que quizá pienses que no sirve para nada. Sin embargo, estas formas de renovar la energía son los cimientos de cualquier otra práctica más compleja. No es tan importante el tipo de estiramiento que hagas, como el hecho de que estires. O qué técnica de respiración utilizas, siempre y cuando de forma regular dediques unos minutos a respirar conscientemente. Revisa con honestidad tus hábitos para renovar tu energía, e introduce alguno de los básicos que he compartido en este apartado. Introdúcelos de uno en uno para que puedas observar con mayor precisión qué añaden a tu vida, y quédate con aquellos que realmente te sirvan para mantener un nivel óptimo de energía durante el día.

Si crees que tu problema es la falta de tiempo, simplemente recuerda que eres tú quien decide qué haces con tu tiempo, y que tu estado emocional también depende de tu energía física. Si es necesario, integra en tus nuevos hábitos a las personas que te rodean, o incluso créalos con ellos. Si son hábitos de cuidado, también les vendrá estupendamente a ellos, y aumentará la probabilidad de que se queden para siempre en tu vida.

En el capítulo 5 encontrarás más hábitos y momentos concretos del día en los que deberás tener en cuenta no solo tu energía física, sino también la energía mental, emocional y espiritual.

CAPÍTULO 4

Gestión emocional evolutiva

"En la cueva que temes entrar está el tesoro que quieres encontrar"

Joseph Campbell

Cuando hablamos de la vida, casi siempre nos referimos a aquello que ocurre fuera de nosotros. Y olvidamos que nuestro ser interior, nuestra esencia, es también vida.

Cuando me preguntan por qué elegí estudiar ciencias físicas, me vienen dos recuerdos claros. El primero tiene que ver con una imagen que yo tenía de mí misma con una bata blanca haciendo experimentos en un laboratorio. Quería conocer como era el interior de los materiales que daban forma a los objetos que utilizaba a diario. El segundo recuerdo tiene que ver con el universo. Una parte de mí quería salir al espacio exterior y ver qué había allí, especialmente me interesaba la inmensidad del espacio negro que hay entre las estrellas y que inunda el cielo por las noches. Ese deseo de abrirme a lo desconocido, de conocer más sobre la vida, es, en definitiva, lo que me llevó a estudiar físicas y a querer comprender tanto lo que podemos observar, ver y tocar, como lo que no está al alcance de nuestra vista y que, aunque no podemos ver y tocar, sigue estando ahí.

Lo que no sabía era que mi camino de investigación sobre la vida no había hecho más que empezar. Hasta entonces, me había enfocado en la vida fuera de mí, y tuvieron que darse una serie de circunstancias muy específicas para que recondujera mi curiosidad hacia otro lugar: mi interior. El momento que voy a compartir contigo a continuación fue sin duda el más trágico y mágico a la vez de mi trayectoria vital. Un punto de inflexión. Un renacimiento a una forma muy diferente de estar en el mundo. Pasé, de vivir la vida, a ser vida.

Siempre que había tenido un problema me había apoyado en alguien: mi familia, mi pareja, mis amigos. Esta vez, sin embargo, no tenía a nadie en quien apoyarme, o por lo menos no físicamente. Vivía en aquel momento en San Francisco, y mi pareja y yo nos acabábamos de separar. Recuerdo mensajes de amigos y amigas diciéndome lo fuerte que era yo y que lo superaría sin ninguna dificultad. Yo leía y releía estos mensajes con la esperanza de que saltara la fuerza de esas palabras y se metiera en mi interior. Porque lo cierto es que no me sentía nada fuerte. Cuando no me invadía la soledad, lo hacía la confusión, y, cuando no era la confusión, lo hacía un vacío enorme. El peor momento era al llegar a casa después de trabajar. Todas las personas a las que se me ocurría llamar estaban al otro lado del Atlántico durmiendo, y con las que estaban en mi misma ciudad no me sentía lo suficientemente segura para pedirles ayuda. Lo que en aquel momento veía como una desgracia —estar sola—, más tarde vi que fue la circunstancia perfecta para lo que estaba a punto de ocurrir.

Había sido un día como cualquier otro. Hice lo que tenía que hacer porque lo tenía que hacer, sin ganas, sin ilusión. Al llegar a casa, me fui, como casi todas las tardes, a esconderme debajo de la manta y tumbarme en el sofá. Normalmente, hubiera encendido la televisión para no escuchar a mi mente, pero el mando estaba fuera de mi alcance y decidí quedarme así un rato. En ese momento, volver a moverme era tal esfuerzo que no me veía capaz. Estaba pensando en lo mismo que cada tarde, «a quién puedo llamar», cuando el siguiente pensamiento me sorprendió: «Me puedes llamar a mí, puedes apoyarte en mí, si quieres». Las palabras me sorprendieron, pero lo que realmente llamó mi atención fueron las sensaciones de amabilidad, de amor y finalmente de calma que se despertaron en mí. Treinta y cuatro años juntas, y nunca se me había ocurrido apoyarme en mí. En ese momento comprendí que una de mis tareas fundamentales sería conocerme a mí. Conocer a Mónica. Compromiso que me llevó a enfocarme en el área del desarrollo personal. Quería conocer a esa parte de mí que me había ofrecido su ayuda, a la mujer que soy, y así *volví a nacer*. Desde entonces, existo para mí misma de una forma muy diferente, y mis emociones han sido la clave de este poderoso reencuentro, ya que descubrí que estas tienen un papel fundamental en la conexión entre esa parte viva no visible de mí, y la que sí veo cuando miro al espejo. Me pasé años mirando fuera para darme cuenta de que aquello por lo que sentía tanta curiosidad estaba también dentro de mí.

En la historia de la humanidad, una de las tareas más recurrentes a las que el ser humano se ha dedicado, y a la que se sigue dedicando, es a conocerse a sí mismo. Y la propuesta de este capítulo es que consideres a las emociones como el recurso con el que cuentas para realizar la tarea de conocerte y ser tú mismo. Vistas desde esta perspectiva, si en un momento dado se despierta en ti una emoción o un sentimiento, la razón es porque necesitas conocer, recordar o conectar con una pieza clave de ti. Puede ser una necesidad, bien sea fisiológica, de seguridad, de reconocimiento o de autorrealización. Un conflicto interno debido a la incoherencia entre un comportamiento y un valor. O claridad sobre el siguiente paso o la dirección a seguir. En definitiva, se convierten en la mejor guía y fuente de autoconocimiento que tienes. Y el autoconocimiento nos va a facilitar despertar nuestro poder emocional y ponernos al mando de las emociones.

Recuerda que hay una diferencia entre el estímulo y la causa de la emoción. El estímulo puede ser externo, por ejemplo, el comportamiento de otra persona, o interno, por ejemplo, un pensamiento o una creencia que activa la causa de la emoción. De ahí que, si sientes inseguridad en tu trabajo, el hecho de que un compañero o tu jefe deseche una de tus ideas puede activar esa inseguridad. Pero, si tú estás completamente seguro de tu trabajo, el hecho de que otra persona lo critique no tendrá ningún efecto en ti. Lo importante entonces es conocer qué te dicen tus emociones sobre ti, y llegar a la causa raíz, sobre la que verás que tienes mucho más control. A continuación, te hablaré de las dos causas principales a las que sirven nuestras emociones.

Causa 1 de la emoción ***Necesidad***

La necesidad forma parte de la experiencia de ser humano, y abarca desde la parte más física y material de nuestra experiencia

— las necesidades fisiológicas de comer, beber, dormir..., necesarias para la perpetuación de la vida puramente física—, hasta la parte más espiritual, que nos lleva a dar sentido a la existencia o a la vida en el planeta tierra, pasando por la necesidad de diversión, conexión, paz... La manifestación de la necesidad se suele describir como la sensación de carencia de algo, unido al deseo de satisfacer esa carencia. Así, dependiendo de la necesidad, nuestro ser utilizará una emoción diferente para hacernos conscientes de que está ahí, y, lo que es más importante, para que nos responsabilicemos de satisfacerla. Independientemente de si es decir sí a un sueño y dar los pasos necesarios para materializarlo, como si es la necesidad de poner un límite en una relación, la misión de nuestra emoción es llamarnos la atención sobre ello y ponernos al mando. El pilar 4 del *círculo de poder emocional* nos propone que: nuestra emoción es nuestra responsabilidad. Entendiendo responsabilidad no como una obligación, sino como la habilidad que tiene el ser humano de responder. Es ante este *aviso emocional* cuando podemos elegir nuestro comportamiento o respuesta frente a la circunstancia.

Una vez que damos este paso y nos responsabilizamos de nuestras emociones, ya no nos va a servir lo de *es que soy así.* Haber respondido de una forma particular durante años no significa que estemos destinados a seguir haciéndolo el resto de nuestras vidas. La base de la evolución consciente es precisamente esta, ver y sacar a la luz aquello que funciona en automático y ponerlo en modo manual. Tomar el mando de nuestras emociones pasa entonces por aceptar el hecho de que, como seres humanos, contamos con unas necesidades que forman parte de la esencia de nuestra existencia, y que es nuestra responsabilidad, no la de otros, reconocerlas y satisfacerlas de una forma beneficiosa para nosotros y para las personas y el entorno que nos rodea. La estrategia que elijamos para satisfacer la necesidad o el deseo que sintamos tendrá que ver con nuestras creencias, nuestra educación, nuestras costumbres sociales y también la inteligencia emocional que hayamos desarrollado hasta el momento. Y, por supuesto, si estamos o no al mando de nuestras emociones. Un buen lugar por donde comenzar es añadiendo las dos siguientes estrategias a nuestra vida:

Estrategia 1. Empatizar con lo que uno mismo necesita

Con mucha frecuencia, cuando pido a mis clientes que me digan de qué están más orgullosos de sí mismos, sus virtudes o talentos, me responden: «Hombre, eso lo tendrán que decir los demás, ¿no? ¿Decirlo yo no sería de creído o arrogante?». O «¡Jo, qué difícil!, no lo pienso nunca». Esta creencia y la falta de dedicación en ver lo bueno de uno mismo, en valorarse a uno mismo, hacen que tengamos desatendida nuestra necesidad de autoestima y reconocimiento y que la dejemos en manos de otros. Ahora son las personas que consideramos importantes en nuestra vida—la pareja, el jefe, la profesora, el padre, la madre, la hermana mayor...—, las que tienen la responsabilidad de cubrir esta necesidad por nosotros. Y cuando no lo hacen es común experimentar sentimientos de resentimiento, enfado, tristeza o rabia, que nos desconectan y distancian de ellas, y generan tirantez en nuestras relaciones con ellas.

Si alguna vez te has quejado de que tu jefe no valora tu trabajo o de que nunca haces nada bien para tu padre o tu madre, entonces has dejado tu autoestima en sus manos y te has olvidado de que también es función tuya valorar tu esfuerzo, las ganas que pones, tus ideas o la calidad de tu contribución. Y, ¿quién mejor que tú para evaluar el esfuerzo que te ha costado realizar una actividad, o para valorar las dificultades que has tenido que sobrellevar, o reconocer el miedo que has tenido que vencer? Eres el único que conoce de primera mano su experiencia interna. Recuerda que, desde fuera, a menos que lo enseñes y hables de ello, lo que sientes no siempre es visible.

Además, al poner nuestra valía en manos de otras personas, incluso cuando recibimos reconocimiento de ellas, la sensación de seguridad o satisfacción que se despierta como consecuencia, nos dura muy poco.

Esto es debido a que la creencia que prevalece sobre nuestra valía es la nuestra propia. Y si esa es frágil, también lo seremos nosotros. De ahí que sea necesario que empaticemos con nuestra necesidad de autoestima y que nos encarguemos de alimentarla y mantenerla saludable si queremos tener más control sobre nuestra sensación de seguridad y confianza.

Es común no empatizar con nuestras propias necesidades si no nos creemos merecedores del beneficio que aporta el satisfacerlas, si damos prioridad a las necesidades de las otras personas o si vemos el sacrifico como una virtud. Cuando esto es así experimentaremos más momentos de rabia, frustración, enfado o inseguridad que nos avisan de este desequilibrio.

Me viene a la memoria mi último trabajo en Silicon Valley antes de regresar a España y cambiar de profesión. Utilizaba una combinación de bicicleta y tren para ir y volver de la oficina. Haciendo uso de la flexibilidad de horario para entrar y salir, llegaba a la oficina a las 8:00h de la mañana con el fin de poder salir a las 17:30h y coger así el último tren exprés que llegaba a San Francisco en cincuenta minutos. Si perdía ese, los siguientes trenes tardaban el doble de tiempo, me perdía mis clases de baile y *me quedaba sin tarde*. Sin embargo, la mayoría de mis compañeros solían llegar sobre las 9:00h y se iban sobre las 18:30h de la tarde, y a mí me daba mucho reparo salir antes. Me preocupaba lo que iban a pensar o decir de mí.

Los nervios que pasaba al llegar la hora de irme eran tremendos. Desde las 17:15h empezaba a rezar para que, por favor, no viniera nadie en ese tiempo a pedirme algo y poder así irme a tiempo. Pero no siempre tenía esa suerte. Y, cuando uno de mis compañeros venía a mi cubículo cerca de la hora de irme, me limitaba a quejarme en voz baja, para mis adentros, me resignaba a cambiar los planes para la tarde, y ponía una sonrisa preparada para escuchar a mi compañero y ver cómo le podía ayudar. El conflicto en mi interior era tremendo. Y sentía mucha rabia: «Pero si yo ya he hecho mis horas, por qué me tengo que sentir mal por irme». «Por qué no me atrevo a decirles que me tengo que ir».

Decidí llevar esta situación a una de mis sesiones de *coaching* y fue entonces cuando vi claramente que estaba responsabilizando a los demás de respetar una necesidad que ni siquiera conocían que tenían que respetar. Salí de la sesión con el compromiso de decir «sí» a mi necesidad. De respetarla yo primero, y de compartir con mis compañeros, si es que se daba el caso, que, si lo que querían tratar conmigo podía esperar a mañana, yo me iba a las 17:30h. Dos o tres días después de la sesión, me llegó la primera oportunidad de pasar a la acción. Quedaban unos pocos minutos para irme y uno de mis compañeros se acercó para pedir que le ayudara con un error en un programa de software. Me temblaba todo el cuerpo, pero decidí dar el paso y le pregunté si podía revisar el error a primera hora del día siguiente, pues tenía que salir para coger el tren. Casi al instante me contestó que sin ningún problema. Es más, en el momento en el que vio que podía estar retrasándome, me pidió disculpas. Unas disculpas que ni siquiera eran necesarias, ya que él no conocía las particularidades de mi horario, ni mi elección de disfrutar de la tarde dedicando tiempo a actividades y a personas importantes para mí. Sin embargo, lo que más me sorprendió fue que en muy poco tiempo mi horario fue tenido en cuenta y respetado por mis compañeros. Eran ellos los que al acercarse a mi cubículo miraban su reloj y, si eran cerca de las 17:30h, decían: «Ah, no es urgente. Ya lo hablamos mañana». Y sí, hubo días que me quedé porque las circunstancias lo requerían, pero no porque no me atreviera a decir que me tenía que ir.

Entendí muy claramente que para que otros puedan respetar, en este caso mi tiempo, primero tengo que respetarlo yo, y, sobre todo, compartir cuál es mi necesidad como primer paso. Respetarme supuso vencer mis miedos al qué dirán o pensarán, y a dar importancia a mis elecciones de vida. Y te aseguro que mereció la pena. Porque no solo cambiaron los minutos antes de irme, cambió mucho más. Me sentí mucho más segura de mí misma, y no solo en el trabajo, sino en mi vida en general. Me di cuenta de que, muy al contrario de lo que imaginaba que podía ocurrir, decir lo que necesitaba me llevó a conseguirlo.

Sí, ya sé que no siempre te van a dar lo que necesitas por el simple hecho de pedirlo, pero lo que siempre estará en tus manos es mostrar respeto hacia ti mismo en la forma de pedirlo. Ese es el respeto que está en tus manos. Y para ello, es necesario empatizar contigo mismo y dar importancia a tus necesidades si quieres que otros también se la den. En primer lugar, porque eres el que mejor conoce, o puede conocer, tus necesidades. Y, en segundo lugar, para evitar pensamientos del tipo: «¿Y a mí quién me cuida?». «¿Y en mí quién piensa?». Te puedes cuidar tú. Tú puedes pensar en ti. Y es más sencillo de lo que parece.

Estrategia 2. Empatizar con lo que la otra persona necesita

Imagina que en el caso anterior yo me cierro a empatizar o a ver la necesidad de mis compañeros o del proyecto para el que estoy trabajando. Y que, independientemente de que fuera urgente o no lo que mi compañero quería, yo me fuera a las 17:30h. Si hubiera sido así, es probable que tanto el proyecto como la relación con mis compañeros hubiera sufrido las consecuencias negativas de mi inflexibilidad, ya que, si una parte del total se queda insatisfecha, es el total el que acaba perdiendo. De ahí que sea importante respetar nuestras necesidades, pero siempre teniendo en cuenta las necesidades de las otras personas. Y es en situaciones donde existen distintas necesidades, aparentemente opuestas, que tenemos que activar nuestra creatividad para encontrar formas de satisfacerlas todas.

Una de estas situaciones es la que trajo una clienta en su primera sesión. No sabía qué hacer. Estaba, según ella, entre la espada y la pared. La situación involucraba a la clienta, su pareja y su hija. Su pareja no era el padre biológico de la niña, y, cuando la niña hacía algo «malo», su forma de mostrar su enfado era retirarle el beso de buenas noches a la niña. La clienta estaba muy preocupada porque pensaba que este comportamiento podía provocar que la niña creciera pensando que no era querida. Por un lado, empatizaba con la elección de su pareja y quería respetarla, pero, por otro, su miedo a que la niña pensara que no era querida la tenía muy preocupada y estaba afectando a la relación entre ella y su pareja. Ella no acababa de entender por qué él no podía dar su brazo a torcer. Y no veía otra solución.

Esto ocurre con mucha frecuencia. Planteamos la situación en términos de «lo uno o lo otro», en vez de «lo uno y lo otro». Desde este segundo planteamiento, nos paramos a analizar qué otras soluciones podían haber para que él pudiera seguir actuando en alineación con su forma de pensar y ella consiguiera sentir la seguridad de que su hija crecía sabiendo que era querida. La solución apareció casi al instante. Compartir su miedo con su pareja, que hasta ese momento no lo había hecho, y pedirle que, aunque no le diera el beso de buenas noches porque estaba enfadado, le dijera a la niña antes de dormir que eso no significaba que la había dejado de querer. Que la seguía queriendo aunque ese día estuviera enfadado. Su pareja accedió sin ninguna pega a esta propuesta, porque encima resultó que para él también era importante que la niña supiera que era amada. Así, una situación que parecía que los estaba distanciando resultó unirlos más.

Empatizar con la otra persona te ayudará a entender que hay una razón o una necesidad, aunque no la conozcas, que mueve a esa persona a hacer lo que está haciendo. Expresar tu necesidad ayudará a la otra persona a empatizar o a entender tu necesidad, y desde ahí aumentan las posibilidades de encontrar formas de avanzar juntos. Fíjate que no es lo mismo pedir a alguien que cambie su comportamiento porque tú crees que no es correcto, que empatizar con que hay una razón completamente válida para esa persona, aunque tú no la entiendas o la compartas, y pedírselo porque tú tienes una necesidad.

En el primer caso, la otra persona muy probablemente se pondrá a la defensiva. En el segundo, si la empatía es sincera, habrá muchas más probabilidades de que escuche tu necesidad y lo que le pides.

Todos tenemos necesidades. Esto es lo que nos iguala. Lo que nos diferencia es la necesidad que cada uno de nosotros tenemos en cada momento o la forma que tenemos de satisfacer una misma necesidad. Cuando dos o más personas tienen necesidades diferentes en un mismo momento, podemos actuar de tres formas diferentes:

1. Considerar que la necesidad del otro es más importante que la nuestra, dejando nuestra necesidad a un lado para satisfacer la de la otra persona o la de otro colectivo. Y ya hemos visto que esto nos puede llevar hacia el resentimiento, la inseguridad y la insatisfacción con nosotros mismos.
2. Considerar que nuestra necesidad es más importante que la del otro, imponiendo nuestra necesidad y haciendo que el otro se vea obligado a satisfacerla, lo que va a afectar negativamente a la relación.
3. Considerar que nuestra necesidad y la de la otra persona, aunque diferentes, son igual de importantes, y buscar soluciones alternativas que incluyan las dos necesidades y el beneficio común, fortaleciendo así la relación.

Por lo tanto, la estrategia, o el comportamiento, más beneficiosa y recomendada es:

empatizar primero con las necesidades de uno mismo, ya que uno mismo es quien mejor las conoce y sabe qué es necesario para satisfacerlas, y a la vez tener en cuenta la necesidad de la otra persona. Desde esta estrategia, pedimos a la otra persona siempre con el objetivo del beneficio mutuo, en vez de exigirle que cubra nuestra necesidad para obtener únicamente un beneficio propio. El límite de hasta dónde dar al otro variará de una persona a otra y nuestras emociones nos dirán qué es lo más adecuado para nosotros. La clave es encontrar un equilibrio que nos funcione a nosotros. Lo que para muchos puede ser demasiado para otros puede ser insignificante. Si sentimos calma y bienestar, vamos en el camino de la armonía y el equilibrio. Si no, necesitaremos parar y escuchar a nuestra emoción.

Causa 2 de la emoción
Alineación

Uno de los anhelos más profundos del ser humano es ser uno mismo. Y una de las funciones de las emociones, como empezamos a ver en el capítulo anterior, es guiarnos en esa dirección y ayudarnos a cumplir ese deseo.

Siempre pensé que me encantaba viajar por la novedad, la aventura y la curiosidad de conocer lugares nuevos, costumbres nuevas. Sin embargo, cuando en una sesión con mi *coach* me paré a mirar hacia dentro y ver qué tenían mis viajes que contarme sobre mí, descubrí que había algo más. Mientras estaba de viaje, experimentaba una tremenda sensación de libertad. Era mucho más espontánea y natural, me dejaba ser más yo y, sobre todo, ni se me pasaba por la cabeza qué era lo que pensaban los demás de lo que hacía, decía o llevaba puesto. ¿Has experimentado alguna vez esto en un viaje o en unas vacaciones? Quizás rías más, o te resulte más fácil entablar conversación con desconocidos. Uno de los regalos que te ofrecen estas experiencias es conocer la sensación o el estado emocional que se despierta al darte la libertad para ser tú mismo. Esta sensación de bienestar, de calma interior, es tu ser diciéndote «por aquí sí». Esto es lo que se siente cuando te dejas ser tú mismo.

Claro, que es más fácil darse esa libertad donde nadie nos conoce que en el lugar donde hemos crecido o donde trabajamos, puesto que en estos lugares nos hemos ido formando una idea de cómo tenemos que ser para encajar. Queremos ser aceptados, amados, y para conseguirlo, es común modificar nuestra forma de ser y representar otra que entendemos que es la «normal» o correcta. El precio que pagamos: no estar alineado con uno mismo y vivir con la atención puesta en cómo nos verán los demás en vez de en «quien soy».

Es común sentirnos a gusto con el grupo de colegas con los que «podemos ser nosotros», y experimentar incomodidad, rabia o frustración en presencia de una o más personas con las que «no podemos ser nosotros mismos». Pero en realidad, aunque pensemos que son las personas las causantes de que nos sintamos bien o mal, lo que nuestra emoción nos está indicando es cuándo nos damos permiso para ser nosotros mismos y cuándo no. Elección que suele estar motivada por lo que pensamos de las personas. De ahí que, si pensamos que nos van a aceptar tal y como somos, nos sintamos más seguros y nos demos permiso, o si pensamos que nos van a juzgar o rechazar, como forma de protección elijamos esconder aquello que puede ser rechazado o no está bien visto. Por lo tanto, la incomodidad, la frustración o la rabia de no ser uno mismo, no tiene que ver con que la otra persona juzgue algo de nosotros o no comparta nuestra forma de ser, sino con que nosotros no nos demos la libertad y despertemos el coraje, si es necesario, de expresar quiénes somos. En definitiva, muchas de las emociones desagradables que sentimos nos están avisando de que no estamos alineados con quienes somos. Que nuestros actos no están en integridad con nuestros valores, creencias, compromisos o necesidades. Esta falta de integridad con uno mismo provoca un conflicto interno que se manifiesta emocionalmente.

Por ejemplo, la insatisfacción que sentimos al acabar el día y ver que, otra vez, no hemos hecho la llamada que llevamos días retrasando, nos avisa de que no estamos en integridad entre lo que habíamos dicho que íbamos a hacer y lo que hemos hecho. Dejar de sentir esa insatisfacción o malestar con nosotros mismos es tan sencillo como actuar en integridad con nuestra palabra y hacer lo que nos habíamos propuesto. Sin embargo, en vez de cambiar nuestro comportamiento para alinearlo con lo que queremos, ¿qué hacemos?, buscamos una justificación para esa falta de integridad: «No me ha dado tiempo, no soy constante, no sé cómo hacerlo, seguro que no me sale bien...», lo que sea. Y, una vez que nos justificamos, perpetuamos la falta de alineación y, por lo tanto, también perpetuamos la emoción desagradable que va a seguir diciéndonos que no estamos actuando en integridad. No para fastidiarnos, sino para darnos la oportunidad de sentir satisfacción, orgullo y paz interior. Esta es la forma como la emoción nos guía hacia satisfacer el anhelo de ser uno mismo y de sentir mayor tranquilidad y bienestar en nuestro interior.

El siguiente ejemplo que voy a compartir tiene que ver con el sufrimiento que nos infligimos a nosotros mismos al ir en contra de uno de nuestros valores. Y por valores me refiero a aquello que consideramos importante, que da forma a quienes somos y que hemos venido a honrar. Llevaba algo más de un mes en el proceso de *coaching* y ese día la clienta quería que trabajáramos en el área profesional. No estaba bien en su trabajo: la relación con su jefa no era buena. Cuando le pedí que me contara uno de los comportamientos que le molestaban de ella, muy rápidamente me dijo: «¿Te puedes creer que me pide información confidencial sobre mis pacientes? Me dice que lo necesita para cuando tiene las reuniones con su jefe, pero yo creo que no me lo debería pedir. Y, claro, yo qué voy a hacer, si es mi jefa, se lo tengo que dar. Quizás mi problema sea que no sé decir que no». Uno de los valores que yo conocía de esta clienta era el valor de la lealtad. Y en esta situación lo que ocurría es que ella no estaba siendo leal a sus pacientes al compartir información confidencial, incluso aunque su jefa le diera garantías de que no iba a utilizar nombres, etc. El caso es que ella estaba actuando en contra de uno de sus valores, y esto era lo que encendía por dentro y alimentaba el conflicto interno con las muestras de enfado y malestar hacia el trabajo.

Su justificación era: es mi jefa y tengo que hacer lo que me dice. Su miedo: si le digo que no, igual toma represalias y quién sabe lo que puede hacer. Cuando vio que las emociones que sentía no eran causadas por su jefa, sino por el hecho de que ella actuara en «des-integridad» con uno de sus valores, comenzó a considerar hacer algo distinto y me preguntó: «¿Y cómo le digo que no sin que se lo tome a mal?». La mejor forma de decir no es preguntarse a qué digo sí. Así que le pregunté: «¿A qué quieres decir sí?». Lo tenía muy claro: «A ser leal con mis pacientes, a sentirme bien y orgullosa de mí misma». Hablamos de la necesidad que podía tener su jefa al pedirle los datos, y con la que podía empatizar, y se comprometió a tener la conversación. Unos días después, con los nervios naturales que se despiertan al hacer algo nuevo y sin garantías, habló con su jefa. Le dijo que ella lo pasaba muy mal compartiendo información confidencial de sus pacientes. Que lo vivía como una falta de lealtad hacia ellos y que eso estaba causándole mucha frustración y malestar en el trabajo. Que entendía que ella necesitara cierta información y que estaba dispuesta a ayudarla en ello siempre y cuando no fuera información confidencial. Cuando me lo contaba tenía una sonrisa de oreja a oreja. Por un lado, compartía la sorpresa del resultado tan positivo que había conseguido, y por otro, el sentimiento de orgullo por honrar ese valor, por estar en integridad, y por despertar el coraje para dar el paso: «Lo he conseguido, he hablado con ella, y, aunque al principio se quedó con cara de perplejidad, cuando reaccionó me dijo: "Vale, está bien". Lo mejor de todo es que me siento más segura, me costó un montón decírselo, pero lo hice y, es más, ahora me tiene más en cuenta para cosas que antes ni me comentaba».

Esta sensación de seguridad, orgullo y satisfacción personal también está en tus manos y la puedes experimentar tú despertando coraje, diciendo sí a quien eres y dando un paso en esa dirección. Puede que no sea fácil, pero sí es posible. Este ejemplo te muestra que es posible gestionar tu malestar en una situación concreta con mayor eficiencia, dejando de responsabilizar a la otra persona de él, tomando el mando y observando qué necesidad tienes (en este caso, la necesidad de estar en alineación con uno de tus valores). Recuerda que la emoción no es el problema. Simplemente te está informando de que hay algo ahí que quizás quieras mirar. Y para experimentar más momentos en alineación contigo mismo, sigue estas recomendaciones:

- Conoce tus valores y la manera de honrarlos que te produzca mayor satisfacción.
- Reconoce y asume si has cometido una autotraición, es decir, si has actuado en contra de ti mismo y, si es posible, rectifica el comportamiento cuanto antes, o elige uno nuevo para la próxima vez que estés en una situación similar.
- Observa si has caído en la autojustificación como forma de aliviar el malestar provocado por el conflicto interno.
- Haz todo lo posible porque haya integridad entre lo que sientes, piensas, dices y haces.
- Conecta con tu capacidad de elegir libre y conscientemente.

¿Cuántas veces te has visto en la obligación de ir a un evento familiar o profesional porque creías que tenías que ir y lo has hecho sin ganas, para encima estar quejándote durante gran parte del evento porque no querías ir? A estas alturas, casi seguro que puedes ver que tu rabia, enfado o frustración no tienen nada que ver con el evento, sino con el hecho de que no te estás dando a ti mismo la libertad de elegir libremente. En última instancia, el que te obliga eres tú. Sí, ya sé que seguro que tienes una buena justificación para ello. Pero, si quieres restablecer la paz interior y gestionar la impotencia, rabia o frustración, es imprescindible ser honesto y poner las cartas sobre la mesa: «Voy porque quiero evitar que piensen algo negativo de mí, o que me pongan malas caras otro día, o que se enfaden conmigo», etc.

En realidad, no es tan importante si vamos o no vamos. Lo que nos ayudará a restablecer la calma interior será tomar el mando y elegir conscientemente. Pasar del «tengo que» al «quiero el beneficio que me aporta». De esta forma, transformamos la obligación en beneficio y, lo mejor de todo, despertamos la sensación de libertad al elegir intencionadamente. Esta sensación de libertad conllevará que nuestra actitud y lo que aportamos al evento en cuestión sea mucho más beneficioso para todos. Nos facilitará el disfrute de ese momento, que otros disfruten con nuestra presencia y evitar convertirnos en los aguafiestas para nosotros mismos y para los demás. Desde la libertad de elección, podremos satisfacer las necesidades de los demás, que veíamos en el apartado anterior, manteniendo la alineación con nosotros mismos.

En ocasiones el conflicto interno se puede generar porque queremos satisfacer dos necesidades a la vez y no es posible. Por ejemplo, queremos descansar y a la vez pasar tiempo con nuestros hijos, pareja o amigos. En este tipo de situaciones, nos podemos sentir abrumados, estresados, incluso pensamos que la situación no es justa. Lo queremos todo y no se puede. El resultado es que hagamos lo que hagamos nos sentimos mal, ya que en vez de disfrutar y poner nuestra atención en lo que estamos haciendo, la focalizamos en lo que hemos dejado de hacer y nos juzgamos o castigamos por ello. Para aliviar el malestar creamos una justificación que tiene el propósito de convencernos de que lo estamos haciendo bien. Pero solo porque una parte de nosotros cree que no estamos actuando correctamente. En estos casos, la estrategia que te recomiendo desde el punto de vista de la alineación es la siguiente:

1. Reconoce que hay dos necesidades o valores opuestos en este momento y que es el hecho de querer hacer las dos cosas, o de querer hacer lo correcto, la causa de tu estado emocional de estrés, enfado, impotencia, duda, confusión, etc.

2. Hazte la pregunta: «Dadas las circunstancias, ¿qué es más importante en este momento para mí?». Recuerda que, si ambas necesidades o valores son tuyos, hagas lo que hagas te mantendrás alineado contigo mismo.

3. Responde y elige intencionadamente, no solo lo que vas a hacer, sino también disfrutar al máximo lo que has elegido hacer, como forma de respeto hacia ti y tu elección.

De esta forma, te pones al mando de tu estado emocional y te resultará posible despertar en ti una mayor sensación de claridad y de calma en tu interior. Ahora bien, si quieres disfrutar de verdad de tu elección y despertar bienestar en tu interior, entonces es imprescindible que al menos tú apruebes tu elección. Sí, estoy de acuerdo en que sería genial que todos los demás también aprobaran tus elecciones, pero eso te haría dependiente de su aprobación. En ocasiones, ser tú mismo significará no gustar o caer mal. Y es en esas ocasiones donde surge la oportunidad de elegir desde la libertad, alinearte contigo mismo, o con lo que esperan de ti.

Ser o no ser egoísta

El mayor obstáculo que encontramos a la hora de mantenernos alineados con nosotros mismos, crear la vida que queremos y deshacer conflictos internos es el miedo a ser egoístas. Sin embargo, si queremos generar estados emocionales de tranquilidad, alegría, plenitud y confianza, vamos a tener que considerar muy seriamente ser egoístas y responsabilizarnos de nuestras necesidades. De lo contrario, otra persona se tendrá que responsabilizar de satisfacerlas, y ya hemos visto antes lo contraproducente que puede ser seguir esa estrategia, ya que nos podemos quedar sin la necesidad satisfecha, y sin la relación, si empiezo a culpar al otro por no haberla cubierto. Ser egoísta nos pone al mando. Nos permite recibir lo que necesitamos, renovar nuestra energía, llenarnos por dentro para darlo o compartirlo después. Y es que no podemos dar aquello que no tenemos.

¿No crees que el mundo sería mejor si todos saliéramos de casa llenos de energía, de entusiasmo, abiertos a dejarnos maravillar por la vida, dispuestos a colaborar y listos para superar retos de forma creativa y para dar lo mejor de nosotros mismos? Yo así lo creo, de ahí que piense que todo lo que haces para tu bienestar es un beneficio para el entorno en el que vives y, por lo tanto, para el mundo. Los momentos de mayor plenitud sin duda en mi vida son cuando comparto mi amor, mi alegría y mi pasión por la vida. Momentos que llegan cuando las circunstancias son las adecuadas o gracias a que elijo responsabilizarme de mis necesidades y ser egoísta como forma indirecta de servir a los demás.

Si nunca te has elegido a ti mismo, es normal que este primer paso despierte miedo. Si en algo te pareces a mí, te dará la impresión de que te vas a quedar solo, que no te van a querer igual ni te van a aceptar si te eliges a ti. Y es cierto que al comportarte de una forma diferente va a haber personas a tu alrededor que se resistan a ese cambio. Sobre todo aquellas que están acostumbradas a que seas tú el que satisfagas algunas de sus necesidades. Date cuenta que elegirte a ti, visto desde su perspectiva, significa que no les eliges a ellos, y ven tu ganancia como una pérdida para ellos. Estas son las personas que, con mayor probabilidad, e irónicamente, te acusarán en ese momento de ser un egoísta. Pero esta solo es una fase de reajuste. Sé comprensivo con la pérdida que estas personas están viviendo y, si realmente estás siendo egoísta valorándote a ti mismo, respetando tus tiempos, tus ritmos, tu energía y llenándote por dentro, verás como esas mismas personas empiezan a ver que lo que ahora les das, aunque en un principio parecía menos, resulta que es de mayor calidad. Cuando estás con ellas porque quieres estar y además te sientes a gusto contigo mismo, se nota un montón. La calidad de tu presencia y lo que aportas es muy diferente de cuando vas por obligación. Y, pasada una fase de reajuste, te aseguro que la mayoría de las personas preferirán este cambio. Quizás hasta tú hayas pensado alguna vez «para estar así —de morros, callado o sin ganas— mejor que no hubiera venido».

El egoísmo es necesario para la supervivencia, de ahí que lloremos de pequeños cuando tenemos hambre y necesitamos comida. Para ganar en confianza, ya que el escuchar y atender nuestras necesidades es como decirnos a nosotros mismos «eres importante, estoy de tu parte y, estoy aquí si lo necesitas». O para una relación sana y armoniosa con nosotros mismos y de igual a igual con los demás. Y se diferencia del egocentrismo en que el objetivo del egoísmo es la responsabilidad individual y la ganancia común, y el del egocentrismo es, exclusivamente, la ganancia individual.

Lo más bonito de nuestras emociones es que están ahí para hacernos ver si estamos o no alienados con quien queremos ser. De ahí que nos sintamos tan bien cuando actuamos de acuerdo con lo que es importante para nosotros, cuando seguimos el impulso de nuestro corazón, y tan mal cuando no lo hacemos o estamos en situaciones, organizaciones o en presencia de alguien que no actúa de forma alineada con nuestros valores.

Las emociones de los demás

Si aceptamos la diferencia entre el estímulo y la causa de la emoción, es decir, si aceptamos que el estímulo es lo que despierta o activa una necesidad que existía previamente en nosotros, y que esta necesidad es el verdadero lugar al que nos está queriendo apuntar la emoción, ocurrirá que, en ocasiones, nosotros seremos el estímulo que despierte la causa de la emoción de otro.

Hace poco, una clienta compartía conmigo que ella y su pareja estaban queriendo quedarse embarazados y que no estaban teniendo suerte. Y me decía que antes, cuando le preguntaban sus familiares que para cuándo iban a tener un niño, no le afectaba, pero que últimamente le estaba empezando a incomodar, incluso a enfadar. El estímulo, que en este caso resulta ser la pregunta «para cuándo vais a tener un niño», despertaba una respuesta emocional neutra en ella durante el periodo en el que ambos habían decidido que no era el momento. Sin embargo, esa misma pregunta se convierte en la chispa que le recuerda que llevan ya un tiempo queriendo quedarse embarazados sin conseguirlo, y es este recuerdo, no la pregunta en sí, el que provoca que se encienda su incomodidad y enfado, —«podían tener más tacto, por qué no se meterán en sus asuntos»—. La emoción no tiene que ver con la pregunta (estímulo), lo que indica es que la clienta está viviendo el proceso desde el miedo, la inseguridad, la desilusión, la impotencia, etc. Es decir, la respuesta emocional dependerá del contexto en el que se encuentra la persona.

De la misma forma, si tu comportamiento o algo de lo que has dicho activa una emoción en otra persona, ¿eres tú la causa de esa emoción? ¿Eres tú el responsable de su estado emocional? La respuesta es «no». De la misma forma que tú eres responsable de tus emociones, el resto de seres humanos son responsables de las suyas. Lo que no quiere decir que, si algo de lo que dices o haces afecta negativamente a alguien que quieres o con el que tienes una relación que es importante para ti, te pares a escuchar lo que la otra persona te dice. Escuchar con el fin de empatizar con la emoción y la necesidad de la otra persona, y entender qué es lo que necesita que tú cambies para no estar así. Una vez que conoces esto, podrás tomar una decisión basada en la importancia de la relación para ti y si hay equilibrio entre lo que estés dispuesto a dar y el beneficio que recibirás al darlo. Resumiendo, no eres el responsable de la emoción de la otra persona, pero sí tienes una parte de responsabilidad en el impacto que provocas en la relación.

En la situación de esta clienta, ella tiene dos opciones: o bien pedir a todas las personas a su alrededor que no le pregunten sobre embarazos o niños y depender así de otras personas, o aprender a vivir esta situación desde un estado emocional de mayor confianza y seguridad, lo que sí está en sus manos. La segunda estrategia la convertirá en más independiente emocionalmente en esta circunstancia de su vida. Ella se pone al mando de su estado emocional.

¿Has intentado alguna vez responsabilizarte del estado emocional de alguien? Por ejemplo, ¿hacer que una persona que está baja de ánimo o cabreada se lo pase bien en una celebración? ¿Cuántas veces lo has conseguido? Y ¿cuántas veces has acabado tú frustrado, cansado y cabreado porque la otra persona se empeña en estar mal y ver lo negativo? Lo que te cabrea o te frustra no es que la otra persona esté triste o lo esté pasando mal, sino el hecho de que tú quieres que cambie de actitud o estado emocional y no lo consigues. Quizá seas tú quien necesita que la otra persona esté bien para tú estar bien.

En ocasiones condicionamos nuestra felicidad a la felicidad de las personas a las que queremos. Es decir, si ellas están felices, nosotros también lo estamos, y viceversa. Al hacer esto ponemos nuestro bienestar en sus manos. En vez de preguntarnos, *cómo puedo disfrutar más de esta situación*, nos preguntamos, *qué puedo hacer para que la persona disfrute más de esta situación.* Hacemos de su felicidad nuestra responsabilidad, hasta tal punto que podemos llegar a *forzarles para que estén bien*, incluso cuando necesitan un tiempo para recuperarse de una pérdida o un mal día. Conseguir felicidad a través de otros es una buena receta para la frustración, el resentimiento, la decepción o la preocupación constante.

De lo único que nos podemos responsabilizar es de la energía y la emoción que aportamos al momento, a la relación o a la interacción. Lo que ponen los demás podemos influenciarlo con nuestra energía, pero no está en nuestro control cambiarlo. De ahí que, si nos encontramos con una persona que está aportando negatividad, crítica u odio, en vez de pretender cambiar su comportamiento y convencerle de que aporte algo distinto, será más beneficioso para nuestro estado emocional pararnos y preguntarnos qué queremos aportar nosotros. Además, aumentaremos nuestra capacidad de influenciar el ambiente de cualquier situación, y hacer que sea más parecido a lo que deseamos, si, en vez de pedir a los demás que contribuyan con más optimismo o alegría, somos nosotros quienes despertamos optimismo o alegría y contribuimos con ellas a la situación. De esta forma, nos mantenemos al mando de nuestro estado emocional y, aunque nos veamos influenciados por las circunstancias externas o por las personas que nos rodean, nos resultará más fácil no dejarnos llevar por la energía que otros traen.

Los cinco pasos para conocer la causa de tu emoción

A continuación, te voy a proponer una forma de escuchar a tu emoción que te ayudará a:

- ver más clara su verdadera causa,
- colocarte en una posición aventajada para poder gestionarla,
- evolucionar hacia un mayor conocimiento de ti mismo,
- empatizar con los demás a un nivel más profundo y
- despertar una sensación de mayor control y libertad a la hora de interaccionar con las personas y circunstancias que van apareciendo en tu vida.

Los cinco pasos que te propongo a continuación están basados en el trabajo de comunicación no violenta, de Marshall Rosenberg. Un trabajo que, entre otras muchas cosas, te invita a compartir con los demás tus emociones y necesidades, y a escuchar las necesidades del otro como estrategia para avanzar en situaciones de desacuerdos o conflictos.

PASO 1: **La situación**

Pregunta que nos ayudará en este paso: «¿Qué ocurrió exactamente?».

La clave de este primer paso será convertirnos en un narrador objetivo de los hechos o las palabras que se dijeron en los momentos previos a nuestra reacción emocional. Como el estado emocional en el que nos encontramos influye en la interpretación que hacemos de los hechos, primero necesitaremos crear una respuesta emocional neutral desde la que revisar la situación sin distorsiones añadidas. Esto lo conseguiremos creando una narración objetiva de la situación con los hechos, comportamientos y palabras específicas. De forma intuitiva sabemos que cuando estamos alterados no pensamos con claridad y que cuando la situación está muy tensa lo más inteligente es parar, darnos tiempo para calmarnos, y así poder ver la situación de otra manera. Describir la situación con objetividad nos permitirá puentear las interpretaciones o juicios que hacemos sobre la situación y tomar distancia para verla desde una perspectiva y estado emocional más neutrales. El objetivo de este primer paso es desengancharnos de la idea de que la otra persona o la situación son los culpables de cómo me siento y, desde ahí, prepararnos para dar los siguientes pasos.

PASO 2. **La mente**

Preguntas que nos ayudarán en este paso: «Cuando ocurrió esto, ¿qué pensé?». «Cuando ocurre esto, ¿qué pienso?».

Este paso nos permitirá romper la conexión que hemos hecho entre la situación y nuestro estado emocional. Identificar un elemento intermedio: los pensamientos, creencias o juicios que se nos activan en un cierto tipo de situaciones, personas o comportamientos. Y ver con mayor claridad que la causante de cómo nos sentimos no es la situación, sino lo que empezamos a pensar cuando ocurre esa situación. Por ejemplo, no nos enfada que un colega evite saludarnos en la calle, lo que nos despierta rabia es pensar que se cree superior y que no nos hemos enterado. Al hacer esto recuperamos un mayor control sobre nuestra respuesta emocional. Ya que, si bien mucho de lo que sucede en la situación en sí no estará en nuestras manos, lo que pensemos sobre ella si está en nuestro control. Al fin y al cabo, somos nosotros los que damos significado a lo que observamos y, si elegimos suponer bien o mal sobre el comportamiento de otra persona o si nos lo tomamos personalmente o empatizamos, es nuestra responsabilidad.

PASO 3. **La emoción**

Preguntas que nos ayudarán en este paso: «Cuando pensé esto, ¿cómo me sentí?». «Cuando pienso esto, ¿cómo me siento?».

Una vez que dejamos la situación a un lado y nos centrarnos en la historia que se ha activado, llega el momento de prestar atención al impacto emocional que nuestros pensamientos están teniendo en nosotros. Es decir, cómo nos sentimos. Y para ello llevaremos la atención al cuerpo, donde encontraremos la huella de la emoción que nos permitirá conectar con ella y ver con mayor claridad la relación que existe entre el pensamiento y la emoción.

PASO 4. **La causa: necesidad, alineación**

Preguntas que nos ayudarán en este paso: «¿Qué necesidad no satisfecha está llamando mi atención con esta emoción?». «Si la otra persona actuara como yo espero, ¿cómo me sentiría?». «Si la situación fuera como yo quiero, ¿cómo me sentiría?». «¿Cuál de mis valores no está siendo honrado en esta situación?». «¿Cuál de mis valores no estoy honrando?».

Este es el momento de la verdad. En el que aprendemos sobre nosotros y gracias a la situación o persona que interviene en ella. Responder a estas preguntas nos dará información acerca de la verdadera causa de lo que nos ocurre y nos situará en una posición de mayor poder para ampliar la perspectiva de la situación y acceder a nuevas formas de actuar, responder o gestionar la situación.

A continuación, incluyo una lista de posibles necesidades del ser humano que podremos utilizar como apoyo si no tenemos clara la necesidad o nos cuesta identificarla.

Conexión

aceptación
reconocimiento
afecto
apreciación
pertenencia
cercanía
colaboración
comunicación
comunidad
compañerismo
compasión
conexión
consideración
consistencia
cooperación
empatía
inclusión (ser incluido)
amor
intimidad
mutualidad
sustento
reciprocidad
respeto (ser respetado)
seguridad
estabilidad
apoyar
valor (ser valorado)
calor

Bienestar físico

aire
comida
agua
movimiento / ejercicio
reposo / sueño
expresión
sexual
seguridad
albergue
contacto

Honestidad

autenticidad
integridad
presencia

Juego

alegría
humor

La paz

belleza
comunicación
facilidad
igualdad
armonía
inspiración
orden

Significado

conciencia
celebración de la vida
desafiar
claridad
competencia
conocimiento
contribución
creatividad
descubrimiento
eficacia
justicia
crecimiento
esperanza
aprendizaje
luto
participación
propósito
autoexpresión
estímulo
a la materia
comprender
hacerse entender

Autonomía

elección
libertad
independencia
espacio
espontaneidad

Lista. Posibles necesidades del ser humano

Además, como punto de partida, podemos considerar las necesidades que despiertan las siguientes emociones básicas. En la mayoría de las ocasiones, si profundizamos por debajo del enfado, la frustración o la decepción, por ejemplo, encontraremos alguna de estas:

- **Miedo.** Esta emoción se despierta ante una posible amenaza (real o imaginaria). La necesidad que hay debajo es restablecer la seguridad.
- **Tristeza.** Esta emoción se despierta para comunicarnos la existencia de una pérdida (real o imaginaria). La necesidad que hay debajo es llenar ese vacío y evolucionar como persona en el proceso.
- **Rabia.** Esta emoción se despierta cuando estamos ante una injusticia que cometemos con nosotros mismos. La necesidad que hay debajo es alinearnos con alguno de nuestros valores o la necesidad de libertad.

En el siguiente capítulo hablaré con más detalle de las emociones de amor y confianza, de las que también podemos aprender. Lo que nos dicen es que en ese momento alguna de nuestras necesidades, satisfacción personal, reconocimiento, pertenencia, descanso o seguridad, están cubiertas. Y pararnos a ver qué las despierta nos dará una idea de qué podemos hacer para despertarlas en más ocasiones. En general, en los momentos de bienestar, nos será útil observar qué actividad estamos realizando, qué pensamientos o conversación estamos teniendo en nuestra mente, qué hay a nuestro alrededor o con quién estamos, para conocer los recursos —internos y externos— que nos ayudan a despertar ese estado emocional y poder crearlo en más momentos.

Este cuarto paso requiere tiempo para *estar con la emoción,* coraje para mirar hacia dentro, confianza en que la respuesta está en nosotros, y honestidad y humildad para reconocer nuestra parte de responsabilidad. Una vez que conocemos nuestra necesidad llega el momento de definir una estrategia para satisfacerla, teniendo en cuenta, eso sí, la necesidad de la otra persona. Pero antes de dar este último paso veamos un par de ejemplos prácticos de los cuatro pasos:

- EJEMPLO 1

Cliente en un proceso de desarrollo de habilidades de liderazgo profesional.

Historia inicial: «llegó supertarde a la reunión, dándose importancia porque le habían llamado de su trabajo para que solucionara algo que nadie sabía cómo solucionar».

Paso 1: Historia objetiva

«Habíamos quedado a las tres y llegó a las tres y cuarto. Nos dijo que un compañero de su trabajo le había pedido ayuda con un problema que no conseguía resolver».

Paso 2: «Cuando ocurrió esto, ¿qué pensé?».

«Se piensa que es mejor que los demás porque está muy ocupado, siempre dándoselas de importante, como si el tiempo de los demás no fuera importante».

Si nos fijamos, mucha de la información sobre lo que pensamos en la situación viene implícita en la historia cuando la contamos, no desde el punto de vista de los hechos, sino desde nuestra interpretación, nuestras creencias o necesidades. Este paso nos ayuda a ser más conscientes de estas formas de pensar y responsabilizarnos del efecto que tienen en nosotros. Y convierte a los pensamientos en el hilo del que tirar para desenredar la madeja y entender mejor por qué reaccionamos como reaccionamos o por qué nos afectan unas circunstancias tanto y otras tan poco. Solo una vez que hemos separado la situación de lo que pensamos podemos pasar al paso 3.

Paso 3 . «Cuando pensé así, ¿qué sentí?».

«Cuando pienso que él se cree que su tiempo es más importante que el de los demás y que lo que hace es una falta de respeto, siento mucha rabia».

Paso 4: «¿Qué necesidad no está cubierta?».

Cuando pensamos que alguien no nos respeta, la necesidad puede ser, por ejemplo, de respeto, reconocimiento positivo, consideración o empatía por parte del otro, pero también de autorespeto, autoconsideración y autoempatía. ¿Qué no estamos respetando nosotros? Quizás, en vez de comenzar con la reunión y respetar así la hora de comienzo que habíamos acordado, hallamos desperdiciado los 15 minutos hablando del tiempo y sin avanzar. O quizás estemos callando nuestra necesidad de empezar y terminar a tiempo, y el estrés adicional que nos crea cuando esto no ocurre así, para segundos después de acabar la reunión dedicar otros diez minutos a quejarnos con el compañero que sabemos que piensa igual. Expresar en alto nuestra necesidad y cómo nos afecta el comportamiento de otros puede ser que no garantice que cambien, pero sí nos garantiza que la rabia que proviene de lo que nosotros mismos no hacemos o no decimos desaparezca. Expresar en alto mi experiencia emocional y necesidad es una forma de autorespeto, y pedir a los demás que respeten lo que nosotros mismos no respetamos una incongruencia/inconsistencia que se manifestará seguro. En el paso 5 veremos cómo hacer peticiones para elevar la probabilidad de que nos escuchen y nos digan que sí.

- EJEMPLO 2

Clienta con el objetivo de *llevar mejor* el comportamiento de su hijo adolescente y mejorar la relación con él.

Historia inicial: «mi hijo se pasa todo el día pegado a la pantalla del móvil o de la *tablet*. Se ha vuelto adicto a los juegos *online*, tengo que quedarme todas las tardes en casa para asegurarme de que estudia algo y mi pareja encima no lo ve tan grave».

Paso 1: Historia objetiva

«Mi hijo pasa entre tres y cuatro horas usando las redes sociales, viendo vídeos en YouTube y jugando a juegos *online* durante las tardes de lunes a jueves. Por las tardes estoy en casa y le recuerdo que tiene que estudiar hasta que se levanta y va a su habitación. Mi pareja me dice que él no piensa que esté echando a perder todo su futuro».

Paso 2: «Cuando ocurre esto, ¿qué pienso?».

«Que es adicto a los juegos y tiene un problema muy grave, que no estudia nada, que su futuro corre peligro, que ya no sé cómo decírselo para que deje de jugar al ordenador, que nada de lo que digo me da resultado, que estoy sola con este problemón y que encima me tengo que quedar en casa toda la tarde por él».

Paso 3: «Cuando pienso así, ¿qué siento?».

«Cuando pienso que nada de lo hago me da resultado, que no consigo hacer que estudie o que deje de jugar a los juegos con el ordenador y que me tengo que quedar en casa quiera o no quiera, me siento frustrada, impotente y atada. Siento mucho miedo al pensar qué es lo que le va a pasar cuando yo no esté si sigue así. Me produce mucha tristeza cuando pienso que se está perdiendo muchos buenos momentos haciendo otras actividades al aire libre, ¡a mí me encanta ir en bici y el campo! Y me siento muy sola cuando pienso que mi pareja no me apoya».

Paso 4: «¿Qué necesidad no está cubierta?».

En este ejemplo vemos más claramente que una misma situación (estímulo), puede despertar una espiral de pensamientos (causa), emociones (llamada de atención) y necesidades (información sobre uno mismo). En esta situación podemos identificar la necesidad de apoyo emocional y conexión con la pareja, de seguridad hacia el futuro de su hijo y de disfrutar de las actividades que le gustan. Y para cada una de estas necesidades necesitaremos una estrategia diferente

—compartir con nuestra pareja desde el corazón y dejarnos ayudar; generar estados de confianza eligiendo pensar en posibilidades más alentadoras para el futuro de nuestro hijo y pensar en él como un ser creativo, completo y con recursos, incluso si en ocasiones comete errores; o darnos el permiso para disfrutar de aquellas actividades con las que disfrutamos—. Esta última, salir por las tardes con la bici, es por donde comenzó la clienta y la sensación de liberación y de mayor calma frente a la circunstancia fue inmediata. Al cambiar algo ella, en vez de esperar a que lo hicieran los demás, amplió la perspectiva desde donde veía y gestionaba la circunstancia. La situación continuó, pero ahora ya no se veía desbordada por ella.

PASO 5. **La estrategia**

Pregunta que nos ayudará en este paso: «¿Qué puedo hacer yo para satisfacer esta necesidad?». «¿Qué puedo pedir a la otra persona que cambie o que haga?».

Ahora que sabemos más sobre la verdadera causa es el momento de reflexionar sobre qué hacer. La tendencia natural es enfocarnos en cambiar la situación o el comportamiento del otro, sin embargo, donde encontraremos la posibilidad de tomar el control e independizarnos, emocionalmente hablando, es respondiendo la primera pregunta, «¿qué puedo hacer yo?». Podemos cambiar nuestra forma de actuar, la actitud, o la perspectiva con la que miramos la situación. Y solo después de habernos hecho esta pregunta y de tener una respuesta para ella, es conveniente hacernos la segunda, «¿qué puedo pedir a la otra persona?».

La única regla para elegir la estrategia, qué hacer o qué decir, es que esté alineada con quien somos. De lo contrario, puede ser que cubramos una de nuestras necesidades, pero que en el proceso despertemos otras. Recuerdo que en una ocasión una mujer llamó al teléfono de mi oficina y me preguntó qué tipo de *coaching* trabajaba. No entendí muy bien qué respuesta esperaba, así que le pregunté que a qué se refería. Me dijo que había estado haciendo *coaching* de objetivos. Que le había ayudado mucho a avanzar en un proyecto en el que estaba atascada, pero que temía que en el camino se estuviera convirtiendo en peor persona. Que cada vez trataba peor a su pareja y que no se sentía nada bien por ello. Y es que, si no nos sentimos bien por dentro, nada de lo que consigamos fuera tendrá sentido.

Por otro lado, cuando le pedimos a otra persona que cambie algo, podemos considerar los siguientes elementos que hacen que aumente la probabilidad de que la otra persona tenga en cuenta nuestra solicitud y diga sí a lo que le pedimos:

1. Hablar de uno mismo. Es decir, de cómo nos sentimos y de nuestra necesidad. Siempre en primera persona. Por ejemplo, en el caso de la madre que quiere que su hijo deje de pasar tanto tiempo en el ordenador, en vez de decirle que es por su bien, le diría que de esa manera ella se sentiría mucho más tranquila. En este punto, es importante subrayar que no le pedimos a la otra persona que cambie porque lo está haciendo mal, sino que le pedimos que cambie porque así nosotros nos sentiremos mejor. De esta forma, es más fácil que la otra persona empatice con lo que le decimos y quiera hacer algo por nosotros.

Si por el contrario al hacer la petición responsabilizamos o culpamos a la otra persona, en el ejemplo anterior sonaría algo así, «me pones nerviosa cada vez que te veo jugando en el ordenador», el hijo, en este caso, se defenderá diciendo que lleva todo el día estudiando y que para un momento que descansa..., atacará diciendo algo como «tú también me pones nervioso a mí y me tengo que aguantar», o pasará de conectar con su madre y hará como si no estuviera. Defendernos, atacar o hacer como que no va con nosotros son las tres reacciones más comunes cuando nos sentimos atacados. Y es también el comportamiento que provocamos cuando culpamos a la otra persona de nuestra emoción.

2. Tener presente la relación. El simple hecho de comenzar una conversación diciendo, por ejemplo: «Nuestra relación es muy importante para mí y por eso quiero pedirte una cosa», siempre que sea honesto, facilitará que la otra persona se abra a escuchar lo que tenemos que decir. De una forma indirecta le estamos diciendo que nos importa, a la vez que inspiramos apertura. Al hablar de la relación estamos incluyendo al otro. Esto no solo afecta a la persona a la que se le hace la petición, sino también a la que hace la petición, predisponiéndola a empatizar con las necesidades del otro. Desde aquí, es más fácil mantener un diálogo abierto hasta que se llegue a una forma de avance beneficiosa para ambas personas o para el grupo.

3. Tiene que ser específica y dirigida a una persona en particular. Muchas veces lanzamos peticiones al aire, «hay que hacer esto y aquello». Para nosotros está claro a quién va dirigida la indirecta, pero no suele ser muy eficaz, ya que puede que la persona no se dé por aludida, o que utilice la generalización para no darse por aludida. Ser específicos, aunque requiera algo más de trabajo a la hora de pedir, aporta claridad sobre lo que esperamos de la otra persona. Tener claro o entender qué se espera de nosotros nos ayuda a decir que sí u ofrecer una alternativa. Ante la duda, cuantos más detalles específicos mejor, incluidos aquellos que damos por supuestos.

4. Tiene que ser posible y tener en cuenta al otro. Nadie se asombra o se frustra cuando el manzano del jardín año tras año da manzanas en vez de peras. Sin embargo, cuando se refiere al comportamiento humano, en ocasiones estamos pidiendo, como dice el refrán, peras al olmo. Y no acabamos de abrirnos a aceptar que, algo que a nosotros nos puede resultar tan simple de hacer, a otra persona le resulte imposible. Pedir disculpas, pedir ayuda, reconocer un error, dar una sorpresa, hacer amistades, ser cariñoso, puede resultar muy sencillo para una persona y realmente complicado para otra.

Si haces una petición en repetidas ocasiones y no obtienes lo que quieres, observa si estás siendo lo suficientemente específico o claro. Comprueba que la otra persona ha entendido exactamente lo mismo que tú querías transmitir, preguntándole qué te ha entendido, en vez de si te ha entendido. Y, por último, si la persona te dice que sí a la petición, comprueba que sabe cómo hacerlo y que se siente capaz. Si no es así, aunque quiera, no le será posible cumplir con su compromiso. Recuerda terminar la petición con una pregunta del tipo «¿es posible?», «¿lo puedes hacer?», con el fin de tener en cuenta también las necesidades del otro. Una petición no es una exigencia, parte de la aceptación de que la respuesta puede ser sí, no o una idea alternativa, y de que la otra persona es libre para elegir su respuesta.

5. Pedir desde el corazón y con expectativa positiva. Si al hacer la petición estamos en una emoción de frustración, enfado, negatividad, preocupación o estrés, aunque lo intentemos esconder con los gestos de la cara o el tono de voz, se notará. De hecho, no es tan importante lo que decimos, sino desde dónde lo decimos. Es decir, si hablamos desde la frustración o la desconfianza en la otra persona o desde la empatía, la serenidad o el cariño. Si antes de pedir pensamos que es imposible hablar con esa persona, que es muy cabezona y cerrada de mente, que ya sabemos que nos va a decir que no, el estado emocional que estos pensamientos despierta en nosotros —inseguridad, apatía,...— va a influenciar el resultado de nuestra petición. De primeras puede ser que ni lo pidamos —«¿para qué? si me va a decir que no»—, y, si lo pedimos, lo vamos a hacer con desgana, facilitando sin querer que la persona diga que no, o nos daremos por vencidos a la primera duda o pregunta que nos haga —«ves, ya sabía yo que no iba a estar de acuerdo».

6. La petición no es más que el principio de una conversación. Nunca el final. Llegados a este punto, una de las preguntas más frecuentes que me hacen es: «¿Y si te dice que no, que no es posible o que no puede ser?». Entonces continuamos la conversación para ver qué es lo que sí puede ser. «Si ahora no puedes hablar, cuándo puede ser». «Si no puedes asignar otra persona a esta tarea, ¿cuál quieres que haga primero?». Siempre que haya una intención de avanzar por parte de las dos personas o del grupo, mantener un diálogo abierto en el que cada persona se responsabiliza de sus necesidades con este objetivo en mente, nos llevará a encontrar la forma más beneficiosa para todos.

Propuesta práctica

Ahora te toca a ti. Elige una situación en la que quieras algo de luz sobre qué hacer diferente y descríbela como lo sueles hacer.

Ahora aplica los cinco pasos:

Paso 1: Describe la situación de forma objetiva basándote en los hechos concretos y observables.

Paso 2: Contesta a la pregunta: «Cuando pasa esto, ¿qué pienso?». O: «Cuando pasó esto, ¿qué pensé?».

Paso 3: Contesta a la pregunta: «Cuando pienso esto, ¿cómo me siento?». O: «Cuando pensé esto, ¿cómo me sentí?».

Paso 4: Contesta a la pregunta: «¿Qué necesidad o valor no está siendo satisfecho?». O, si esta no te lleva a ningún lugar, utiliza estas otras: «Si esto no fuera así, ¿cómo me sentiría?», «Si la situación cambia en la dirección que deseo, ¿cómo me sentiría?». La tendencia común es pensar que la necesidad es que la otra persona deje de hacer lo que está haciendo, o que haga lo que tú quieres. Recuerda que eso no es más que el estímulo, mira dentro de ti para descubrir la causa. Veamos algunos ejemplos:

- Ejemplo 1: «Si me dice que me quiere, me sentiré más unida a él». En este caso la necesidad sería de intimidad o conexión con la pareja.
- Ejemplo 2: «Si me dijera que lo he hecho bien, me sentiría mucho más segura en mi trabajo». En este caso la necesidad

sería de reconocimiento, valoración o seguridad en la calidad de mi trabajo.

- Ejemplo 3: «Si al llegar a casa no me encontrara todo tirado y no tuviera que ponerme a recoger, me sentiría alegre, amorosa, comprendida, y podría sentarme a descansar». En este caso la necesidad es de conexión con mi familia, de disfrute o de descanso.

Paso 5: Contesta a la pregunta: «¿Qué puedo hacer yo para satisfacer esta necesidad?». Solo después de responderte y pasar a la acción, hazte la siguiente pregunta: «¿Qué puedo pedir a la otra persona?».

Ten en cuenta que no hay una sola respuesta a estas preguntas y que pueden cambiar según vas conociéndote y evolucionado. Confía en la respuesta que te llega y en que, si tú cambias en tu interior y dejas de responsabilizar a los demás o a las circunstancias de cómo te sientes, el exterior cambiará para readaptarse a ti. Y sobre todo, añade benevolencia hacia ti mismo en el camino de autodescubrimiento y desarrollo personal. Recuerda que no estás roto porque en ocasiones pierdas los papeles o tengas altibajos o te afecten las críticas o te emociones hasta con un anuncio. Con cariño, perseverancia y práctica irás entendiendo más y más la causa de la llamada de atención de tu emoción. Profundizarás en el conocimiento de quién eres y cómo funcionas. Ampliarás el número de situaciones y personas con las que puedes disfrutar o colaborar. Y, sobre todo, fortalecerás la relación con esa parte de ti que se comunica a través de la emoción. Que desea lo mejor para ti y te acompaña con amor incondicional y la sabiduría de quien eres. Disfruta explorando en tu interior.

CAPÍTULO 5

Gestión emocional intencional

«El truco está en dónde ponemos el énfasis. Así, o nos volvemos miserables o nos volvemos felices. La cantidad de trabajo es la misma».

Viaje a Ixtlán, de Carlos Castaneda

Cada capítulo tiene algo especial para mí, pero este y los dos siguientes me ilusionan de una forma muy particular. Primero, porque trata de la gestión proactiva de nuestro estado emocional. Es aquí donde el quinto pilar fundamental, «elegir», adquiere su máxima expresión. Donde pasamos de reaccionar de manera automática, de gestionar lo desagradable, de arreglar problemas, a crear consciente e intencionadamente más de aquello que queremos sentir, vivir, mientras damos forma al ser en quien nos estamos convirtiendo. En todo lo que hacemos hay un estado de ser que lo acompaña. Un estado de ser desde donde hacemos, expresamos y compartimos. Este estado, que es parte de quienes somos, es el que fortalecemos, expandimos, en el que nos convertimos. Así, si ante una circunstancia adversa decido ser esperanza, me convierto en un ser esperanzado. O si decido alimentar el miedo, la confusión o la irritación, eso será en lo que me convertiré. Y esto me lleva a la segunda razón por la que este capítulo es especial. A contaros el momento en que comienzo a ser consciente de lo que hoy considero mi verdadera esencia, y el sentido que entiendo que tiene mi vida. Y no, no es ser *coach*, o cualquier otra profesión. Es algo mucho más emocionante. Te cuento.

El lugar y el tiempo son los mismos de otras veces. Vivía en San Francisco. Quizás pienses: «Cómo le cundió a esta chica esa ciudad». Lo cierto es que sí. Porque, una vez que el ser humano abre los ojos del corazón, a partir de entonces, ya todo es ver. Habían pasado tres meses desde que mi pareja y yo habíamos decidido seguir caminos por separado. Y sí, había encontrado alivio e ilusión al conocer una nueva parte de mí en la que me podía apoyar y que quería conocer. Sin embargo, todavía quedaban algunas malas hierbas en el camino que no lo hacían muy placentero que digamos. Fui consciente de una de estas malas hierbas un domingo volviendo de un festival de música a las afueras de Santa Bárbara. Recuerdo que iba de copiloto, y mi mente llenándose de un día espléndido. El océano Pacífico a un lado, campos preparados para dar a luz, al otro, el cielo azul infinito, y una sonrisa cristalizada en mis labios desde primera hora de la mañana.

Sentía todo mi ser sonreír, abierto a vivir. Había pasado el fin de semana entre árboles, música y un montón de personas todas con el mismo deseo, disfrutar, reír, bailar, conectar. Y había conocido a la persona que se convertiría en uno de mis mejores amigos durante los años siguientes a ese festival. Mi corazón estaba pletórico. Y todo porque sentía la certeza absoluta de que volvería a amar. Fue en aquel viaje cuando entendí que la raíz de mi sufrimiento en los últimos meses no tenía nada que ver con la ruptura de mi relación. Esta fue el estímulo. Sin embargo, el dolor más grande que me rompía por dentro lo causaba lo que me estaba contando: que ya no volvería a amar. Me explico.

Yo había imaginado que la relación en la que estaba sería para el resto de mi vida. Me había creído eso de que hay una media naranja, y también que la había perdido para siempre. Parecerá una tontería, pero es increíble las historias que nos podemos llegar a creer y que influyen tanto en las decisiones que tomamos como en cómo nos sentimos. Cómo no iba a estar mi corazón sufriendo si le estaba castigando a no ser él nunca más. A no volver a amar. Ahí sentada, en el asiento del copiloto, comprendí que el corazón tiene una función fundamental, amar. Que no se puede romper ni partir. Que cuando lo sentimos dolorido no es más que un síntoma de que hemos dejado de amar. De que lo hemos cerrado y que ha dejado de hacer su función. Ese dolor es su forma de decirnos: «Quiero ser yo. Quiero ser amor». La liberación que sentí al pensar que no necesitaba que nadie me eligiera como compañera para abrir mi corazón y amar, que estaba en mí poder amar siempre que quisiera, fue la señal de que iba por buen camino.

Hoy me cuento y me he convencido de que estoy aquí para expandir mi capacidad de amar, de ser amor. El concepto que tenía del amor se ha extendido para abarcar mucho más que a la pareja, para abarcarlo todo. Y lo tengo presente en cada encuentro con otro ser humano, ya sea conocido o desconocido, en cada actividad que realizo, e incluso lo tengo presente en cada pensamiento. He descubierto que me es muy fácil mantener el corazón abierto a lo que es igual a mí, a las personas que me quieren, a lo que considero bueno, correcto y agradable, pero que la verdadera expansión ocurre al abrir el corazón también a lo que juzgo inadecuado, a los comportamientos que me ponen nerviosa y no entiendo o a las personas que me critican. Es precisamente en esas situaciones y con esas personas que existe la posibilidad de expandir mi capacidad de ser amor más allá de mis límites actuales. Un reto que me ha traído regalos como el de experimentar aceptación ante situaciones inesperadas o que van en contra de alguno de mis valores. Es el estado de amor el que me predispone a mantenerme abierta a todo lo que ocurre, aceptándolo tal y como es, consiguiendo que experimente muchas más situaciones con serenidad, claridad y seguridad.

Cerrar nuestro corazón es posiblemente una de las estrategias de protección más comunes y también una de las más dolorosas para el ser humano, ya que nos desconecta de nosotros mismos y de los demás, y nos deja con muchos menos recursos a la hora de gestionar momentos difíciles. Una y otra vez he podido comprobar, en primera persona y con los clientes con los que he trabajado, que cualquier dolor acompañado de amor es menos dolor. De ahí que lo busquemos en otros para aliviarnos. Pero solo porque hemos cerrado nuestra propia fuente de amor.

Una mujer que ha llamado mi atención desde joven perdió a varios de sus familiares, incluido a su marido, en menos de una década a causa de distintas enfermedades. Y a cada uno de ellos los acompañó y los cuidó. Recuerdo haber escuchado a personas de mi entorno decir: «No sé cómo lo hace, cómo tiene tanta fuerza, cómo sigue sonriendo». Para mí también era un misterio. Hoy, sin embargo, conociendo un poquito más de ella, sé que era su gran amor hacia sus seres queridos y la expresión activa de ese amor en forma de cuidado lo que la acompañaba en los momentos de tristeza o de dolor. Amar o mantener nuestro corazón abierto a la vida, a las circunstancias, a las personas que entran y salen de nuestras vidas no va a evitarnos el dolor de las pérdidas, pero sí nos ayudará a entenderlo y procesarlo.

Entre los cientos de clientes con los que he tenido el honor de trabajar, hay una característica común: admiran la capacidad que tienen algunas personas para tomarse «bien» las cosas, no alterarse por nada o para lidiar con calma y serenidad hasta en las situaciones más difíciles o adversas. ¿Qué diferencia a estas personas de las demás? ¿Cómo se mantienen fuertes? La diferencia principal es que gestionan lo que ocurre en sus vidas desde una base emocional que los sostiene. Este estado emocional base es el lugar desde donde emana su poder. Muchos de ellos lo han creado precisamente porque lo han necesitado para sobrellevar algunas de las situaciones que han experimentado en sus vidas, y lo mantienen porque han visto la utilidad y el beneficio de cuidar o vivir desde un estado emocional que les da poder. A este estado emocional lo vamos a llamar «estado emocional base», y, si lo atendemos y creamos de forma intencionada y consciente, estaremos mucho mejor preparados para vivir la vida que deseamos y, sobre todo, para gestionar todo tipo de situaciones o estados emocionales.

EEB: estado emocional base

Si solo te quedaras con un concepto de este libro y algo que hacer a partir de ahora, yo te invitaría a que eligieras crear un estado emocional base que te conecte con tu poder. El EEB es el estado emocional en el que pasamos más tiempo, desde el que gestionamos el resto de emociones o sentimientos que van surgiendo a lo largo del día, y al que regresamos una y otra vez. Es a la vez una fuente de energía disponible en todo momento que nos ayuda a interpretar lo que ocurre, o lo que estoy experimentando, con cierta distancia y perspectiva. Las siguientes dos gráficas nos ayudarán a entender mejor su beneficio.

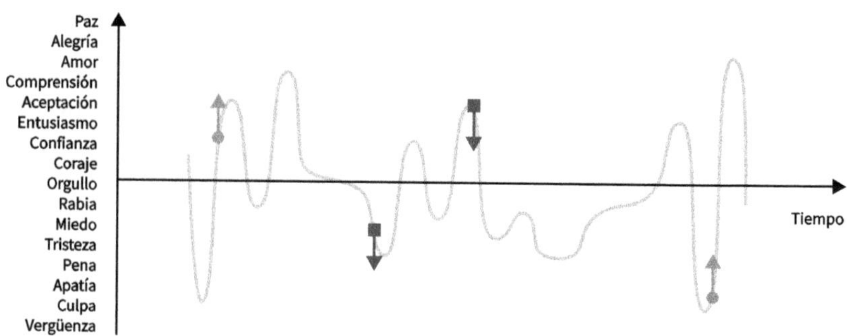

Gráfica a

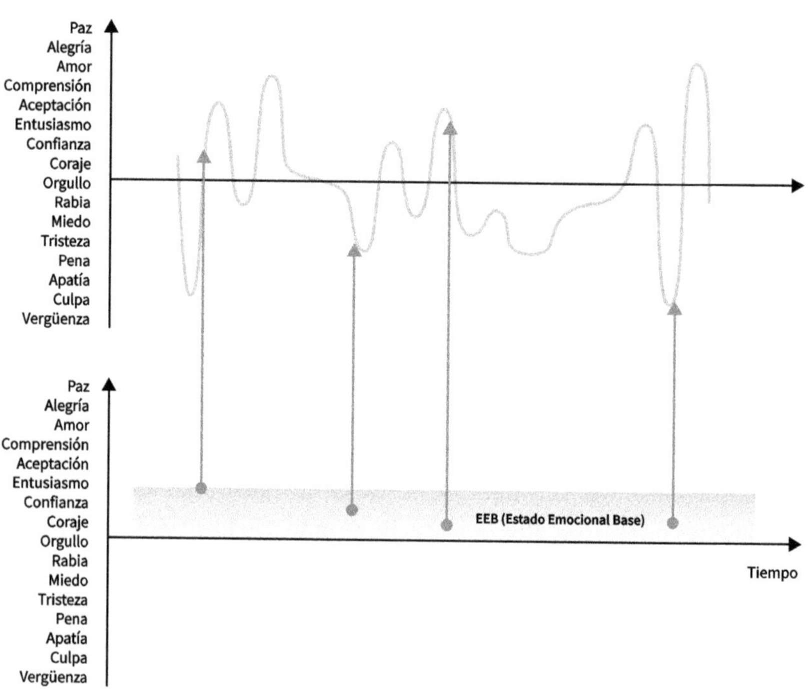

Gráfica b

Imaginemos que nuestro estado fisiológico es el punto o el cuadrado, y que la línea continua es la trayectoria que siguen nuestras emociones en un cierto periodo de tiempo, un día, una semana, un mes... (gráfica a). En ausencia de un estado emocional base, la impresión que tendremos es de estar en una montaña rusa con días o momentos mejores y otros peores. Con altibajos más o menos frecuentes. Y no solo nos afectará el lugar donde se encuentra el punto, es decir, nuestra emoción, sino también la dirección en la que nos movemos. Si subimos o vamos «a mejor» o si bajamos y vamos «a peor». Podríamos decir que estamos montados en nuestra emoción y que es ella la que nos lleva de un lugar a otro. De esta forma, nos encontramos en continuo movimiento, y la sensación puede ser la de no tener mucho control sobre nuestro estado emocional.

Veamos ahora la segunda gráfica (gráfica b). En realidad, los dos ejes estarían superpuestos, pero separarlos nos ayudará a entender mejor el concepto de estado emocional base. En este caso, el punto es el estado fisiológico en el que pasamos más tiempo, el que generamos consciente y deliberadamente, —con nuestra actitud, forma de ver el mundo, hábitos, etc.,—, y que en consecuencia aumenta el poder y la estabilidad en nuestro estado emocional. Si imaginamos que es una corriente de agua, cuanto más lo alimentamos, más caudal habrá y más fuerte será la corriente. Esta es la emoción que en presencia de otras tendrá más poder, y se convierte además en una especie de plataforma emocional de referencia desde donde mirar o experimentar el resto de emociones que vayamos experimentando. De ahí que, aunque nuestro estado emocional fluctúe, la sensación es de mayor estabilidad y control. El estado emocional base se convierte en un punto de referencia desde donde podemos observar con mayor rapidez si nos estamos desviando y poner remedio antes de que sea demasiado tarde.

En ocasiones, refiriéndose a mi trabajo como *coach*, me han preguntado: «¿No acabas agotada de escuchar los problemas de los clientes o su malestar?». Lo cierto es que no. De hecho, en el 99'9% de las ocasiones, salgo de las sesiones con más energía que con la que entro. La clave son los estados emocionales, de amor y confianza, que intencionadamente genero para estar en una sesión. Mi trabajo en la sesión no solo es hacer preguntas, acompañar en la reflexión y explorar nuevas perspectivas o formas de comportamiento, sino también mantener despiertas estas dos energías. El amor para empatizar y comprender el estado en el que está la otra persona y la confianza para mantener una perspectiva de posibilidad y optimismo. De esta forma, el estado emocional se convierte en una herramienta clave para la sesión. Así, aunque la persona venga en un estado de estrés, confusión, negatividad o convencida de que es imposible hacer nada para mejorar, la confianza me permitirá continuar viendo a la persona capaz y dirigir la conversación hacia el encuentro de soluciones. Y el amor me ayudará a hacerlo desde la aceptación y a evitar la tentación de juzgar. Ambos, el amor y la confianza, se convierten en una plataforma desde donde mirar al cliente y a su situación mucho más ventajosa que desde la que mira él. Plataforma que además es energía física, como una pila a la que me conecto y de la que me lleno.

¿Quiere decir esto que nunca entre en la duda o el juicio? Desde luego que no. Pero me permite verlo aparecer, momento en el que gracias a que todavía no ha cogido fuerza, me resulta más fácil avivar intencionadamente la confianza y el amor. Me capacita para mantenerme fuera del túnel, en el que puntualmente está el cliente, y firme en la creencia de que hay luz al final del túnel. En definitiva, el estado emocional del cliente, aunque me influye, no define mi estado emocional, es decir, yo no entro en negatividad solo porque el cliente esté en negatividad, de ahí que no me agote. Esto es en esencia el poder emocional. Y un beneficio añadido de este planteamiento es que, al final de una sesión en la que he actuado desde el amor y la confianza, me he cargado con toda esta energía para ver también desde ahí todo lo que ocurre en el resto de mi vida. Estoy convencida de que es una de las razones por las que, aun siendo consciente de la inestabilidad «aparente» de ser autónomo y no saber muy bien qué va a pasar el próximo mes, viva ahora mucho más segura y tranquila que en cualquier otro momento de mi vida. Y estoy llena de agradecimiento y apreciación hacia este trabajo y hacia los clientes que eligen trabajar conmigo, por la oportunidad que me ofrecen de ser quien quiero ser, amor y confianza. Por acompañarme, sin saberlo, a fortalecer mi estado emocional base.

Aunque el concepto de EEB pueda sonarnos a nuevo, cada uno de nosotros creamos nuestro estado emocional base en la medida en la que alimentamos más unos estados emocionales que otros en nuestro día a día. En la mayoría de los casos, y por desconocimiento, nuestro estado emocional está muy condicionado a las circunstancias externas, de ahí que sea tan errático o cambiante. Seguro que puedes recordar épocas mejores y peores de tu vida. La diferencia entre unas y otras es precisamente el conjunto de emociones que experimentabas más a menudo y que más fuerza había cogido en esa época. Por ejemplo, durante una época *buena* en la que aparentemente todo va bien las emociones que prevalecen son la apreciación, la alegría, la confianza o el optimismo. Estas emociones influirán positivamente en nosotros y nos ayudarán a reaccionar con mayor calma ante una mala noticia, lo que hará que alarguemos la buena época. Y, al revés, esa misma mala noticia en plena mala racha se puede convertir en la gota que colma el vaso y decida que ya no puedo más. El problema de crear nuestro estado emocional base de forma inconsciente y no intencionada es que nos volvemos más susceptibles a la inercia o al momento de las emociones. Son ellas las que dirigen el espectáculo para bien o para mal. Y, peor aún, no nos veremos capaces de salir de una mala racha o de prolongar una buena y evitar el pensamiento de «últimamente está yendo todo muy bien, a ver cuánto me dura». En definitiva, nuestro estado emocional se vuelve dependiente de las circunstancias externas y de lo que esté ocurriendo en el momento presente para nosotros estar mejor o peor. Es precisamente la función de la gestión emocional intencional asistirnos en el objetivo de independizarnos emocionalmente de nuestro entorno y de la inercia del momento. Y lo consigue desde la premisa de que somos seres capaces de generar emociones consciente e intencionadamente, devolviéndonos el control de nuestro estado emocional que, sin querer, habíamos otorgado a los elementos externos.

La motivación para crear nuestro estado emocional base

Es muy importante que seas consciente de qué te mueve a crear un estado emocional base. Es decir, de cuál es tu motivación. Por ejemplo, ¿es un deseo de experimentar la vida desde un lugar más beneficioso y útil, de sentir la seguridad de estar al mando de tu estado emocional y de añadir más momentos de bienestar y satisfacción al día a día?, o, ¿es el deseo de deshacerte de una emoción desagradable, de dejar de sentir angustia, pena, culpa, enfado o apatía? Aunque pueda parecer que es lo mismo, hay una diferencia muy grande entre preguntarse qué puedo hacer para no sentir miedo, y qué puedo hacer para sentir confianza y seguridad. O entre, qué puedo hacer para no sentir soledad, y qué puedo hacer para sentir intimidad, conexión. O entre, qué puedo hacer para no sentir apatía, y qué puedo hacer para sentir plenitud, ilusión, entusiasmo o ganas de vivir. La primera pregunta lleva la atención de tu mente a lo que no quieres, aunque sea para deshacerte de ello, y, en consecuencia, lo despierta y lo mantiene activo.

Hablar constantemente de nuestro miedo, angustia o negatividad, aunque sea para decir que no la queremos, equivale a alimentar esa emoción y el significado que le damos. Por ejemplo, mientras hablamos de nuestro miedo, podemos estar fortaleciendo la creencia de que somos inseguros y miedosos. Mientras hablamos de nuestra apatía, de que no tenemos ganas de hacer nada, lo más seguro es que cada vez vayamos dejando de hacer más y más cosas. Incluso si no queremos que sea así, porque al mencionar la apatía despertamos la desgana, y desde esa energía nos resultará más costoso pasar a la acción. Elegir crear un estado emocional, por ejemplo, de tranquilidad, con el fin de deshacernos de nuestra ansiedad, pone a la ansiedad y a deshacernos de ella en el centro de nuestra motivación. Ya hemos visto anteriormente que deshacerse de una emoción, a su vez, suele provenir de la no aceptación de esta emoción. La vemos inútil, indeseada, desagradable y no querida. Entramos en conflicto con nosotros mismos, haciendo mucho más difícil, o casi imposible, el hecho de que generemos más paz y tranquilidad en nuestro interior, avanzando, de nuevo, en la dirección contraria a la que realmente deseamos.

Esto nos lleva a contemplar el hecho de que saber lo que no queremos no es lo mismo que saber lo que sí queremos. Imaginemos que entramos a una frutería y le decimos a la dependienta: «Hola, buenos días. Por favor, no me pongas naranjas, que no quiero naranjas». La dependienta nos diría algo así: «Vale, si no quieres naranjas, ¿qué quieres?». Normalmente, tenemos más claro lo que no queremos que lo que sí queremos. De hecho, uno de los servicios que nos prestan nuestras emociones es ofrecernos claridad sobre lo que queremos y no queremos. De ahí que experimentemos sensaciones agradables cuando nos comportamos de forma alineada con nuestros valores o cuando estamos en situaciones en las que disfrutamos y nos damos libertad para ser nosotros mismos, y que experimentemos sensaciones menos agradables cuando dejamos de ser nosotros y tomamos elecciones no porque queramos, sino porque nos vemos obligados, o cuando alguien a nuestro alrededor se comporta de una manera que no está alineada con nuestros valores, etc. La primera es una oportunidad para ver y clarificar lo que sí queremos. La segunda, para identificar lo que no queremos. Ahora bien, si sabemos lo que no queremos porque la emoción desagradable nos lo está haciendo ver, justo al lado opuesto encontraremos lo que sí queremos. Por ejemplo: si no queremos miedo, queremos confianza, seguridad, tranquilidad, paz interior..., y cuando no queremos apatía, queremos vitalidad, entusiasmo, plenitud...

Cuando partimos del miedo, la apatía o la negatividad y la resistencia a sentirlos, no solemos llegar muy lejos. Puede ser que consigamos un poco de alivio, normalmente con mucho esfuerzo, pero, en cuanto nos relajamos un poco, vuelven las emociones desagradables con toda su fuerza. Sin embargo, cuando partimos desde la aceptación y con el foco iluminando el camino hacia donde vamos, desde el primer momento el proceso será mucho más efectivo. Declarar qué es lo que queremos es siempre el primer paso de la gestión emocional intencional, y avanzar hacia ello, aceptando el punto del que partimos, tendrá como efecto secundario que lo desagradable disminuya. Pero no porque hagamos algo para eliminarlo, sino porque nuestra atención está en crear lo que nos resulta beneficioso. Cuando decimos: «Ha sido un fin de semana genial, no me he acordado del problema que tengo en el trabajo y me he relajado un montón», en realidad lo que ha ocurrido es que durante el fin de semana hemos dirigido y mantenido nuestra atención en pensamientos más agradables. No hemos olvidado el problema del trabajo, simplemente hemos atendido otros temas. Aliviar el miedo o despertar la satisfacción personal o la alegría son, por lo tanto, dos objetivos muy diferentes. La gestión emocional intencional nos va a apoyar con lo segundo.

Beneficio extra del estado emocional base

Generar un estado emocional base que nos proporciona estabilidad y consistencia desde el que compartir y actuar, nos permitirá ganar en confianza e influencia en nuestras relaciones. A la vez que conseguimos mayor independencia del estado emocional de los demás y nos sentimos más a gusto y seguros con nosotros mismos nos volvemos más atractivos de forma natural. Nuestras palabras, que llevan la energía de nuestra emoción, tendrán un impacto más positivo. Y, en definitiva, el estado emocional base dará color a cada momento y relación de nuestras vidas.

Cómo crear y mantener un estado emocional base

Hay tres pasos fundamentales que debemos tener en cuenta:

1. Aceptar el punto de partida.

2. Elegir el estado emocional que deseas alimentar (pilar 5).

3. Crear hábitos y prácticas que alimenten este estado emocional y que lo fortalezcan.

Independientemente de cómo nos organicemos el día, si nos fijamos en la lista de quehaceres no están: comer, beber agua, dormir, respirar... Damos por hecho que eso va a ocurrir. Sin embargo, no son solo actividades que realizamos, sino que además son de vital importancia y, con toda la certeza del mundo, las más productivas. Así es, no parecen productivas porque no vemos un resultado, sin embargo, son las que nos preparan para que luego tengamos lo necesario para desempeñar el resto de labores, trabajos o recados, los que sí dan la impresión de que tienen un resultado. En la lista de quehaceres tampoco aparecen los momentos en los que nos encargamos de generar un estado emocional o una energía que nos sean útiles para funcionar y dar lo mejor de nosotros mismos durante el día. Y, como ya he apuntado en alguna ocasión, dejamos esta función en manos del azar o de cómo nos levantemos ese día. Si la emoción es energía en acción, y si en función de la energía de la que dispongamos así será el resultado de lo que ocurra durante el día, entonces merecerá la pena prestar atención a la energía que generamos en cada momento y hacerlo consciente e intencionadamente.

El verdadero poder emocional lo experimentaremos, no alcanzando un estado de paz con uno mismo permanente, sino conociendo el camino hacia la paz interior y regresando a ella cada vez que nos alejemos. Al igual que el dolor físico nos guía a la zona del cuerpo que necesita de nuestra atención, recordemos que las emociones son una llamada de atención que además nos guían y dan información de por dónde ir, de qué necesitamos. De ahí que no queremos que desparezcan. Y, aunque lo deseemos, me temo que no lo harán. Lo que sí queremos es que estén a nuestro servicio y nosotros tener el mando, el poder emocional. Una vez que conocemos el camino hacia el bienestar, el sentimiento de poder y seguridad aumentan enormemente. Y el resto que queda por hacer es andar ese camino y crear hábitos diarios que nos permitan hacer el recorrido y mantenernos durante más tiempo en el estado emocional que deseamos. Una de las claves para incluir en nuestras vidas la gestión emocional intencional es no esperar a estar mal para activar estos hábitos. En los momentos de crisis, al utilizarlos esporádicamente y no tener práctica, no van a proporcionarnos el 100 % del beneficio que nos pueden ofrecer. Es por eso que la propuesta de este capítulo sea que consideremos la gestión emocional intencional como una forma de vida, en la que además de atender nuestra salud física y cuidar nuestra alimentación, cuidamos también nuestro estado emocional.

En los próximos dos capítulos compartiré algunos de los hábitos o comportamientos que nos serán muy útiles si elegimos crear amor o confianza como estado emocional base. Desde cualquiera de ellos el estado emocional de satisfacción, plenitud, alegría, entusiasmo, serenidad, paz o seguridad nos resultarán fácilmente accesibles. Además, vibrar en una emoción de amor o de confianza nos permitirá navegar con mayor serenidad y entereza cualquier situación, por muy difícil que parezca. Tanto la confianza, como el amor, son el mejor antídoto ante el miedo, y favorecen que nuestras relaciones sean mucho más ricas, cercanas y armoniosas. De ahí que sean una parte muy valiosa de nuestro poder.

Propuestas prácticas

Cuando eliges intencionadamente alimentar un estado emocional base significa que estás al mando de tu estado emocional y de la experiencia de vida que quieres crear. Independientemente de la práctica que tengas en generarlo, y por lo tanto del resultado que consigas, la intención es lo que te garantiza que estás al mando. Recuerda que, si bien no puedes controlar las circunstancias externas, sí puedes controlar o elegir tu respuesta ante ellas. Y, si estás al mando de tu estado emocional, tendrás siempre un mayor poder sobre tu respuesta ante cualquier estímulo o circunstancia. Los hábitos que te propongo a continuación son una forma de vida, de mantenerte al mando, no una receta para cuando estás mal. Y están diseñados para atender tu estado interno de forma holística. Es decir, teniendo en cuenta las distintas dimensiones del ser humano que eres.

■ HÁBITO 1. ***«Pre-parar» diurno***

A nadie se nos ocurre emprender un viaje sin prepararnos. Sin embargo, nuestros días comienzan con una preparación que no siempre tiene en cuenta la complejidad del ser humano que somos. En el mejor de los casos, nos tomamos nuestro tiempo para desayunar y disfrutar un momento de tranquilidad con la quietud y el silencio de las primeras horas de la mañana, aseamos nuestro cuerpo y nos ponemos en marcha. En el peor de los casos, abrimos los ojos y cogemos el móvil para ver qué correos o mensajes nos han llegado durante la noche. Este acto, aparentemente inocuo, dirige el foco de nuestra mente hacia los demás y lo que necesitan, dándoles así prioridad sobre nuestras necesidades y activando una respuesta de estrés mucho más elevada de la necesaria para este momento del día. Para algunos lo común es salir de casa ya con la sensación de ir tarde, de no haber dormido lo suficiente o con la idea de que va a ser un día duro, o enfadado por las noticias que hemos escuchado en la radio. Estados que nos dificultarán disfrutar del día, y que pueden contribuir a crear mayor crispación allá donde vayamos.

Recuerda que si quieres dar lo mejor de ti durante el día, es fundamental que lo despiertes antes de ponerte manos a la obra. Con este propósito en mente, a continuación te propongo que diseñes intencionadamente el momento del día que transcurre entre el despertar y salir de casa o empezar con las tareas del día. Y te propongo ideas para que lo hagas atendiendo a los cuatro elementos fundamentales del ser humano: el estado físico, el estado emocional, el estado mental y el estado espiritual.

Ideas para el «Pre-parar» diurno

Cuerpo

(Entre diez y veinte minutos) Despertar el cuerpo con estiramientos suaves, baile, yoga, andar o cualquier otro ejercicio que te siente bien.

Espíritu y emoción

(Entre diez y quince minutos) Meditación.

(Un minuto) Elegir una intención de ser (ser alegría, coraje, perseverancia, amor, ilusión, presencia, compañerismo, bondad, disfrute, apreciación...) para el día.

(Entre uno y cinco minutos) Elegir alguna de las siguientes preguntas, o crear las tuyas propias, con el fin de activar tu para qué y dar sentido al día (energía espiritual) despertando de esta manera «las ganas» y generando intencionadamente un estado emocional:

¿Qué es verdaderamente importante para mí hoy?

¿Quién me necesita hoy al 100 %?

¿Qué momentos del día de hoy puedo apreciar o espero con ganas?

¿Cuál es una acción que puedo hacer hoy que me requiere coraje?

Si una palabra pudiera describir el tipo de persona que quiero ser hoy, ¿cuál sería?
Un valor que quiero honrar intencionadamente hoy es...
¿Qué acción puedo realizar hoy que me hará sentir satisfacción al final del día?

Al crear tus propias preguntas, ten en cuenta que el objetivo es que despierten una energía emocional concreta: ilusión, entusiasmo, compromiso, alegría, paz interior...

Mente

(Entre uno y cinco minutos) Elegir tres acciones que sí o sí quieres completar hoy, y al menos una que quieras realizar para renovar tu energía emocional (jugar con tus hijos, ir a correr, tomar un café con una amiga, leer un libro, aprender algo nuevo...).

Advertencia: Si te gustan las listas, haz una nueva lista cada día (bien antes de comenzar el día, o al final del día para el día siguiente) con las tres acciones que has elegido y sin incluir ninguna más para por si acaso te da tiempo. De esta manera conseguirás en más ocasiones la satisfacción de haber cumplido con lo que te propusiste y de haber terminado. Siempre vas a tener tareas que hacer, pero es necesario que las tengas delante de ti a diario.

Lo más beneficioso y útil, desde el punto de vista de la gestión emocional intencional, es que empieces el día de forma consciente e intencionada, despertando la energía que deseas aportar a tus acciones, trabajo y relaciones. La forma en la que lo consigues puede ir cambiando según vas conociendo qué te funciona mejor. Tú eliges si comienzas el día en modo «a la deriva», y vas reaccionando a lo que va llegando, sin tener la sensación de estar al mando, o en modo «intencionado», avanzando en una dirección concreta, gestionando mejor y con mayor claridad los imprevistos, y dedicando tu tiempo a lo que realmente es importante para ti, para tu trabajo y para las personas que quieres. Si vas a comprometerte solo a una cosa en el día, que sea a empezar el día intencionadamente.

■ HÁBITO 2. *Durante el día*

Ya que nos hemos preparado para el día, el siguiente paso entonces es mantenernos en la dirección elegida tanto tiempo como sea posible. A continuación comparto algunas ideas que nos pueden ayudar para conseguirlo.

Ideas para el día

1. Utilizar recordatorios para mantener a la vista las elecciones de la mañana: las tres acciones, las respuestas a las preguntas y la intención de ser. Lo normal es que, pocos minutos después de salir de casa, en el momento en el que empezamos a estar influenciados por las circunstancias y personas externas a nosotros (el tráfico, el estado de ánimo de las personas con las que interacciono, las llamadas inesperadas de teléfono, etc.), nuestro estado emocional y nuestro foco se modifiquen poco a poco, sin que prácticamente nos demos cuenta. De ahí que resulte imprescindible prestar atención regularmente a nuestro estado emocional y a la dirección en la que está transcurriendo el día para poder redirigirlo si observamos que nos desviamos de nuestro propósito y compromisos. Podemos hacerlo poniendo alarmas en el móvil, o creando cualquier otro tipo de recordatorio.

2. Utilizar las transiciones —por ejemplo, ir de un sitio a otro o un cambio de actividad— para soltar estrés y retomar la dirección del día si es necesario. Durante la transición podemos aprovechar y respirar intencionada y profundamente, estirar el cuerpo y recordar las respuestas a las preguntas de la mañana.

3. Prestar atención al contenido de las conversaciones en las que participamos, las noticias que consumimos, las letras de las canciones que escuchamos o las películas o series que vemos. Todo ello son estímulos que nuestro cerebro procesa y que afectan a nuestro estado emocional, bien en la dirección que deseamos o bien en la dirección opuesta. No se trata de dar la espalda a lo que ocurre en la sociedad, pero no hace falta estar consumiendo información que nos afecta negativamente durante todo el día.

4. Pasar tiempo con personas a las que queremos y proponernos hacer reír a la persona con la que estamos. No para hacernos los graciosos, sino para despertar ligereza, diversión, humor, etc. No hay nada como tomarse el humor en serio. Un exceso de seriedad, muy al contrario de lo que podemos pensar, reduce nuestra creatividad y capacidad para ver otras opciones y eleva la tensión en la situación.

Seguro que alguna vez has experimentado el momento en el que, cuando una situación se estaba haciendo cada vez más difícil, o se podía palpar la tensión en el ambiente, de repente una persona suelta una gracia y el resto del grupo rompe en una carcajada unánime. Ese momento es tan refrescante como una tormenta de verano. Y lo mejor es que renueva la energía de todo el grupo para seguir adelante. Lo mismo ocurre con la capacidad de reírse de uno mismo o de ver el lado irónico de la circunstancia, por muy complicada que esta sea.

■ HÁBITO 3. ***«Pre-parar» nocturno***

De igual forma que nuestro día va a verse afectado negativamente si salimos de casa «como pollo sin cabeza» y estresados por todo lo que tenemos que hacer o porque llegamos tarde, la calidad de nuestro sueño y descanso también se verá afectado por aquello que hagamos antes de ir a dormir. De ahí que sea beneficioso prepararnos también para ir a dormir de forma intencionada y en particular, reduciendo el estrés que hemos ido acumulando durante el día, y despertando un estado de mayor calma y tranquilidad desde el que entrar en el sueño.

Con este propósito en mente a continuación te propongo que diseñes, intencionadamente, el momento del día antes de ir a dormir. Y te propongo ideas para que lo hagas atendiendo a los cuatro elementos fundamentales del ser humano: el estado físico, el estado emocional, el estado mental y el estado espiritual.

Ideas para el «Pre-parar» nocturno

Cuerpo

(Entre cinco y diez minutos) Realizar estiramientos suaves del cuerpo con el fin de liberar la tensión que puede continuar acumulada en tus músculos.

Espíritu y emoción

(Entre cinco y diez minutos) Dedicar unos minutos a poner por escrito todo aquello que quieras apreciar o agradecer del día que has vivido. Todo lo que sí has hecho, las personas con las que has compartido, tu actitud, los momentos de consciencia, los momentos en los que has actuado alineado con tu dirección y los momentos en los que has tenido que redirigir o recuperarte, etc.

Es muy frecuente acabar el día repasando la lista de todo lo que hemos dejado sin hacer, o reviviendo lo peor del día, contándoselo a las personas con las que vivimos o llamándolas por teléfono para que vean la mala suerte que hemos tenido. Aunque contar lo malo que nos ha pasado puede ser una forma de desahogo, en la mayoría de las ocasiones lo que conseguimos es volver a despertar la emoción de malestar, enfado, impotencia... que sentimos durante el día cuando nos ocurrió.

Recuerda que puedes elegir con qué te quedas cada día. Mi recomendación es que te quedes con lo mejor, que le des un sentido útil a lo que piensas que ha sido lo peor, y te quedes con la claridad de qué puedes hacer diferente mañana para que tu día sea todavía mejor. De esta manera, te será más fácil dejar el día atrás y arrancar el día siguiente desde un punto de vista mucho más poderoso y útil.

Advertencia: Presta atención también a las películas o a las series que ves en las horas previas a ir a dormir. Nuestro sistema nervioso se altera ante situaciones de peligro, aunque sean de ficción. Música suave o comedias son una elección más amable para tu sistema nervioso y ayudan a tu cuerpo a soltar el estrés innecesario para dormir.

Mente

Si eres de los que el día lo planifica la noche anterior, mi recomendación es que lo hagas al menos dos horas antes de ir a dormir. Cuando llevamos la atención de nuestra mente a los quehaceres, aunque sean para otro momento, nuestro sistema nervioso eleva la respuesta de estrés para activar la energía necesaria para esas actividades o la parte creativa de cómo hacerlas.

Con el fin de integrar la gestión emocional intencional en tu vida, elige un estado emocional base que desees generar y fortalecer, y diseña tu día incluyendo momentos y acciones concretas destinadas a alimentar intencionadamente el EEB que has elegido. Si te preguntas: «De todas las ideas, ¿cuál es mejor?, ¿qué escojo?, ¿por dónde empiezo», empieza por lo que ha llamado tu atención. Date el permiso de probar, experimentar y de seguir tu intuición. Confía que tú sabes qué es lo mejor para ti. Mi consejo es que vayas paso a paso. Elijas una acción para el «pre-parar» diurno, otra para el día y otra más para el «pre-parar» nocturno. Experimenta durante al menos dos semanas y párate a observar y reflexionar sobre el impacto que pueden estar teniendo estas acciones en tu día a día. Si lo que observas es beneficioso, continua con las acciones, si no, experimenta con otra.

El hecho de dedicar uno o dos momentos del día a ti mismo, como los que te he propuesto, reforzará la sensación de que estás al mando. De que en tu vida también tú pintas algo. Esos momentos constituyen además un acto de responsabilidad individual y de amor hacia ti. Mi deseo no es que me creas, sino que lo sientas y experimentes por ti mismo. De ahí que espero que te pongas manos a la obra. En los próximos dos capítulos encontrarás ideas para generar los estados emocionales base de amor y confianza. Ideas que podrás incluir a estos momentos de preparación.

CAPÍTULO 6

Estado emocional base: amor

«El amor verdadero es inagotable, cuanto más das, más tienes».

Antoine de Saint-Exupéry

Nos pasamos la vida buscando el amor en el lugar equivocado: fuera de nosotros. Equivocación que nos lleva a moldear nuestro comportamiento, nuestras palabras y decisiones con el fin de conseguir que nos quieran. «Si soy bueno, obediente, si lo hago bien, si estoy de acuerdo o les doy lo que quieren, me querrán». En particular, esta estrategia puede llegar a convencernos de que ser o a actuar en oposición a nuestros valores o nuestras necesidades es la mejor de las opciones. Sin embargo, el amor que sentimos cuando alguien nos ama, no es el amor de esa persona, sino el de nuestro propio corazón que se abre a amar también de forma recíproca. Es por esto que en multitud de ocasiones no sentimos el amor de las personas que sí nos aman, ya sea porque no lo interpretamos como amor, porque no es como nosotros lo queremos, o porque no viene de la persona que esperamos o deseamos que venga. Independientemente del porqué, en esas ocasiones nuestro corazón se mantiene cerrado y, por lo tanto, lo que experimentamos en nuestro interior es cualquier otra cosa menos amor.

Al buscar el amor fuera de nosotros, limitamos nuestra capacidad de amar y lo convertimos en un amor condicional. Una de esas condiciones es, por ejemplo, que alguien nos quiera, nos trate bien, nos reconozca, empatice con nosotros, nos tenga en cuenta. Y solo cuando ocurre alguna de estas condiciones, entonces elegimos querer a la otra persona, ser amor y sentir la belleza de nuestro corazón. Con razón que deseemos ser amados. Sin embargo, para amar no es necesario que nos quieran, que nos traten bien, que estén de acuerdo con nosotros. Amar es una elección y la expresión de nuestra libertad. Y amar incondicionalmente es elegir amar porque sí, porque queremos, porque nos hace sentir estupendamente tener nuestro corazón abierto. De ahí que, si queremos más amor en nuestra vida o alimentar el estado emocional base de amor, la receta es simple: amar más. No condicionemos abrir nuestro corazón a lo que otros hacen o dejan de hacer.

Los hábitos y las prácticas que te propongo a continuación te resultarán más fáciles de implementar con personas, lugares y circunstancias hacia las que ya tengas el corazón abierto la mayoría de tu tiempo. Y más difíciles hacia aquellas personas que no piensan o actúan como tú o hacia las situaciones que no son como tú quieres que sean o crees que deberían ser. Sin embargo, estas personas y situaciones son las que nos presentan la posibilidad de expandir nuestra capacidad de ser amor. Mi invitación es a que te llenes del amor que ya eres practicando o creando alguno de los hábitos que te propongo a continuación en aquellas circunstancias en las que ya lo haces de forma natural, y que consideres poner estos hábitos en práctica allí donde hayas cerrado tu corazón: una persona (incluida tú), una situación, una actividad, un lugar, un grupo, etc.

Me viene a la memoria una frase que me dijo mi *coach* y mentora, Elaine Jaynes: «Abrir el corazón más allá de sus fronteras actuales duele». Esa es mi experiencia, pero solo durante el momento del parto. Una vez que das a luz esta nueva forma de ser más amorosa, la sensación es increíble. Es como que todo se coloca en su sitio durante ese momento.

Tres hábitos para crear y mantener el estado emocional base de amor

¿Qué podemos hacer exactamente para abrir nuestro corazón consciente e intencionadamente, siempre que queramos?

1. Expresar más

La antropóloga Ángeles Arrien en su libro *Las cuatro sendas del chamán*, en el que recoge muchos de los puntos comunes a tradiciones y culturas ancestrales de todos los lugares del planeta, cuenta que uno de estos puntos comunes es la creencia, por parte de los sanadores de estas tradiciones, de que el mayor remordimiento y sufrimiento en los seres humanos es el amor no expresado.

¿Has sentido alguna vez el impulso de abrazar a alguien o de decirle algo agradable o positivo, pero te has reprimido porque creías que no era adecuado o que iba a quedar mal? ¿Has tenido o tienes alguna relación «amor-odio» en la que solo expresas abiertamente el odio, el malestar, la desaprobación, pero el amor lo das por supuesto? ¿Tienes algún familiar o persona querida que ya no está aquí y te arrepientes de no haberle dicho en vida cuánto le querías o haber pasado más tiempo con él o ella?

Al reprimir el impulso o cerrar el corazón, generas un conflicto interno, y el malestar te lo indica de inmediato. Sin embargo, la reacción más común para aliviar el conflicto no es buscar dentro, sino fuera: «¿Cómo le iba a dar un abrazo delante de todo el mundo? Se iba a poner como un tomate», «Si yo le quiero un montón, pero es que es muy cabezón y todo tiene que ser como él dice. Es imposible llevarse bien con él». Estas justificaciones solo son necesarias cuando hemos traicionado el impulso de nuestro corazón, así que, si observas que te estás justificando, trata de identificar de qué forma no estás alineado con lo que tu corazón siente.

Podemos expresar amor a través del reconocimiento hacia la otra persona, diciéndole abiertamente que le queremos, compartiendo parte de nuestro tiempo con él o ella, ofreciéndole nuestra atención plena, nuestros cuidados, apreciando su belleza. Y esto mismo lo podemos hacer hacia nosotros mismos y también hacia cualquier lugar u objeto material con el que nos relacionemos. Uno de los obstáculos que nos podemos encontrar a la hora de expresar amor, sobre todo verbalmente, son las creencias limitadoras o los prejuicios que tenemos al respecto: «Voy a parecer un pelota, un ñoño, un interesado», «el amor se demuestra con actos, no con palabras», «las palabras se las lleva el viento», «está muy amable, algo quiere».

Uno de los comportamientos que más me sorprendió en los primeros meses de estar viviendo en San Francisco fue que *había mucho amor en el aire*. Así es como yo expresaba el hecho de que escuchara o leyera las palabras «Te amo» diariamente. No siempre dirigidas a mí, ni mucho menos. Por ejemplo, las conversaciones telefónicas entre familiares y amigos siempre acababan con «Adiós. Te amo». Los correos electrónicos, igual. Las despedidas después de un encuentro, igual. En *Myspace*, la red social de moda en aquel momento, más de la mitad de los comentarios siempre eran amorosos: «Te amo, te hecho de menos, eres la mejor». Y, claro, yo, que iba con mis creencias, pensé que había algo falso en todo ello. Sin embargo, después de haber vivido allí seis años, no voy a decir que todas las expresiones verbales de amor fueran sinceras, pero sí que la gran mayoría lo eran. Y comencé a sacudirme todas las creencias limitadoras que tenía sobre expresar amor, en particular la de que era cursi, a valorar lo bello de compartir el cariño cuando lo sientes, y a añadir a diario más muestras de amor en mis relaciones. Aunque todavía me quedo corta algunos días, siempre está en mi lista de quehaceres.

Este simple hecho ha fortalecido, y sigue fortaleciendo, las relaciones más importantes que hay hoy en mi vida. Es una de las prácticas más beneficiosas que conozco, y, si la pones en práctica, transformará cómo te sientes y cómo son tus relaciones. No se trata de que no hables de lo que no te gusta, pero sí de recordar compartir lo que sí va bien, lo que sí te gusta, y darle más importancia a lo último que a lo primero. Y si la persona a la que hubieras deseado expresar más amor ya no está aquí, no te preocupes. Déjate sentir el amor que te hubiera gustado expresarle y envíaselo igualmente. Recuerda que es tu necesidad, tú eres el que estás en conflicto, y tú el que puede resolverlo abriendo de nuevo el corazón. Hacia ti mismo también. Sé benevolente contigo por no haberlo sabido hacer de otra manera, y asegúrate de que te quedas con el aprendizaje y lo pones en práctica con las personas que todavía están aquí contigo.

Otro obstáculo que puede aparecer a la hora de expresar amor en cualquiera de sus formas es el miedo a que no sea mutuo, que no sea correspondido o que te vayan a rechazar. Ahora bien, esto solo puede ocurrir cuando la principal razón de dar ese amor es conseguir algo a cambio. Si simplemente das porque lo tienes y te hace sentir bien, el resto no tiene cabida.

El ejemplo que me viene en este momento a la mente es el del padrastro de una amiga. Un día tomando un café me contó que durante más de diez años había hecho todo lo posible por rechazar a su padre adoptivo, por hacerle sentir mal con sus desprecios, con su silencio. Diez años en los que él había elegido darle su espacio, comprenderla y no echárselo en cara. Diez años en los que había elegido aceptar el desamor que su hijastra enviaba en su dirección y enviar de vuelta cariño y comprensión. Con los ojos llenos de lágrimas, me decía que en ese momento su padrastro era una de las personas más importantes de su vida, reconocía que siempre había estado ahí para ella y que, aunque había tardado años en darse cuenta, por fin lo había conseguido. «Se limitó a quererme —me dijo—, y hoy estoy tremendamente agradecida por ello». Amar es una expresión libre de nuestro ser. Y, si es verdadero, no necesita ser correspondido.

2. Aceptar más

Gracias a la capacidad de aceptación de nuestro corazón, de incluir y acoger lo que es diferente, podemos crear lazos entre personas y sociedades, llegar a soluciones innovadoras que nunca se nos hubieran ocurrido de no haber incluido algo nuevo o diferente, y también responder de una forma beneficiosa a circunstancias adversas. Como vimos en el pilar fundamental número 2, si queremos gestionar una emoción es indispensable aceptarla. Soltar los juicios que tengamos hacia ella y acceder a nuestros recursos para avanzar hacia un aprendizaje, hacia cubrir una necesidad, o para caminar hacia otro estado emocional. En este caso, aceptar significa abrir nuestro corazón con el fin de incluir aquello que de primeras no compartimos, no nos gusta o con lo que no estamos de acuerdo.

Piensa en una persona a la que amas. ¿Tiene alguna característica que no es del todo de tu agrado o hace cosas que a veces te sacan de quicio? Casi seguro que sí, pero, ¿a que no dejas de amarle por ello? Esto es porque contemplas todos los aspectos, los que son de tu agrado y los que no, y dejas que pesen más aquellos que aprecias de esa persona, manteniendo así tu corazón abierto. Cuando estás en un estado de amor, la aceptación viene dada como consecuencia. Ahora bien, si no lo estás y quieres abrir tu corazón en un momento dado, podrás conseguirlo centrándote en los aspectos positivos de la persona. Apreciar te conecta con tu corazón. Y, al contrario, cuando te fijas en lo que no te gusta de una persona, lo que ocurre es que cierras tu corazón creando desconexión y distancia con ella. Una distancia que nada tiene que ver con la otra persona, sino con el hecho de que, en ese momento o en esa relación, has puesto una barrera que es la que te aleja. Lo mismo que cuando sientes el amor de alguien en realidad lo que sientes es tu corazón abriéndose, la distancia que en ocasiones percibes en el otro no es más que la sensación de tu corazón cerrándose.

Si tienes en mente alguien que no te cae muy bien o que te ha hecho algo que te ha dolido o no te ha gustado mucho, seguro que piensas: «¿Cómo le voy a abrir mi corazón a esa persona?». Aceptar en estos casos no significa cambiar tu forma de pensar para decir que lo que la otra persona ha hecho está bien, o hacer como que no te ha dolido. Si necesitas poner un límite, la rabia te ayudará a ver cuál es y a ponerlo. Si consideras que es necesario hacerle una petición a la otra persona con el fin de que no se vuelva a repetir, hazlo. Y si la decisión es poner distancia con esa persona, ponla. Puedes cambiar tu comportamiento hacia la otra persona, pero no cerrar tu corazón. Fíjate que he dicho «no cerrar tu corazón», en vez de «no cerrarle tu corazón». Cerrarle tu corazón significa que le pondrás en el centro de tu atención, recordarás aquello que te ha hecho sentir mal y buscarás todos los argumentos posibles para convencerte de mantener tu corazón cerrado. Buscarás aliados que piensen lo mismo que tú, pero, al final del día, esa otra persona seguirá su vida y tú serás responsable de si lo mantienes en la tuya.

El rencor y el resentimiento son los principales obstáculos que nos encontramos a la hora de aceptar. Una de mis amigas compartió conmigo una metáfora que me quitó las ganas de alimentar estos estados para siempre: «El rencor y el resentimiento es como beberte una botellita de veneno y esperar que le siente mal al otro». Para gestionarlo necesitaremos, primero, hacernos responsables de que estamos dando el poder a la persona que nos ha agraviado en el momento en el que nos tomamos personalmente sus actos. Segundo, que cuando el comportamiento de una persona es agresivo, hiriente, despectivo, abusivo o egocéntrico, esa persona por dentro está sufriendo. Desde un estado emocional de amor, alegría, calma, satisfacción, etc., no puede derivarse un comportamiento así. Recordar esto cuando nos encontremos con un comportamiento así nos servirá para generar un estado de compasión (que no de pena) o, por lo menos, despertar mayor compresión. Normalmente, las personas que más necesitan nuestra compresión son aquellas a las que nos resistimos más a dársela. Tener compasión, o por lo menos activar la compresión de que esa persona no lo está pasando bien, no significa que nos quedemos delante de forma pasiva para ser el centro de su enfado, abuso o desprecio, o justificar su comportamiento, sino mantener nuestro corazón abierto y desde ahí, aceptar con mayor facilidad nuestra necesidad, la de la otra persona y actuar teniendo ambas en mente.

Otro obstáculo con el que nos encontraremos a la hora de aceptar es la necesidad artificial de tener razón. Es curioso, pero en muchas ocasiones preferimos tener razón a sentir calma, conexión y amor en nuestro interior. Soltamos nuestro bienestar emocional con un fin mayor: cubrir la necesidad de seguridad consiguiendo que nos den la razón. Esto es así porque *el saber* proporciona seguridad a nuestra mente, de ahí que, en el momento en el que *el saber* se ve amenazado, salte la alerta. Ahora bien, tener razón despierta una sensación de seguridad ficticia, ya que nos convierte en dependientes. En esta estrategia el poder lo tiene la otra persona, es ella la que nos tiene que dar la razón. De ahí que no nos sirva con pensar que tenemos razón, sino que, además, para conseguir la sensación de seguridad, tenemos que escuchar de la otra persona que tenemos razón. Sin embargo, aceptar otros puntos de vista u otras formas de hacer no significa dar la razón al otro y soltar nuestra forma de pensar o actuar. Significa que la aceptamos como una opción tan válida como la nuestra.

En situaciones de desacuerdo o de variedad de ideas y opiniones, si queremos mantenernos al mando de nuestro estado emocional, nos resultará útil preguntarnos: «¿Qué es más importante para mí ahora, pasarlo bien y disfrutar de este momento con esta persona o tener razón?», «¿qué es más importante, avanzar en el proyecto o tener razón?». O simplemente subrayar que tenemos puntos de vista distintos, aceptar que ninguno va a cambiar de opinión y redirigir la conversación en otra dirección.

Un último obstáculo que nos dificulta la tarea de aceptar más es el miedo a que nos hagan daño y a sufrir. Si dejamos que el miedo elija por nosotros, nos llevará a cerrar nuestro corazón como medida de protección. El objetivo de este comportamiento es evitar que nos vuelvan a hacer daño, volver a sufrir. Pensamos que no seremos capaces de aguantar el sufrimiento una vez más y nos infringimos a nosotros mismos el peor de los sufrimientos, vivir con el corazón cerrado o a medio abrir. Cerrar nuestro corazón es una forma de desconectarse de quien uno es, y, cuando hacemos esto, nos será imposible sentir conexión con nadie más. Y es más probable que aparezca la sensación de soledad y de escasez. Como consecuencia, el miedo seguirá acentuándose por la distancia que siento hacia todos y hacia todo. Cerrar el corazón es como un asedio autoimpuesto, y es cuestión de tiempo que nos quedemos sin las provisiones necesarias para vivir plenamente nuestra vida.

Cuando perdemos a un ser querido, por ejemplo, una forma de evitar el dolor es resistirnos a ello, no querer verlo. Y aceptarlo, no es más que el comienzo del proceso de adaptación a vivir sin él. Al aceptar el dolor y abrirle la puerta llegará la tristeza, con esa sensación de vacío que a veces conlleva. Un vacío que, recordemos, nos habla de la pérdida que acabamos de experimentar. Y, si miramos con atención qué es lo que deja el vacío, veremos que a veces es una pérdida de seguridad que nos llama a hacer el trabajo de desarrollar la confianza. Y, otras, el simple hecho de que dejamos de amar a ese ser querido porque ya no está con nosotros físicamente. Haber vivido trece años fuera de España, lejos físicamente de mis seres queridos, me ha enseñado que el amor no tiene nada que ver con la distancia o con que sigan vivos o no. Si los llevamos en nuestro corazón, los recordamos con el corazón abierto y les sonreímos de vez en cuando, veremos que la sensación de vacío desaparece para dar paso al amor, el agradecimiento o el orgullo.

Ya sé que es muy fácil decirlo y otra cosa es hacerlo. Ahora bien, la otra opción es la queja, el victimismo o la depresión que mantenemos, alimentando la pérdida en vez de procesándola. Mi propuesta es que no trates de olvidar a tus seres queridos. Aunque ya no estén aquí, tu relación con ellos sigue viva en ti. Continúa aportando amor en esa relación y expresando tu amor hacia ellos recordándoles, transmitiendo a otros lo que hayas aprendido de ellos, apreciando su historia y también el hecho de haber compartido una etapa de vuestras vidas.

Aunque parece que hay bastantes obstáculos, lo mejor es que, en cada uno de estos obstáculos, quien está al mando eres tú. Como ves, aceptar no es resignarse o abandonar, sino todo lo contrario. Es pasar a la acción, comprometerte con tu estado emocional y, en particular, con abrir y mantener abierto tu corazón. Te lo mereces.

3. Recibir más

Con la atención puesta constantemente en todo lo que tenemos que hacer, en ir corriendo de un sitio para otro, se nos olvida parar y llenarnos de aquello que ocurre a nuestro alrededor. Mucho de lo que se nos escapa, por no estar presentes, son muestras de cariño o amor de las personas con las que compartimos nuestro día a día. Bien porque vamos rápido y pensando en lo nuestro, o porque solo damos importancia al que nos trata mal, o porque simplemente no las reconocemos como muestras de cariño. Esta última razón, no reconocer las muestras de cariño, es la más usual y se debe a la forma como nuestro cerebro procesa la información y aprende.

Nuestro cerebro recibe información a través de los sentidos, y con esta información crea su propia interpretación del mundo y de lo que está ocurriendo. De los cinco sentidos, solo podemos enviar información a través de tres canales (vista, oído y tacto). De ahí que se haya llegado a considerar que contamos con tres sistemas —visual, auditivo y kinestésico—, para procesar e interpretar la información, y, aprender. Además, cada persona suele tener una preferencia por uno de estos sistemas, aunque utilicemos los tres, lo que hace que interpretemos de forma distinta lo que ocurre a nuestro alrededor. Así, por ejemplo, una persona «auditiva» necesita escuchar que la quieren, y el reconocimiento, para que sea recibido adecuadamente, ha de ser verbal. Tiene que escuchar que lo ha hecho bien, si no lo escucha, muy probablemente pensará que no hemos reconocido lo que ha hecho o que no lo hemos valorado. En el caso de la persona «visual», necesita ver hechos, comportamientos. Tiende a pensar que las palabras se las lleva el viento y que lo que cuenta es lo que hacemos. A la hora de recibir el reconocimiento, tienen que verlo, bien con un aumento de salario, un regalo, etc. Por último, la persona «kinestésica» necesita contacto físico, abrazos, besos, y entiende el cariño y el amor a través del contacto. A la hora de recibir reconocimiento esta persona prefiere un golpecito en la espalda, un buen apretón de manos o un abrazo.

Si no tenemos estas preferencias en cuenta, muchas de las muestras de cariño nos pasarán desapercibidas y nos escucharemos decir cosas como: «Sí, muchos besos y muchos abrazos, pero el regalo de Navidad que le compré y que me costó tanto lo ha dejado a un lado como si nada». «El caso es que siempre que le necesito está ahí, pero no recuerdo la última vez que me dijo que me quería». «Si me quisiera, haría esto por mí». «Es muy poco cariñoso, nunca da abrazos ni besos».

El amor o el cariño tienen muchas formas de expresión, mantente abierto a recibir todas ellas, y también a pedir o a compartir cuál es tu preferencia. La otra persona no tiene por qué saber qué prefieres. Considera que es tu responsabilidad enseñar quién eres. Así, aumentarás la posibilidad de recibir exactamente lo que quieres. Recuerda también que, si quieres mostrar cariño a otra persona y asegurarte de que lo aprecia, la estrategia más eficaz es preguntar para conocer cómo ella recibe cariño. Si le muestras tu amor de la forma como tú lo recibes, puede ser que no le llegue.

Con frecuencia un gesto bien intencionado acaba teniendo un resultado opuesto al que deseamos, precisamente porque no somos iguales y no entendemos el mundo de la misma manera. Una vez que tenemos en cuenta que las muestras de cariño pueden ser muy variadas en formas y colores, para recibir el amor que viene en nuestra dirección podemos seguir la siguiente secuencia: parar, abrir nuestro corazón, y, apreciar la intención en vez del gesto, o ambos. En muchas ocasiones experimentamos escasez de amor, no porque no haya amor a nuestro alrededor, sino porque, como no viene de la persona de la que queremos que venga, nos olvidamos de mirar más allá.

Ahora bien, para poder recibir primero tenemos que sentirnos merecedores de todo lo mejor que la vida tiene que ofrecer, de todo lo que en sus distintas formas pone a nuestra disposición. De hecho, no sentirnos merecedores es el mayor obstáculo a la hora de abrirnos a recibir el amor, bienestar y abundancia que nos rodea en cada momento. Hemos creído que, cuanto más nos sacrificamos, o cuanto más nos cueste algo, mayor será el premio, el merecimiento. «Con lo mal que lo ha pasado, se merecía esas vacaciones». Sin embargo, esta creencia solo nos lleva a sacrificarnos más y más.

Si quieres recibir más, mi propuesta es que consideres la premisa de que no has venido aquí a probar que eres merecedor, sino a tener una experiencia lo más completa y profunda de lo que es ser vida en forma humana. No es necesario ganarte la vida. La vida la traes puesta. Recibir, además, es tu oportunidad para no rechazar lo que la otra persona o la vida te da. Si alguien te dice que hoy estás fenomenal, no lo rechaces y dile «gracias por verme así». Si alguien te da las gracias por un favor que le has hecho, no le digas «de nada», dile «ha sido un placer».

La gratitud como forma de apreciación es sin duda una de las formas de dar y recibir amor que más beneficios trae a nuestro estado emocional. Cuando hablamos de la gratitud tendemos a creer que es una forma de dar. Sin embargo, para poder agradecer, primero tenemos que abrirnos a recibir, y una vez que estamos llenos de ello es cuando damos gracias por lo que hemos recibido.

Quizás haya momentos en la vida en los que nos sea muy difícil ver lo positivo o despertar el optimismo, sobre todo si continuamos alimentando la historia de víctima o de escasez. Sin embargo, siempre podemos frenar en seco y redirigir nuestra atención a agradecer y apreciar lo que sí tenemos, a las personas que ha habido y que hay a nuestro alrededor, el lugar hasta donde hemos llegado y, con ello, cambiar el momento de nuestro estado emocional y comenzar a avanzar en la dirección del amor.

Amarse a uno mismo

Quizás te hayas preguntado por qué aún no he mencionado el concepto de amarse a uno mismo. ¿No es ese el primer paso?

El acto de amarse a uno mismo tiene muchos beneficios, entre los que se encuentra una autoestima saludable y la ausencia de conflicto interior, lo que nos lleva a estados de ánimo de mayor tranquilidad y bienestar. Ahora bien, cuando hablamos de amarse a uno mismo, la pregunta más frecuente es: «¿Cómo se hace eso?». Está en nuestra naturaleza abrir nuestro corazón para apreciar, aceptar, dar, compartir, valorar, acompañar... y también está el cerrarlo para juzgar, despreciar o dejar a un lado. Cuando hacemos lo primero, nos encontramos con nuestros seres queridos y, cuando hacemos lo segundo, nos encontramos con nuestros enemigos. Claro que también puede ser que se conviertan en seres queridos y amigos porque les abrimos nuestro corazón y en enemigos porque se lo cerramos. Amarse a uno mismo es exactamente igual que amar a otra persona, no necesitamos aprender nada más. Ahora bien, se nos complica esta tarea, principalmente porque:

- No está muy bien visto hablar bien de uno mismo, nombrar nuestras virtudes, talentos o fortalezas.
- Nos suele costar más aceptar o perdonar los errores propios y darnos algo de tregua.
- Llevar la atención hacia uno mismo, cuidarse o darse prioridad, es percibido por muchas personas como un acto de egoísmo.

Partiendo de estas creencias o formas de pensar y con el fin de evitar convertirnos en unos arrogantes, egoístas o dormirnos en los laureles y caer en la mediocridad y en la indulgencia, desde muy pequeños decidimos que es mejor no mirarse a uno mismo con benevolencia, con cariño, con aprecio o con confianza. Y, lo peor de todo, dejamos las funciones de apreciación, valoración, confianza, ánimo y cariño a nuestros familiares, amigos y compañeros de trabajo. La trampa está construida. Ahora necesitamos que los demás vean en nosotros lo que nosotros mismos nos hemos prohibido ver. Nuestra autoestima, así como el poder de crear estados de mayor seguridad, satisfacción y plenitud pasan a depender en gran medida de los demás.

A continuación te propongo deshacer esta trampa incluyendo en tus creencias o formas de pensar lo siguiente:

1. Es tu responsabilidad conocer lo mejor de ti mismo, valorar todo lo que eres (tanto lo que consideras bueno como lo que consideras malo), celebrar y reconocer tus logros y dar valor a tus ideas y sueños. Valorar lo mejor de ti no significa que seas mejor que nadie. Cada ser humano cuenta con recursos, talentos naturales y virtudes. Eso es lo que nos iguala, no lo que nos diferencia. ¿Cómo puedes pedir a alguien que valore aquello que ni siquiera tú valoras? ¿No te parece una contradicción? Recuerda que, si tú no lo valoras, el aprecio externo tiene el mismo efecto que el soplar una quemadura. Alivia mientras estás soplando, pero, en cuanto paras de soplar, el dolor vuelve. Si tú no logras dar valor a tus cualidades, características o fortalezas, que otros lo hagan será un alivio momentáneo. Lo duradero es la valoración que tú haces de ti mismo. Esta es a la que tienes que prestar atención, y cuidar de ser un crítico honesto, pero benevolente. Ser generoso contigo mismo. Como lo eres con los demás.

Nelson Mandela, en su discurso de investidura, citó unas palabras de Marianne Williamson, autora de *Volver al amor*, que, desde la primera vez que las oí hasta hoy, me devuelven a un lugar de apreciación hacia quien soy y hacia el ser humano. Son unas palabras que recuerdan que cada ser humano es poderoso y maravilloso en sí mismo, y que no hay nada virtuoso en menospreciar los logros y virtudes de uno mismo con el fin de evitar que otros no se sientan mal. Que es, precisamente, cuando te das a ti mismo la libertad de ver tu propia luz, tu propia valía, cuando inspiras a otros seres humanos a ver la suya.

2. Eres un ser único. Nadie puede ser tú, y es cosa tuya darte la libertad necesaria para dejar salir la expresión más auténtica de tu ser. Es natural aspirar a desarrollar recursos, ampliar conocimientos, aprender nuevas habilidades, adquirir objetos materiales, tener comodidades o experiencias vitales. Lo que no es tan natural es aspirar a ser alguien distinto a quien eres.

Mientras crecemos damos forma a la imagen de cómo tenemos que ser, de lo que es bueno, adecuado y correcto y de lo que no. Y da igual la imagen que sea, «el conservador», «el inconformista», «el artista», «el antisistema»... todos acaban limitando de una u otra manera la esencia compleja y evolutiva que somos. Una vez creada la imagen activamos la comparación y el constante cuestionamiento y evaluación para ver si damos la talla.

Después de vivir en tres países diferentes, con costumbres de vida distintas, puntos de vista distintos sobre lo que significa ser educado o tener éxito, me resulta evidente que lo que resulta normal y de sentido común en un país no lo es en otro. Y me ha llevado a concluir que *lo normal* no es más que lo que hace la mayoría, pero no lo único correcto, bueno o adecuado.

Siempre y cuando tengas en cuenta tu bienestar, el de las personas a tu alrededor y el del entorno, mi recomendación es que des rienda suelta a la expresión de tu ser. A reír cuando te nace reír, a llorar cuando te abruma la solidaridad de un grupo de seres humanos ayudando a otros que lo necesitan en ese momento, a elegir el atuendo que a ti te hace sentir a gusto, a bailar aunque nunca hayas dado clases de baile, a cantar aunque desafines, a ir a conciertos de música aunque se te haya pasado la edad, a quedarte en casa leyendo un libro aunque sea sábado, a decir sí a tu pasión aunque no tenga muchas salidas profesionales. En definitiva, a escuchar tus preferencias, sueños, anhelos y a decirles «sí».

Martha Graham, bailarina y coreógrafa estadounidense de danza moderna, cuya influencia en la danza es equiparada a la que tuvo Picasso en las artes plásticas o Stravinsky en la música, lo expresó de la siguiente manera: «Hay una fuerza de vida que es traducida a través de ti en acción y, como solo hay uno como tú en cada momento, esa expresión es única. Y, si la bloqueas, nunca volverá a existir a través de ningún otro medio, y se perderá. El mundo se quedará sin ella».

3. Te mereces amor por el hecho de ser quien eres. No es necesario ser más listo ni más guapo ni mejor ni más exitoso para ser merecedor de amor. Como eres, es suficiente. No tienes por qué cambiar tu forma de ser o adecuarla a las preferencias de otros, a menos que sea una cualidad que tú desees desarrollar o con la que desees contribuir.

El no creerse merecedor está en el subconsciente de muchos de nosotros. Y nos esforzamos y nos sacrificamos para equilibrar la balanza y pensar que sí nos lo merecemos. Amar, recuerda, no es un intercambio en el que uno pone su mejor cara y el otro le recompensa con su amor, atención, reconocimiento o compañía. Amar es un acto de libertad, en el cual una persona abre su corazón a otra, sin esperar nada a cambio, únicamente por el placer de apreciar a otro ser humano, de desearle lo mejor, de reconocer las virtudes de esa persona, al mismo tiempo que aceptar aquello que es diferente a nuestros gustos, expectativas y formas de pensar.

Te mereces amor, que aprecien el ser humano que eres, y muy probablemente ese amor ya está a tu alrededor. Aunque en ocasiones, como ya he mencionado anteriormente, pase desapercibido porque no viene de quien quieres que venga o de quien crees que tiene que venir. Que otros no sean capaces de apreciar quién eres te habla de ellos, no de ti.

Para finalizar este apartado, me gustaría compartir unas palabras de la poeta Maya Angelou que considero un recordatorio muy valioso para tener presente en nuestras vidas y sobre todo en nuestras relaciones: «He aprendido que las personas olvidarán lo que les dijiste, incluso lo que les hiciste, pero nunca olvidarán cómo las hiciste sentir».

Si bien no eres responsable del estado emocional de otro ser humano, sí eres responsable de lo que aportas a esa relación, a ese momento. Aportar lo mejor de ti no es exclusivamente para el otro, sino también para tu propia satisfacción. La satisfacción de ser tu mejor versión, de crear un impacto positivo a tu alrededor. Es, además, un acto de amor hacia ti mismo y hacia el otro. Ser amor, abrir el corazón, con cualquier excusa, es un regalo que te puedes hacer a diario. Porque recuerda que las sensaciones de amar, de apreciar, de celebrar, las experimentas en ti. Así que, si quieres más amor en tu vida, ama más. Aunque solo sea por el placer de ser amor. Si bien te mereces amor, te mereces, aún más, amar. Ser amor.

Propuestas prácticas

A continuación, te propongo diez ideas que podrás poner en práctica si eliges alimentar el estado emocional base del amor. Puedes incluir las ideas que más te llamen la atención en el «pre-parar» diurno o nocturno, así como durante el día.

1. Elige al menos a una persona cada día a la que quieras expresar tu amor y la forma de hacerlo. Si es más de una, mejor. Lo importante es hacerlo consciente e intencionadamente.

2. Lleva un diario de gratitud en el que, una vez al día, escribas todo aquello que quieres apreciar de ti, de tu vida, del día, de tus relaciones...

3. Da más importancia y valor a lo que tú piensas de ti que a lo que los demás piensan de ti.

4. Escribe una lista de las características, los talentos y las habilidades que más aprecies de ti mismo, revísala varias veces al año.

5. Cuando alguien te dé las gracias por algo que hayas hecho, responde: «Un placer» y observa cómo te sientan estas palabras en el cuerpo.

6. Practica el *bien-pensar*. Si no conoces la razón por la que alguien ha hecho o dicho algo, elige pensar bien hasta que puedas corroborar con esa persona la razón de su comportamiento.

7. Cuando alguien te ofrezca un reconocimiento, piropo o elogio, recíbelo con las palabras: «Gracias por apreciarlo/por verlo».
8. Háblate con cariño, como hablarías a una buena amiga.
9. Elige comportamientos, momentos y actividades cuyo objetivo sea tu cuidado personal (físico, mental, emocional y espiritual). Esto incluye pasar tiempo con tus hijos o pareja, cantar en el coche, pasar tiempo a solas, dedicar tiempo a leer o un deporte, darte un masaje o unas vacaciones, hacer voluntariado, comer lo que te sienta bien, etc.
10. Cuando mires a otro ser humano, ten en cuenta que él o ella, al igual que tú, tiene miedos, anhelos, debilidades y talentos.

CAPÍTULO 7

Estado emocional base: confianza

«La mejor manera de saber si puedes confiar en alguien es confiando».

Ernest Hemingway

No me lo podía creer, ¡parecía tan fácil al mirar la pared de roca desde la ladera, con los pies bien anclados en la tierra! Además, el guía me había dicho que era una ruta de mi nivel y que no tendría ningún problema en escalarla. Pero no fue así. Ahí estaba yo, paralizada, todos los músculos de mi cuerpo en tensión, agotada. No encontraba la forma de seguir subiendo, y bajar no era una opción. Por debajo de mí, quinientos metros de caída y una vista espectacular, que en ese momento, adherida a la roca como podía y temblando, se me antojaba aterradora.

Había elegido escalar la cara expuesta al valle porque las vistas iban a ser mejores. Quién me iba a decir a mí que esas vistas se convertirían en mi fuente de terror. De hecho, ni recuerdo las vistas, solo el inmenso vacío que sentía debajo de mí y que me obligaba a pegarme como una ventosa a aquella roca de granito. Había explorado todas las posibilidades una y otra vez. Era como si hubieran desaparecido todas las hendiduras de la roca. Me invadió una sensación de vulnerabilidad tremenda. Me sentía completamente a merced de las circunstancias.

Según pasaban los minutos, y las posibilidades se me iban agotando, mi corazón seguía acelerándose y mi mente comenzaba a atormentarme con pensamientos que no me llevaban a ningún lugar, «¿en qué estabas pensando?», «¿cómo se te ocurre?», «ya verás qué vergüenza como tengan que venir a rescatarte». Me resistía a pensar que no había manera de seguir, pero el miedo ya hacía temblar mis piernas. Sentía que se me iban las fuerzas de todo el cuerpo. Y pensé: «O mantengo la calma o esto puede ser mucho peor».

Y fue entonces cuando ocurrió. Dejé de resistirme a lo que estaba pasando y acepté que tenía que pedir ayuda y esperar ahí parada hasta que mi guía viniera a ayudarme. Miré la cuerda que me unía a él. Pero, antes de darle la señal de ayuda, solté toda la tensión de mi cuerpo y me dejé sostener por la roca. ¡Qué descanso! Al segundo de sentir este alivio, pensé: «Ya está, todo va a ir bien». Y así fue. Mi mirada se dirigió hacia mi mano derecha y esta se estiró unos centímetros en vertical.

Ahí estaba la hendidura perfecta para apoyar las yemas de mis dedos índice y corazón. La sentía como si fuera una agarradera gigante. A ese movimiento le siguió mi pie izquierdo, que también encontró el lugar perfecto para apoyarse, y luego mi otro pie y la otra mano... Y, de la forma más simple, sin pensar, estaba de nuevo en movimiento. Pletórica y muy, muy aliviada. Había estado ahí todo el tiempo, sin embargo, mi miedo me había impedido ver la hendidura.

El guía me contó que, cuando empezamos a tensarnos, a ponernos nerviosos y a asustarnos, nuestro campo de visión se va cerrando hasta que solo vemos lo que está enfrente de nosotros, y dejamos de ver las posibilidades que están justo en la periferia. «En el momento en que te relajaste —me dijo—, tu visión, no solo ocular, sino intuitiva, te llevó donde estaba la solución. Confía en que, aunque de primeras no lo veas, siempre hay un movimiento que te permitirá seguir avanzando». Desde entonces, cada vez que me empiezo a preocupar demasiado, que veo la cosa difícil, o que no se me ocurre qué hacer, me paro a observar cómo me siento. E, inevitablemente, el miedo está ahí. Tensionándome, poniéndome alerta. Sin embargo, ahora, y gracias al aprendizaje que ese mal rato y mi miedo me proporcionaron, ya sé lo que tengo que hacer: soltar, dejar de buscar la solución, descansar, tomar distancia, ¡confiar!

Durante mucho tiempo he creído que era cobarde e insegura porque no me atrevía a hacer ciertas cosas que me daban mucha vergüenza. Incluso algo tan aparentemente sencillo como preguntar una duda en clase o decirle al camarero que el plato que me había servido no era el que yo había pedido. Pensaba que sentir miedo, vergüenza o nervios era un síntoma de inseguridad en mí misma. Creía que las personas valientes no tenían miedo ni sentían nervios. Cuando, en realidad, lo que diferencia a las personas que llamamos «valientes» de las que llamamos «cobardes» es que en presencia del miedo los primeros despiertan la valentía y la confianza para seguir adelante, y los segundos se paran. Pero en ambos casos existe la emoción del miedo.

Me viene a la memoria una anécdota protagonizada por Rudolph Giuliani, el alcalde que transformó la ciudad de Nueva York en la más segura de Estados Unidos después de ser conocida como una de las más peligrosas. Como fiscal del distrito de esta misma ciudad, encabezó la lucha contra el narcotráfico y el crimen organizado, llegando a ganar 4,152 casos y perdido solo 25. Un día, en uno de los tantos eventos públicos como alcalde, un grupo de personas le propusieron enseñarle unos pasos de claqué. Él accedió y se colocó donde le dijeron. Antes de empezar las instrucciones, declaró en alto: «Qué nervios». Confuso, uno de los asistentes le dijo: «¿Cómo es posible que estés nervioso ante algo tan sencillo como es bailar claqué cuando te has enfrentado a gánsteres y criminales durante años y años?». Su respuesta fue: «Eso es lo que conozco y en lo que tengo experiencia. Sin embargo, para mí esto es completamente nuevo».

Salir del círculo de lo conocido para adentrarnos en la incertidumbre, en lo desconocido, va a despertar nuestro miedo. Y también pensar en el futuro y en la posibilidad de que nos vaya a ir mal o que no vayamos a tener suficiente, o cualquier otra catástrofe. Sin embargo, el miedo, como hemos visto en los capítulos anteriores, no es un problema, sino un simple indicador de que estamos saliendo de la zona conocida, en la que tenemos experiencia, y donde nos sentimos seguros. Y fuera de esa zona es donde encontramos la posibilidad de avanzar hacia algo nuevo, de aprender, de expandir nuestro conocimiento, nuestra experiencia y nuestras habilidades, de crear una relación más profunda y con mayor sentido.

Hemos visto que el miedo aparece en presencia de una posible amenaza, y nos sirve para preparar nuestro cuerpo físico, agudizar nuestros sentidos y disponernos para actuar con celeridad si fuera necesario. En presencia del miedo, la sensación será de inseguridad; sin embargo, no tenemos miedo porque seamos inseguros. Simplemente lo tenemos porque somos humanos y funcionamos de acuerdo con la manera como estamos diseñados. Ahora bien, tenemos que andar bien atentos porque muchas de las amenazas que nuestra mente nos presenta no son reales. Como, por ejemplo, que me vaya a morir de vergüenza si salgo a hablar en público y me equivoco. Que no vaya a encontrar ningún trabajo nunca más si dejo el trabajo que tengo. O que se vaya a romper la relación si digo lo que pienso.

Uno de los miedos más comunes, por lo menos en lugares relativamente pequeños como es una ciudad pequeña, tu lugar de trabajo o tu vecindario, es el «qué dirán». Cuando alguno de mis clientes me dice que le importa mucho lo que vayan a pensar de él, le pregunto: «¿De verdad? ¿Te importa que piensen que eres brillante, buena persona, inteligente, atractivo, atento, buen profesional, leal, honrado...?». La respuesta siempre es la misma: «No, a eso no. Me refiero a que piensen mal de mí. Que se rían de mí, que piensen que soy tonto, que no valgo... o cosas de esas». Es por lo tanto imprescindible entender que lo que nuestra mente nos cuenta sobre lo que puede pasar no siempre son amenazas reales que vayan a suceder.

Winston Churchil lo expresó muy claramente cuando dijo: «Pasé más de la mitad de mi vida preocupándome por cosas que jamás ocurrieron». Y no solo pasamos innecesariamente tiempo preocupados y dejamos de disfrutar de muchos momentos, sino que también dejamos de hacer cosas que nos apetecen. Eligiendo lo seguro, acabamos restringiendo nuestro desarrollo y nuestra expansión como seres humanos, y reducimos en gran medida lo que creamos a nuestro alrededor y lo que experimentamos en nuestro interior. Nuestra vida será de una forma u otra en función de a qué digamos «sí» y a qué digamos «no». Entonces ¿qué podemos hacer para decir que sí, para avanzar, incluso en presencia del miedo? La propuesta es, que podemos confiar. Ya que es precisamente ante lo desconocido, la incertidumbre, el cambio, el miedo, la inseguridad y la duda, cuando la confianza tiene sentido y aporta su máximo valor.

Confianza no en que todo nos va a salir bien y como queremos nosotros, ese no es más que el otro extremo de pensar que las cosas nos van a salir mal. Confianza en que, en cada momento, tendremos los recursos necesarios para seguir adelante. Solo desde este estado emocional todos nuestros mecanismos de defensa se desactivarán y podremos generar con más frecuencia el estado de paz y tranquilidad interior tan deseado por muchos de nosotros. Ahora bien, llegar a vivir desde esta premisa requiere intencionalidad por nuestra parte e incluir en los quehaceres del día comportamientos y formas de pensar que alimenten el estado emocional base de confianza. Requiere elegir y comprometernos con el objetivo de vivir desde la confianza. Y, cuanto más tiempo pasemos en este estado emocional, más fácil nos resultará despertarla en aquellos momentos en los que más útil nos va a ser.

Confiar nos permite reducir el estrés con el que vivimos los cambios y adaptarnos a ellos con rapidez, sacando lo mejor de la situación e incluso disfrutándolos. Nos permite mantener la calma y llegar a soluciones creativas con facilidad. Y, lo más importante, cuando estamos en un estado de confianza, no estamos en un estado de preocupación. Es por esto por lo que crear y mantener un estado emocional base de confianza sea clave para nuestro bienestar individual y también para el de nuestras relaciones y nuestro entorno. Ya que una gran parte de nuestros comportamientos más tóxicos hacia otras personas tienen su raíz en la desconfianza y el miedo (a no tener suficiente o a no ser suficientemente buenos).

Mi propuesta, por lo tanto, es que dediquemos más atención a generar un estado emocional base de confianza para disfrutar más de cada momento, darnos el placer de ser nosotros mismos y estar en una posición más firme para gestionar el miedo o la ansiedad cuando aparezcan. Y, ¿cómo lo hacemos? Hay estrategias que utilizamos para despertar la sensación de seguridad que, a la larga, se convierten en todo lo contrario: en una fuente de inseguridad. De ahí que sea tan importante generar confianza como dejar de generar desconfianza. Es por esto que, a continuación, compartiré tres estrategias que os aconsejo evitar o dejar por completo de lado, ya que alimentan nuestra inseguridad, y otras que os propongo que pongáis en práctica en el día a día para cultivar un estado emocional base de confianza estable y profundo.

Tres estrategias que alimentan la inseguridad y la desconfianza, y cómo redirirgirlas a nuestro favor

ESTRATEGIA 1: ***Tenerlo todo bajo control***

Esta estrategia es bastante común, ya que, cuando tenemos el control sobre algo, nos sentimos seguros, confiados. De ahí que utilicemos el control como una forma de despertar la seguridad. Ahora bien, el problema con esta estrategia es que no todo lo podemos controlar. Y, cuando intentamos controlar aquello que no está en nuestro control, lo único que conseguimos es despertar la impotencia, la frustración, la ansiedad, el estrés o la inseguridad.

Piensa en una situación en la que sientas frustración o impotencia. Y observa qué estás intentando conseguir. Muy probablemente sea que el comportamiento o la forma de pensar de alguien cambie, o quizás simplemente que deje de llover porque, si no, se te arruina la tarde. En todo momento puedes tener tu atención en uno de estos dos círculos (ver gráfico 5):

- El círculo interior es aquel en el que se encuentra lo que está en tu control. Por ejemplo: la atención de tu mente, la actitud que tienes en cada momento, lo que dices o lo que haces. Todo esto está en tu control. Aunque en ocasiones lo sueltes y te dejes llevar, están en tu control. Y, siempre que estés aquí, las emociones serán de mayor calma, seguridad, serenidad y confianza.
- El círculo exterior es en el que se encuentra lo que no está en

tu control. Por ejemplo: cómo piensan o actúan los demás, si llueve o hace sol, si los intereses suben o bajan, el partido que sale elegido en las elecciones. Claro que hay elementos en este círculo que puedes influenciar con tu forma de ser, de pensar o de expresarte, pero es fundamental recordar que el resultado final no está en tus manos. No está en tu control. Y es cuando te empeñas en que el resultado sea como tú quieres que surgen las emociones de impotencia, frustración, irritación, nerviosismo o inseguridad.

Gráfico 5. Círculos de control e influencia

Estos sentimientos o estas emociones —impotencia, frustración, irritación, nerviosismo o inseguridad— aparecen frecuentemente cuando queremos conseguir nuestro bienestar a través de los demás. Por ejemplo, cuando necesitamos que nuestra pareja aprecie tanto el atardecer como nosotros para poder disfrutarlo a tope. O cuando necesitamos que nuestros hijos hagan la tarea y estudien todos los días para que nosotros nos sintamos más seguros de que todo les va a ir bien. O cuando necesitamos que nuestro jefe reconozca nuestro trabajo con palabras para sentirnos seguros y satisfechos de lo que hemos hecho. Y todo lo que estas emociones nos están diciendo es: «Así no. Vuelve a la zona de control. La otra persona no tiene nada que ver con cómo tú estás». Básicamente, nos recuerdan que nuestras emociones son nuestra responsabilidad. Y, aunque pensemos que la otra persona está siendo desconsiderada con nosotros, en realidad nos está haciendo un trabajo bastante más valioso del que nos creemos al no responsabilizarse de nuestras emociones y de hacernos felices.

Alguna vez has pensado: «¿Para qué? Si, haga lo que haga, da igual, nunca está satisfecho, cuando no es una cosa es otra». Esto pasa porque no tienes el poder sobre el estado emocional de la otra persona. Solo él mismo lo tiene. Y a la vez, sobre el tuyo, lo tienes tú, a menos, eso sí, que lo condiciones a una circunstancia externa que no dependa de ti. Si estás pensando: «Esto es lo que me pasa a mí: yo lo tengo que tener todo bajo control y como me gusta a mí», y hasta hoy no te ha dado muy buenos resultados, entonces prueba con la siguiente estrategia que te propongo.

Nueva estrategia para generar confianza:

Mantenerse o volver a la zona donde sí tenemos control. ¿Cómo?

1. Recibiendo nuestra emoción, frustración, impotencia, inseguridad, etc. como señal de que nos estamos saliendo de la zona de control.

2. Trayendo consciencia de qué es lo que queremos conseguir a través de otras personas, cuál es nuestra necesidad. Cómo buscamos sentirnos.

3. Regresando a la zona de control y buscando otras formas de conseguir lo que queremos que dependa exclusivamente de nosotros. Las siguientes preguntas te ayudarán en este paso: *¿Qué es lo que está en mis manos ahora mismo?, ¿Qué es lo que sí puedo hacer?, ¿Qué es lo que está en mi control?, ¿Qué es más importante ahora, estar bien yo o que la otra persona se comporte de otra manera?, ¿Qué puedo pensar ahora que me haga sentir mejor?, ¿Qué necesito darme a mí mismo?*

Observa si buscas aprobación, reconocimiento o compresión, y recuerda que todo eso también te lo puedes dar a ti mismo como forma de amor propio. Si tú no lo haces, ¿por qué lo tienen que hacer otros? Tómatelo como parte de tus funciones. Volver a la zona de control significa despertar la tranquilidad, la calma, la seguridad, la confianza. Vuelve a ella una y otra vez.

ESTRATEGIA 2: ***Tener certeza o acertar***

Iba de camino al trabajo. Tenía una sesión que empezaba a las cuatro de la tarde y llegaba con diez minutos de adelanto, así que, pensando que tendría tiempo, al pasar por el supermercado decidí hacer una compra rápida. Entrar y salir. Cogí lo que quería de la estantería, me dirigí a la caja —que al entrar estaba vacía— y me encontré con cinco personas en la fila. «¡Uy, madre!, a ver si no me va a dar tiempo...», pensé.

Un minuto después, vino otra cajera para abrir la caja de al lado y dijo: «Por favor, vayan pasando en orden». Dos personas pasaron a la caja nueva y otros tres se quedaron, incluido el que ya estaba siendo atendido. «¿Dónde me pongo?» pensé yo. Miraba una y otra fila intentando adivinar cuál sería la más rápida. Miré el número de alimentos que tenía cada uno en las cestas, si había fruta que había que pesar y para lo que tardaría más, la edad, si los veía con prisa o con ganas de hablar. Y, mientras yo estaba recogiendo información, una señora que se había cambiado a la otra caja y que me vio dudando me dijo: «Es difícil decidir, ¿verdad?». Su pregunta me sacó de mis pensamientos y vi que había caído en la trampa más común a la hora de decidir o elegir una opción. Sonreí y dije: «Decidir no es lo difícil, lo que me está resultando difícil es acertar cuál va a ir más rápido».

En los momentos en los que tenemos que tomar decisiones somos más susceptibles a que se despierte nuestra inseguridad. No por el hecho de que tengamos que elegir entre varias opciones (tener opciones es una fuente de esperanza, nos da poder), sino porque en general partimos de la creencia de que solo una de las opciones es la buena, la correcta, y, en vez de elegir, nuestro objetivo se transforma en acertar. Pero, claro, a menos que tengas el don de ver el futuro, es imposible tener la completa certeza de lo que va a pasar. De ahí que al ponernos como objetivo acertar, elegir la mejor de las opciones, lo que conseguimos es despertar el miedo a equivocarnos, a no elegir lo correcto, a fallar.

Confundimos tener certeza con tener seguridad, y lo uno no es lo mismo que lo otro, ya que podemos experimentar seguridad incluso sin tener certeza. Por ejemplo, cuando visitamos un país nuevo, no podemos tener la certeza de que todo vaya a ir como lo hemos planeado, pero sí podemos sentir seguridad considerando que sabremos resolver cualquier situación que se nos presente y que siempre habrá alguien que nos ayude.

Miguel Salcedo Hierro llegó a la siguiente conclusión, «de lo único que me arrepiento es de lo que no he hecho y pude hacer». Cuando nuestro objetivo es acertar, el peligro más grande que corremos es la inacción a la que nos llevan la indecisión y la duda. Aunque, desde el punto de vista de ganar en seguridad, no elegir puede parecer una buena estrategia, ya que elimina el riesgo a equivocarnos, a su vez alimenta la creencia de que somos indecisos, de que no nos atrevemos. Y, cuanto más tiempo pasamos sin elegir, menos confiamos en nuestras capacidades para hacerlo y más difícil se hace la elección. La inacción, el elegir no elegir, tiene un coste. El coste de vivir con miedo, y cada día que no damos el paso alimentamos la inseguridad en nosotros mismos.

Si te consideras una persona indecisa, párate y observa qué estás intentando conseguir. Si tu objetivo es acertar, elegir la mejor opción, entonces las siguientes estrategias te van a ayudar.

Nuevas estrategias para generar confianza:

1. Cambiar el objetivo de la decisión y centrarse en avanzar, aprender, experimentar y evolucionar como persona en la dirección que deseamos. Cuando este es el objetivo, entonces las preguntas que nos podemos hacer para cada opción son las siguientes:

- Si elijo esta opción, ¿avanzo hacia lo que quiero o me alejo de ello?
- Si elijo esta opción, ¿qué habilidad desarrollo?, ¿qué nuevo conocimiento adquiero?
- Si elijo esta opción, ¿qué valores que son importantes para mí estaré viviendo?
- Si elijo esta opción, ¿en qué persona me convierto? Por ejemplo, en una persona más valiente, alegre, positiva, segura, etc.
- Si elijo esta opción, ¿cómo me beneficia a mí y a las personas que quiero?

Un ejemplo que me viene a la mente es cuando a los dos años de abrir el centro El Factor Humano, en Burgos, y después de estar viviendo dos años y medio en la casa de mis padres, me entraron las ganas de alquilar un piso para vivir. Pero las ganas vinieron acompañadas de miedo y, principalmente, de la duda de si el negocio me iría lo suficientemente bien como para poder pagar el alquiler y los gastos extras todos los meses. Como no tenía forma de predecir el futuro, la estrategia que utilicé para gestionar la duda fue exactamente la propuesta que hago en este apartado.

Me pregunté: «Si doy el paso y me voy de alquiler, ¿a qué estoy diciendo sí?, ¿en quién me convierto? Si no me voy, ¿a qué estoy diciendo sí?, ¿en quién me convierto?». La respuesta a la primera pregunta fue: «Digo sí a confiar, y me convierto en una persona más confiada». La respuesta a la segunda pregunta fue: «Digo sí al miedo, a no confiar, y me convierto en una persona menos confiada». Ante estas respuestas y el compromiso que tengo conmigo misma de confiar en que siempre tendré lo que necesito y de vivir desde la creencia de que la vida está de mi parte, la elección estaba clara. Elegí confiar y dar el paso. Me alquilé un piso, desde el que además escribo estas líneas, y ya han pasado más de seis años, durante los cuales siempre he tenido suficiente. Y confío en que seguirá siendo así.

Cuando nuestro objetivo es desarrollarnos como personas, todas las opciones son válidas y nos permitirán avanzar en un área o en otra. Es decir, todas las opciones nos permitirán conseguir el objetivo, experimentar y ver más. No nos podemos equivocar, ya que, elijamos lo que elijamos, vamos a evolucionar. La pregunta final que nos ayudará a elegir será: «En este momento de mi vida, ¿qué es más importante para mí o qué quiero más?».

Recuerda que no se trata de acertar, sino de ampliar el conocimiento, la experiencia, quienes somos. Y hacerlo además de forma consciente. Basándote en las posibilidades de desarrollo o aprendizaje que cada una de las opciones traerá a tu vida, pregúntate: «¿Cuál es mejor para mí en este momento?». En vez de: «¿Cuál es la mejor opción?». Y lo siguiente entonces es:

2. Pasar a la acción. Hay frases que llegan a nuestra vida y se quedan en ella para siempre. Para mí, esta es una de ellas: «¡Ocuparse, no preocuparse!». La pre-ocupación es eso, lo que hacemos antes de pasar a la acción, de ocuparnos con lo que está rondando en nuestra mente que tenemos que hacer. Seguro que puedes recordar la sensación de alivio, de satisfacción personal y, en algunas ocasiones hasta de orgullo, que se siente después de hacer una llamada de teléfono difícil o de arreglar la gotera o de rellenar los papeles y enviarlos o de compartir tus sentimientos hacia una persona. A estas sensaciones hay una más que podemos añadir y que se despierta a la hora de dar el paso hacia lo que nos asusta: el sentimiento de seguridad, de poder.

«Mónica, ya está, lo he hecho, se lo he dicho. No te puedes imaginar lo contento y feliz que me siento. He podido. ¡Ha sido genial!». Con esas palabras entraba en mi sala uno de mis primeros clientes. Hace ya más de nueve años. Sin embargo, es un momento que no olvidaré nunca. Habíamos estado trabajando durante algo más de dos meses. Quería conseguir claridad sobre si mudarse con su novia a Francia, donde ella iba a estudiar un máster, y pedirse una excedencia en su trabajo o si quedarse en España. Su trabajo le encantaba y las condiciones económicas eran buenas. Aun así, había algunos detalles de su trabajo que no le acababan de convencer. Hasta tal punto que tenía claro que no era el trabajo en el que quería pasar el resto de su vida. Sin embargo, soltarlo así como así no le era fácil. Así lo expuso en una de nuestras conversaciones: «Mi trabajo se ha convertido en una jaula de oro».

Quizás te veas reconocido: sabes que no lo quieres, pero no te atreves a soltarlo. Este es un caso muy común en el que nuestra mente se enfoca en lo que no queremos («me voy a quedar solo, no voy a encontrar ningún otro trabajo»), en lo que nos despierta miedo o inseguridad. Es decir, no confiamos en que vayamos a estar bien, en que tengamos los recursos para seguir adelante.

El obstáculo más grande con el que se encontraba este cliente no era que no tenía claridad, como él pensaba. Desde el primer momento en que comenzamos el proceso de *coaching* sabía que quería irse. Lo que iba buscando, algo que nada ni nadie le podía proporcionar, era certeza de que todo iba a salir bien. Como es corriente en estos casos, ideó un plan B por si acaso: pedir una excedencia de un año, para poder volver al trabajo si algo no iba bien. El plan B se convirtió en su red de seguridad. Y esto era lo que hacía tan difícil exponerle el caso a su jefe. No el hecho de preguntárselo, sino la posibilidad de que le dijera que no y se quedara sin esa red.

Y fue dar el paso, pasar a la acción, aun en presencia del miedo, lo que despertó en él la sensación de poder, de liberación y de orgullo, que me manifestó cuando vino a verme. Como venía tan contento, yo supuse que era porque su jefe le había dicho que sí a un año de excedencia. Sin embargo, al preguntarle qué le había dicho, me contestó: «Me ha dicho que podría ser, pero que tenía que mirarlo bien antes de decirme nada». Esta respuesta fue lo que me confirmó mi idea inicial de lo que supone el poder de pasar a la acción. Fíjate que su sensación de poder no venía de haber conseguido el sí. ¿De qué venía entonces? De haberse visto a él mismo capaz. De haber sentido la valentía o el coraje en su interior para acercarse a su jefe y lanzar su petición. Esto es lo que verdaderamente cuenta.

Aunque parezca contradictorio, a la hora de sentir confianza y seguridad, el resultado no es lo importante. Conseguir lo que queremos simplemente nos mantiene condicionados a ello. Lo que en realidad nos da seguridad es ver que podemos, que somos capaces, que avanzamos. La confianza es lo que ponemos en presencia del miedo y de la incertidumbre para dar el paso, y la seguridad, la satisfacción y el orgullo, lo que recogemos una vez que damos el paso. Es por lo tanto dando pasos, que vamos ganando en confianza.

Por si tienes curiosidad, este cliente no volvió a su trabajo. La última vez que hablé con él estaba feliz fuera de España explorando países que siempre había querido explorar y utilizando sus conocimientos y recursos para poder permitírselo.

Si estás verdaderamente atascado o inmovilizado por la duda, elige y pasa a la acción. En estos momentos da igual lo que elijas. ¡¡En serio!! Lo importante es que te muevas. Toda decisión conlleva un cierto nivel de riesgo, pero también una ganancia. Piensa en la ganancia, que, a diferencia del resultado, es para siempre. Y si leyendo esto te ha venido a la mente una acción, te reto a que des el paso. No lo pienses más. En esta orilla ya sabes lo que hay. Cruzándola además sabrás qué te espera al otro lado. Continúa andando y haciendo tu camino.

ESTRATEGIA 3: ***Tener y acumular***

Seguro que has escuchado muchas veces que el dinero no da la felicidad. Y casi seguro también que has pensado: «Quizás no, pero ayuda un montón». En particular nos ayuda porque nos permite despertar algo más de seguridad. Así, cuando tenemos dinero, tendemos a sentirnos más seguros que cuando no lo tenemos o cuando creemos que no tenemos suficiente. De ahí que nos dé por acumular dinero con el fin de crear lo que hemos dado por llamar un *colchón de seguridad*. Ahora bien, si esta estrategia nos lleva a conseguir seguridad, ¿qué tiene de malo?

Lo que tiene de malo es que le ponemos una condición a nuestra seguridad. Y, cuando la condición es tener dinero, trabajo, pareja, estudios, experiencia, autoestima, casa, etc., pasan dos cosas: por una parte, mientras no lo tengamos o no tengamos lo que consideramos suficiente, no vamos a poder conseguir sentirnos completamente seguros. Y, por otra, cuando lo tengamos, se puede despertar el miedo a perderlo, ya que solo podemos temer perder aquello que tenemos. El miedo a perder es exclusivo de los que tienen. El resto tendrán otros miedos, pero ese no. De ahí que haya muchas personas con trabajo que no se sienten completamente seguras porque cabe la posibilidad de que puedan quedarse sin él. O personas que, aunque tienen un colchón de dinero, cuando les llega un gasto imprevisto lo pasan fatal porque ven el colchón adelgazar, o porque piensan que les puede faltar en un futuro o en los últimos años de su vida.

Este condicionamiento nos lleva a acumular, a guardar por si acaso, a conseguir más y más, pero, a la hora de la verdad, no nos ayuda a generar una mayor sensación de confianza. Lo que sí conseguimos es caer en la trampa del tener y acumular, sin llegar nunca a despertar la sensación de seguridad y tranquilidad duradera que buscamos.

Esta estrategia de acumular es la que con frecuencia utilizamos para gestionar el miedo que, por ejemplo, se despierta a las entrevistas de trabajo, a comenzar en una nueva profesión o un nuevo proyecto. Una emoción razonable, ya que en todas estas situaciones cabe la posibilidad del rechazo o el fracaso. Ambos resultados no son muy deseados, dicho sea de paso, y que consciente o inconscientemente decidimos evitar. ¿Cómo? Convenciéndonos, y a la vez engañándonos a nosotros mismos, de que con una mayor preparación, un título de inglés, un máster, una carrera en el extranjero o una certificación más, esto no ocurrirá.

Por supuesto que es importante prepararse y tener las habilidades y los conocimientos necesarios para desempeñar un trabajo o proyecto. Ahora bien, el miedo al rechazo en una entrevista o a que tu proyecto no salga bien no te lo va a quitar el número de títulos que acumules. Podrá aliviarlo durante un tiempo, pero necesitamos algo más. Acumular más solo alimenta la creencia de que no estás lo suficientemente preparado, y te incita a entrar de nuevo en el abismo de qué es suficiente.

La siguiente conversación que tuve hace ya años con un buen amigo me enseñó una forma muy saludable de relacionarme con el dinero y, en definitiva, con todo aquello sobre lo que pongo mi seguridad. En esta conversación, mi amigo me contó su primera experiencia invirtiendo en bolsa. Le habían hablado muy bien de una empresa pequeña que iba a salir a bolsa. Según le informaron, en muy pocos días las acciones subirían y se podría incluso doblar la inversión. Mi amigo, animado por esta posibilidad, decidió invertir todos sus ahorros, unos 20.000 €, en acciones de esa empresa. A los dos meses, quedó claro que no solo no se iba a doblar, sino que no iban a recuperar ni un 10 % de la inversión. Riendo, me decía que era la última vez que se dejaba aconsejar por un desconocido para invertir.

La ligereza con la que me lo contaba —además, le había pasado hacía unas semanas— me sorprendió tanto que le pregunté: «No parece que te haya afectado mucho perder el dinero, ¿cómo lo haces?». Su respuesta fue lo que me dio la clave para no caer en la trampa del tener: «Mónica, es solo dinero. Si he podido acumular ese dinero una vez, puedo hacerlo muchas más veces». En ese momento me quedó claro: yo quería pensar así. Este amigo estaba poniendo su seguridad, no en el dinero, sino en su capacidad de generarlo. No en algo externo que se puede perder, sino en sus recursos internos que siempre estarán ahí. Estos recursos internos dependen exclusivamente de nosotros mismos, tenemos su control y nos podemos apoyar en ellos siempre que los necesitemos. De ahí que sean el centro de las siguientes estrategias para cultivar el estado base de confianza y seguridad.

Cada una de las siguientes estrategias que te propongo a continuación tienen que ver con reconocer, validar y utilizar consciente e intencionadamente alguno de los recursos o las capacidades con los que cuenta el ser humano. Sí, como ser humano que eres, tú también los tienes. Quizás en un estado de desarrollo temprano, pero lo que es seguro es que cuentas con ellos y puedes ponerlos a tu servicio de forma consciente con el fin de cultivar el estado emocional base de confianza.

Nuevas estrategias para generar confianza:

1. Apoyarnos en nuestra capacidad de aprendizaje. Aprender nuevas formas de vivir y de hacer es, en gran parte, lo que nos permite adaptarnos a los constantes cambios que van surgiendo, tanto tecnológicos como de forma de relacionarse, de divertirse, de trabajar, etc. Y contar con la capacidad de aprender nuevas habilidades y nuevos conocimientos nos ofrece además la posibilidad de contribuir y servir a nuestro entorno de formas muy diversas.

A los dos años de abrir el centro El Factor Humano, recuerdo que miraba mi agenda y veía que el mes siguiente estaba prácticamente vacío. Algo que de primeras tiene el potencial de asustar a cualquiera, si la logística de tu vida depende de que haya sesiones planificadas en tu agenda. Sin embargo, tenía una sensación de seguridad muy diferente a la que había llegado a sentir trabajando para multinacionales.

Esta sensación nueva me generó mucha curiosidad. No entendía cómo el momento de mayor incertidumbre e inestabilidad de mi vida era también el momento de mayor calma y tranquilidad. Me interesé por ver qué había cambiado en mí, y observé que había un pensamiento recurrente: «No pasa nada. Si esto no sale, puedo aprender cualquier otra cosa». Al cambiar de profesión, lo que me mostré a mí misma fue que podía dedicarme a más de una profesión. Y que si esta que había elegido no funcionaba, podría aprender otra. De repente, el futuro estaba lleno de posibilidades que estaban a mi alcance gracias a mi capacidad de aprendizaje. Y la presión de que el centro funcionara se disipó.

Vi además muy claro la diferencia entre la estabilidad interna y la externa. Cuando trabajaba para otras compañías, había cierta estabilidad externa, es decir, yo sabía que al mes siguiente iba a seguir trabajando allí. Como autónoma, sin embargo, lo que experimenté —y experimento— fue la estabilidad interna que me daba saber que tengo este poderoso recurso en el que apoyarme siempre que lo necesite. Si al leer encontramos conceptos o perspectivas útiles, es gracias a este recurso. Aprender nos permite expandir nuestros horizontes sobre la vida, sobre quienes somos. Es este gusanillo que, si mantenemos vivo, además nos permitirá vivir con mayor ilusión. Ya que aprender nuevas formas de contribuir a nuestro entorno y al de nuestros seres queridos, dependiendo de la etapa y de las circunstancias en las que estemos, tiene el potencial de proporcionar sentido a nuestras vidas. Y con el sentido llega la sensación de entusiasmo, de utilidad, incluso de alegría.

2. Utilizar consciente e intencionadamente nuestra creatividad. La capacidad de hacer de una idea una realidad es en gran medida la responsable de que sigamos expandiendo nuestra forma de vivir, de comunicarnos, de relacionarnos y encontrando nuevas soluciones a las circunstancias que se nos van planteando. Esta capacidad de crear, o creatividad, es otro de los recursos que intervienen en la evolución y que está a nuestra disposición.

Durante años he vivido creyendo que no era una persona creativa, que las personas creativas hacían bellas artes o diseño gráfico y que tenían muchas ideas y muy originales. En definitiva, creé una definición de creatividad que me desconectaba de este maravilloso recurso con el que contamos todos los seres humanos. Ni que decir tiene que vivir con esta carencia me hacía sentir insegura en múltiples áreas de mi vida. De forma que llegaba a pensar, por ejemplo, que mis elecciones decorativas eran una horterada o que los planes que se me ocurrían no eran suficientemente «guais», o que las ideas de los trabajos de los demás eran mucho más creativos que los míos.

La experiencia me ha enseñado que, en lo que se refiere al recurso de la creatividad, lo peor que podemos hacer con nuestras ideas es compararlas y quitarles valor. Esta es probablemente la forma más rápida de coartar nuestra creatividad e impedir que salga al mundo. He aprendido además que la creatividad es algo más que las distintas interpretaciones artísticas. Que la creatividad es la capacidad de manifestar en el plano físico una idea, visión o solución, poniendo en ella tu esencia. Así, podemos crear desde un plato de comida, un conjunto de ropa, un espacio que invita a la relajación, un itinerario para dar la vuelta al mundo, todo tipo de máquinas, un canal de YouTube, un libro... Las posibilidades de crear son infinitas, e infinito el recurso de la creatividad, que es una cualidad innata a la vida en expansión que somos y de la que formamos parte.

El mismo mes que abrí el centro El Factor Humano, en Burgos, decidí escribir semanalmente un artículo. La intención era doble: por un lado, quería que aquellas ideas o perspectivas que compartía en mis conversaciones diarias con mi familia, amigos y colegas, y que les parecían muy útiles, pudieran llegar a más personas. Y, por otra, estar en contacto con aquellas personas interesadas en el desarrollo personal. Ambos objetivos eran importantes para el proyecto que estaba empezando y también para sentir plenitud. Ahora bien, a pesar de la motivación que me movía a dar el paso y a escribir semanalmente, me encontré con este miedo: «¿Y si se me acaban las ideas? ¿Tendré algo que contar cada semana?». No hace falta que te diga que centrarme en la escasez no me ayudó demasiado. Sin embargo, decidí centrarme en el para qué de lo que hacía, en el sentido de compartir aquello que encontraba de valor, el deseo de que pudiera ser de utilidad a otras personas y de hacer visible mi trabajo. Conectada con ese para qué, me lancé.

Y desde entonces, han pasado algo más de nueve años, durante los cuales he compartido semanalmente un artículo o un video con todos aquellos que quieren escuchar lo que tengo que ofrecer. Durante los primeros años, la más sorprendida era yo. Ahora, sin embargo, me he rendido a la evidencia de que el pozo de inspiración es infinito, inacabable. Y no solo para mí o para unos pocos. Todos tenemos acceso a ese pozo. Es nuestra naturaleza.

Para conectar o desarrollar tu creatividad, estos son los cinco requisitos:

1. Reconocimiento de que eres una persona creativa.

2. Apertura para recibir la inspiración y que se generen las ideas.

3. Apreciación para valorar lo que sale de ti.

4. Discernimiento para elegir qué idea *dar a luz* o manifestar.

5. Voluntad para pasar a la acción.

Fíjate en que el hecho de crear conlleva elegir y pasar a la acción. Ambos momentos pueden despertar dudas, miedo a la crítica, etc. De ahí que el propio acto de crear sea a su vez un acto de confianza y sirva como estrategia para alimentar este estado emocional base. La creatividad o el decir sí a lo que sale de ti conlleva confianza, y la confianza sostiene a su vez esa creatividad. Todo está unido, completo.

Quizás en este punto te preguntes: «Vale, lo pillo, pero ¿cómo me abro a que me vengan las ideas, a recibir la inspiración?». Pues con algo tan sencillo como es la relajación. Seguro que te ha ocurrido en muchas ocasiones estar completamente bloqueado en una situación, no saber qué hacer y ver que no se te ocurre nada. Desistir por cansancio y, justo al irte a dormir o al salir del trabajo y montarte en el coche, te viene una idea. Lo que ocurre es que estás en un estado de mayor relajación en el que tu cerebro puede hacer más conexiones que cuando está estresado y, por lo tanto, pasa a un estado de mayor creatividad. Cuando la circunstancia apremia, a nadie se le ocurre tomarse un descanso, parece de sentido común pensar más, esforzarse... Sin embargo, el truco para recibir la inspiración es soltar, relajarse y abrirse a recibir la inspiración. Es decir, un acto de confianza. De confiar en que la solución está ahí y que va a venir.

Al relajarte te preparas para recibir. De ahí que muchas de tus mejores ideas, casi seguro, que han surgido cuando estabas en la ducha o conduciendo (si es que te gusta conducir) o dando un paseo por el campo. Y que, ante una situación crítica, siempre haya alguien que diga «vamos a calmarnos». Solo tú sabes cuál es tu mejor forma de alcanzar la relajación. En el capítulo 3 te he ofrecido alguna técnica más concreta y basada en la respiración. Pero cualquier actividad que te haga sentir calma, tranquilidad o disfrute te puede valer.

La relajación física se corresponde con un estado emocional de confianza, —y un estado mental de claridad—, ya que para relajarnos necesitamos soltar toda la tensión o el estrés que activamos para estar alertas, vigilantes, y completar los quehaceres del día a día. Necesitamos saber que estamos completamente seguros o, de lo contrario, no nos relajaríamos. De ahí que dedicar al menos un momento al día para bajar el estrés, como decíamos en el capítulo 3, sea uno de los hábitos más saludables que podemos introducir en nuestro día a día y que nos ayuda a alimentar el estado emocional base de confianza.

Tanto en mi experiencia personal como en mi trabajo como *coach*, he encontrado una correlación evidente entre la confianza que cada uno es capaz de despertar y el reconocerse creativo. Saber que tenemos lo necesario para encontrar o crear una forma de avanzar, pase lo que pase, e independientemente de las circunstancias, nos permite apoyarnos en terreno firme y sentir seguridad. La confianza florece, no cuando creemos que las cosas nos van a salir bien, sino cuando nos creemos capaces de avanzar ante cualquier situación. Y, para ello, tanto el aprendizaje y la creatividad como el recurso que te propongo a continuación nos proporcionan los pilares donde sostenernos y vivir así con mayor confianza.

3. Acceder al momento presente (presencia). He hablado anteriormente de que la atención de nuestra mente, y más concretamente, dónde está enfocada y en qué tipo de pensamientos o conversaciones está entretenida, influye directamente en nuestro estado emocional. Podemos colocar los distintos pensamientos y las conversaciones más comunes en tres apartados: pasado, futuro y presente. De estos tres apartados, solo en uno de ellos encontraremos lo que necesitamos en cada momento. Y solo en uno de ellos podremos acceder a los recursos con los que contamos. Este apartado es el presente. Y la perspectiva que nos servirá para vivir desde un estado de mayor confianza es: en cada momento tendremos todo lo necesario para seguir adelante. Quizás no todo lo que nos gustaría tener o pensamos que necesitamos, pero sí lo que es necesario. La cuestión es verlo. Y para verlo debemos traer la atención de nuestra mente al momento presente.

El pasado, pasado está. El futuro está por venir. Da igual el tiempo que pasemos pensando en cómo podrían ser las cosas de haber tomado una decisión diferente, o de lo fácil que sería solucionar el problema en el que estamos si tuviéramos aquello que no tenemos. Todas las frases que empiezan con el condicional «si» no solo no nos llevan a ningún sitio, sino que además nos alejan de crear una solución provocando que nos pongamos más y más nerviosos, frustrados y negativos. Justo lo contrario de lo que queremos. Regresar al presente nos pone al mando: «Si tuviéramos... si no hubiéramos hecho...». Vale, pero no lo tenemos y sí lo hemos hecho. Así que, ¿ahora qué? Para avanzar, necesitamos enfocar la atención de nuestra mente en una dirección más honesta y productiva. Una dirección donde sí existen recursos a los que podemos acceder.

Al escribir este apartado, me viene a la memoria todo el rato la serie de televisión *McGiver*. Por si no la recuerdas o nunca la viste, te cuento que en cada uno de los episodios había un momento en que McGiver, el protagonista, se quedaba encerrado en un lugar o en una situación de la que aparentemente era imposible de salir. Una y otra vez, sin embargo, el protagonista encontraba la forma de salir. Quizás pienses: «Ya, pero es que es una película. No te puedes creer todo lo que pasa, está todo pensado desde el principio». No puedo estar más de acuerdo. Ahora bien, lo que me viene a la memoria es el estado de calma y tranquilidad que mantenía en esas situaciones. Él partía de que había una forma de salir y solo tenía que encontrarla. Empezaba a mirar a su alrededor, a reunir recursos, y se enfocaba en contestar, no «¿cómo he llegado a meterme en esta situación?», sino «con lo que tengo, ¿cómo puedo salir de aquí?».

De esta forma, activaba el recurso interno del que he hablado anteriormente, la creatividad, accedía a su conocimiento y experiencias anteriores, y dirigía su mente hacia un lugar productivo y útil. Todo unido, los recursos externos y los internos, con un objetivo: encontrar una solución. Lo mejor de esta estrategia es que, mientras pensamos en cómo hacerlo e intentamos distintas formas o ideas, la sensación que experimentamos es de mayor control, calma y tranquilidad. Que es precisamente lo que queremos.

Casi seguro que te has visto alguna vez en situaciones donde necesitabas arreglar algo o realizar una tarea sin tener las herramientas o ingredientes más adecuados para la reparación o la tarea, y al final, te has apañado con lo que tenías. Vale que igual la solución final no ha sido la más elegante. Sin embargo, has solucionado el problema utilizando de forma creativa aquello que estaba a tu alrededor.

La propuesta es extrapolar este tipo de experiencias al resto de nuestras vidas, ya que en la mayoría de las situaciones, la solución está justo enfrente de nosotros, pero nuestra desconfianza o el hecho de que tenemos a nuestra mente deambulando por el pasado o el futuro no nos deja verla.

Vivir desde la creencia de que *en cada momento vamos a tener lo que necesitamos* ha cambiado mi vida, y estoy convencida de que, si la adoptas, cambiará también la tuya. Es de lo más útil para navegar la incertidumbre con mayor confianza. Claro está que para que tenga su efecto tranquilizador te la tienes que creer. Creer de verdad. Si necesitas pruebas de que es así, mira tu vida y párate a reflexionar: en distintos momentos, fáciles y difíciles, ¿cuáles eran los recursos que tenías en ese momento? Incluye como recursos las ideas que se te ocurrieron, la humildad para pedir ayuda, la voluntad o perseverancia para continuar, las personas que te apoyaron, los recursos materiales, etc. Evita caer en la trampa de «podía haber sido mejor» o «podía haber tenido más recursos». No apreciar lo que tienes o has tenido es precisamente una de las formas de perderte los recursos con los que cuentas en el momento presente. Puedes reconocer que si estás donde estás es porque has tenido lo que necesitabas para llegar hasta ahí. Y, si no estás en otro lugar, quizás haya sido porque no has confiado en que tomando esa dirección tendrías los recursos suficientes. Recuerda, no es cuestión de acertar o de creer que saldrá todo a pedir de boca, sino de avanzar en la dirección de la vida que deseas.

Una de las prácticas más comunes que se utilizan para desarrollar el músculo de la atención de la mente, de forma que sea uno mismo el que elija dónde enfocarla en cada momento, es la meditación. En la forma más básica de meditación, independientemente de la tradición a la que pertenezca o la intención con la que la practiquen, la mecánica consiste en:

1. Elegir un objeto donde enfocar la atención de nuestra mente. Por ejemplo, la respiración, la luz de una vela, el movimiento del abdomen con la respiración, una palabra que repetimos en nuestra mente una y otra vez, las sensaciones en una parte concreta del cuerpo, etc.

2. Observar la atención de la mente y ver si está en el objeto elegido o en otro lugar, un pensamiento, sensación o sonido.

3. Cuando observemos que la atención de la mente está en otro lugar que no es el objeto elegido, con mucha amabilidad, la traemos de vuelta a este.

4. Repetir pasos 2 y 3 durante el tiempo que hayamos decido practicar.

El objetivo de la meditación no es dejar la mente en blanco, aunque en algún momento podamos experimentar o ser conscientes del «hueco» que hay entre los pensamientos, sino, el de activar el observador que nos permite ver dónde está la atención de nuestra mente, y fortalecer el músculo de la atención para enfocarla donde elijamos. La naturaleza de la mente es pensar, y que observemos que sigue habiendo pensamientos durante la meditación no es ningún problema ni significa que no sepamos meditar o que lo estemos haciendo mal.

Si recordamos, nuestro estado emocional está influenciado por nuestros pensamientos, de ahí que, ser conscientes de dónde está la atención de nuestra mente, y contar con la capacidad para dirigirla en una dirección u otra, nos coloque en el puesto de mando. Estar al mando de la atención de nuestra mente no quiere decir que dejemos de pensar, sino ser conscientes de dónde está en cada momento y de si está en un lugar que es útil para nosotros o no. Este momento de consciencia es la clave, ya que es, cuando observamos que la mente está en una conversación que nos está afectando emocionalmente, que podemos hacer algo al respecto. De ahí que la meditación sea muy buena práctica. Primero, para ser conscientes cuanto antes de posibles pensamientos que nos pueden estar afectando negativamente. Y, segundo, para tener experiencia en enfocar la atención donde nosotros elegimos. Estos son algunos lugares beneficiosos hacia los que dirigir nuestra mente y la intención u objetivo:

1. **Presente:** mirar a nuestro alrededor con el fin de apreciar la experiencia, encontrar recursos, conectar con nuestro cuerpo y con nuestras emociones.
2. **Pasado:** explorar momentos de nuestra vida con la intención de aprender de ellos, de recordar de lo que somos capaces, de despertar sensaciones agradables que hemos experimentado en el pasado.
3. **Futuro:** ir a los momentos del futuro que nos hagan ilusión, tanto si es tomar el café de la mañana en nuestro sitio preferido, como si es un viaje que tenemos planeado para el verano. Elegir creencias sobre nosotros mismos y la vida que nos apoyen y nos hagan sentir bien.

Como vemos, una vez que tenemos el mando de la atención de nuestra mente, podemos llevarla a cualquier lugar con una intención y un objetivo que sean beneficiosos para nosotros. Tanto el pasado como el futuro se convierten en recursos para generar y alimentar nuestro estado emocional base de confianza. Ahora, eso sí, siempre desde el momento presente, que es donde únicamente estamos al mando de ella. Lo mismo que las máquinas del gimnasio nos permiten desarrollar músculos que después nos sirven en los deportes que practicamos fuera del gimnasio, la práctica de la meditación nos permitirá ser conscientes más rápidamente de dónde está nuestra atención en el día a día. Y así, por ejemplo, no haremos de una mala situación una mala semana. Nos permitirá recuperarnos mucho antes de cualquier circunstancia y también nos ayudará a crear los estados emocionales que deseemos utilizando la atención de nuestra mente como recurso.

Es en el momento presente cuando tenemos la oportunidad de cambiar o de seguir igual. Cada paso que damos, lo llevamos a cabo desde el momento presente. Es en este preciso momento en el que tenemos el poder de elegir, de estar al mando, de apreciar, de disfrutar. Además, es únicamente en el momento presente cuando sentimos, el único momento en que la vida es. Un único momento que, además, está disponible siempre. Solo es necesario atenderlo.

Estas tres estrategias, —apoyarnos en nuestra capacidad de aprendizaje, utilizar intencionadamente nuestra creatividad y acceder al momento presente—, si nos fijamos, son lo opuesto a acumular. Nos permiten viajar con lo puesto y hacerlo, además, sintiéndonos más seguros y tranquilos. Poniendo la atención en aquello que sí tenemos, que es muy valioso y útil, que está en nuestro control y con lo que podemos contar siempre. Estrategias útiles para despertar el sentimiento de confianza en uno mismo. Pero, si de verdad queremos experimentar la sensación de estabilidad y seguridad en el día a día, entonces necesitamos despertar el sentimiento de confianza en algo mucho más grande que uno mismo.

Cuando la incertidumbre nos produce angustia, la duda empaña el camino y nos vemos incapaces de pasar a la acción: ¿dónde nos agarramos en esos momentos?, ¿qué hacemos entonces? En estos momentos, a la confianza en nosotros mismos (lo que podemos ver, tocar, controlar) le podemos añadir la confianza en la vida, en el universo, en la energía, en Dios o en como sea que llamemos a esa parte misteriosa que no se ve ni se toca y que sin embargo se intuye que está ahí. Que hay algo más, aunque no sepamos muy bien qué es, cómo es o cómo funciona.

En mi experiencia, los cimientos del estado emocional base de confianza se encuentran en la confianza en la vida. Y sobre esos cimientos, la confianza en uno mismo crece de forma natural. Ahora bien, abrirse a confiar en esta parte misteriosa, que aquí llamaré «vida», requiere para algunos de nosotros ampliar el marco o perspectiva desde donde la vemos y nos relacionamos con ella.

A continuación, compartiré algunas de las creencias que forman parte del marco de confianza desde donde veo la vida y a mí misma y que me ayudan a nutrir la confianza en ella:

1. Soy capaz, creativa y con recursos.

2. La vida está de mi parte. Todo ocurre, no por algo, sino para algo: la expansión consciente de mi ser.

3. Soy cocreadora con la vida de mi experiencia vital.

4. La vida que soy se comunica constantemente conmigo a través de mi intuición, de mis emociones y de lo que ocurre a mi alrededor.

5. En cada momento, si estoy abierta a recibir, tendré todo lo que necesito.

6. Me merezco todo lo mejor que la vida tiene que ofrecer.

Desde este marco o forma de pensar, la incertidumbre se me antoja apetecible, con ganas de que se muestre ante mí. Me permite caminar, dar pasos, decir sí a la vida sintiendo vitalidad, ganas, entusiasmo y confianza. Algo de nervios también, pero sabiéndome sostenida y en buenas manos.

Si te preguntas, ¿cómo puedes saber que todas esas creencias son verdad? Lo cierto es que no lo sé. Bueno, mi mente racional no ha encontrado todas las pruebas para presentártelas aquí de una forma científica o desde un marco científico. Sin embargo, no he elegido estas creencias porque mi mente racional crea que sean verdad. Las he elegido, primero, porque somos libres de elegir a qué marcos de pensamiento nos suscribimos, y, segundo, porque me hacen sentir una mayor paz y seguridad en mi interior. Me sirven como trampolín para decir sí a proyectos que me entusiasman y que no tengo ni idea de cómo saldrán. Me mantienen más alegre, amorosa, entusiasmada, comprometida, satisfecha. Y esto, sentirme así, es hoy por hoy a lo que le doy prioridad.

Abrir el marco desde el que me veo a mí misma y al misterio de la vida ha supuesto y sigue suponiendo la clave de todo lo nuevo y maravilloso que ocurre en mi vida. Incluido decir sí a escribir este libro que años atrás hubiera considerado un proyecto imposible. Desde este marco, mi vida, la vida, tiene una profundidad mayor, y mucho más sentido. Hace unos años, una persona muy cercana y querida me decía que su pareja, después de haber escuchado uno de los vídeos de mi canal de YouTube, le dijo: «Claro, es que, pensando así, cualquiera es feliz».

Ahí está la cuestión. ¿Qué eliges pensar? Da igual cuántas personas hayan aprobado una forma de pensar o consideren que es la correcta. Si a ti no te sirve, tú eres el único responsable de desecharla y elegir una que te siente mejor. No se trata de mentirte a ti mismo o de fantasear. Se trata de que te pongas al mando de tu estado emocional y que elijas qué es más importante para ti: tener razón o sentirte bien.

Si eliges que tu estado emocional es lo más importante, que sentirte bien es tu prioridad, entonces te propongo que crees tu propio marco de confianza. Es decir, una serie de creencias desde donde verte a ti mismo y ver la vida que te apoyen y despierten en ti los sentimientos que deseas. Puedes probar algunas de las que he compartido contigo o que escuches de otras personas. Lo importante es que, al experimentar con ellas, te las creas como si fueran verdad y te muevan por dentro. Si no te permiten experimentar la emoción que deseas, entonces es que no son para ti. Utiliza tu creatividad, tu intuición, tu experiencia para crear las tuyas propias. Y hazlo intencionadamente sabiendo que al elegir la creencia también eliges el estado emocional que alimentas.

Propuestas prácticas

A continuación, te propongo diez ideas que podrás poner en práctica si eliges alimentar el estado emocional base de confianza, experimentar tu propio coraje y gestionar con mayor calma y seguridad la incertidumbre.

1. Sé coherente entre lo que dices que vas a hacer y lo que haces.

2. Pide ayuda cuando no puedas con algo tú solo.

3. Si te equivocas, reconócelo cuanto antes.

4. Si algo de lo que has hecho o dicho ha hecho daño a alguien, aunque no haya sido intencionadamente, pide perdón.

5. Reconoce tu parte de responsabilidad haciéndote la pregunta: «¿De qué sí soy responsable en esta situación?».

6. Haz algo nuevo todos los días. Por ejemplo: probar una nueva bebida o comida, o un nuevo camino para ir a trabajar.

7. Ponte un reto todos los meses y cúmplelo.

8. Escribe una lista de logros de los que estés más orgulloso y revísala para añadir uno más al menos una vez por semana.

9. Actúa en alineación con tus valores.

10. Practica la apreciación a diario.

Y ahora qué

Lo primero, ¡enhorabuena por haber llegado hasta aquí y bienvenido a tu vida desde el poder emocional! Si has llegado hasta aquí, me atrevo a decir que en tu interior hay un deseo de estar más al mando de tu vida, de experimentar más paz interior, armonía, alegría, plenitud, amor. Continúa diciendo sí a ese impulso. Aunque las propuestas a primera vista te parezcan difíciles, aunque en otras ocasiones no te hayan servido, dale una oportunidad a todo aquello que ha llamado tu atención. Porque esa parte de ti que enfoca tu atención en una idea o propuesta sabe exactamente lo que es mejor para ti. Confía en ello y date el regalo de experimentar. No para hacerlo bien, recuerda, sino para descubrir lo desconocido. Para descubrirte a ti.

A lo largo de las páginas de este libro, he incidido en la puesta en práctica, en pasar a la acción, si quieres ver algún cambio o experimentar algo nuevo. Tú eres la parte fundamental que dará vida y sentido a lo que hay escrito aquí. Que permitirá que las herramientas se vuelvan útiles y hagan su trabajo. Por ellas mismas no son nada.

Vuelve a la autoevaluación del capítulo 1 y elige en qué quieres enfocarte primero, o crea una lista de todas las acciones prácticas que hayan llamado tu atención. Al lado de la acción, escribe cuál es el sentido o el para qué de esta elección, qué deseas que aporte en tu día a día. Elige dos o tres acciones para empezar y dedícales tres o cuatro semanas. Experimenta, reflexiona, comparte los avances y obstáculos. Sobre todo, no tengas prisa. Si solo una de las propuestas que integras en tu vida te lleva a sentirte un poquito más como deseas, estás en el camino. Disfruta intencionadamente de tu evolución, celebra y da valor a cada paso de das. No hay pasos pequeños, solo avance.

No intentes hacer todo a la vez. Tienes el resto de tu vida para crear una relación armoniosa contigo mismo y con lo que te rodea. Y tus emociones, como las bandas sonoras que hay en las carreteras, te avisarán si te desvías de tu camino y estás a punto de salirte. No te juzgan, solo te avisan. Está en tus manos prestarles atención y ver el verdadero regalo y la perfección de la función que realizan para nosotros.

Una vez que aprendes a conducir, es cuando comienza el viaje en coche, cuando toca conducir. Estar al mando de nuestras emociones nos ayudará a gestionar los baches y las incidencias con mayor seguridad y hará de este viaje de Ser Humano un viaje mucho más pleno y gratificante. Aunque en ocasiones no da esa impresión, o cueste verlo, lo estamos haciendo extraordinariamente bien. Tú incluido.

¡Te deseo una vida emocionante!

Recordatorios útiles:

1. Las emociones no son el problema, y deshacernos de ellas no solo es imposible, sino que, además, no es la solución.
2. La emoción es energía que generamos consciente o inconscientemente con nuestros pensamientos, creencias, hábitos, comportamientos y elecciones, de ahí que esté más en nuestro poder de lo que pensamos.
3. Conectar con tu poder emocional no hará que dejes de sentir emociones desagradables, pero sí que no te asustes ni te preocupes cuando estas aparezcan, que no tomen el mando y que vivas en modo reactivo a merced de tu estado emocional. Es una forma de ponerte al mando, de cocrear con ellas y de que la guía que nos proporcionan nos sea útil.
4. En cada momento puedes estar dentro del círculo de poder emocional al mando de tus emociones o fuera. Si estás fuera, párate a observar qué es lo que necesitas hacer (aceptar, elegir, responsabilizarte, estar, reconocer, aprender) para volver a estar dentro.
5. Hay dos modos principales de gestionar tu estado emocional: el modo reactivo cuando la emoción está presente y quieres gestionarla, o proactivo cuando eliges el estado emocional que deseas y alineas tus pensamientos, hábitos y actividades para crearlo. Las formas de gestión emocional física y evolutiva serán las más adecuadas para el modo reactivo, y la gestión emocional intencional será la idónea para el modo proactivo.
6. Incluye en tus cuidados diarios la salud emocional con hábitos y actividades destinadas a crear y mantener un estado emocional base elegido por ti.
7. Cuando resistimos, negamos o nos oponemos a estar con lo que sentimos, creamos un conflicto interno que nos adentra en una espiral de negatividad.
8. Para poder dar lo mejor de ti, primero tienes que generarlo en tu

interior, llenarte de ello para luego compartirlo.

9. La causa de tu emoción está en ti y es tu responsabilidad conocerla, escucharla y gestionarla. En el momento en el que responsabilizas a una persona o circunstancia de tu emoción, pierdes el poder de gestionarla.

10. Todo aquello que deseamos, a lo que aspiramos, es porque creemos que una vez que lo consigamos nos sentiremos mejor. No esperes a que algo ocurra, ni condiciones tu bienestar a algo externo a ti. ¡¡Puedes elegir empezar a sentirte bien ahora!!

NOTA IMPORTANTE: Si llevas tiempo en un estado emocional que empieza a superarte o no ves la forma de gestionarlo con éxito, pide ayuda a un profesional. Reconocer que no puedes o que no sabes cómo hacerlo es un acto de humildad, y para muchos de valentía. Vivimos en comunidades precisamente para acompañarnos unos a otros. No es un fallo o un fracaso no poder hacerlo solo. Pon tu bienestar emocional por encima del orgullo insano. La depresión, la ansiedad o la apatía no significan que estés roto o que haya algo malo en ti. Simplemente te dice que eres un ser humano. Y estamos todos juntos en esto.

Agradecimientos

Te voy a confesar un secreto. Mi parte preferida de un libro ha sido siempre el capítulo de agradecimientos, y he soñado cientos de veces que escribía ese capítulo, incluso cuando no tenía ninguna intención o deseo de escribir un libro. Agradecer no solo es la forma idónea de poner fin y completar el camino que consciente o inconscientemente se emprende al leer un libro, sino que además me recuerda las redes maravillosas de seres humanos que formamos. Que estamos juntos en esto del vivir. Y una de las prácticas más hermosas es pararse a apreciar la huella que cada persona ha dejado en ti.

Cada vez que me ha faltado la energía para continuar escribiendo o dudaba de si continuar, venía a este capítulo y dejaba que mi corazón hablara y me inundara de amor y de sentido. Podría haber sido un libro en sí mismo, quizás lo sea algún día, pero hoy te dejo con una edición muy reducida de todo lo que he escrito en este capítulo en los últimos dos años. Sin duda este ha sido uno de los mejores regalos de este proyecto.

El primer gracias va dirigido a ti, lector o lectora. Por darle sentido a escribir este libro y por responsabilizarte de tu parte, por decir sí a explorar, reflexionar y mirar hacia dentro, aunque en ocasiones de vértigo.

Mi gratitud hacia Miguel Vázquez, por ser la chispa que encendió en mí el «sí» a poner en palabras el trabajo de mi día a día. Tu apreciación hacia mi forma de transmitir se convirtió en el primer pilar en el que me apoyé para comenzar el camino. Gracias por acompañarme hasta el final del primer tramo, aunque hayamos tenido que partir por caminos diferentes eres una parte fundamental de este libro.

A Clara Redondo y Berta Santamaría agradecer la claridad con la que aparecisteis en el camino de este libro y lo fácil y enriquecedor que ha sido trabajar con vosotras. En cada página está vuestro «bien hacer», profesionalidad y amor por vuestra profesión. Mi admiración por el arte de escribir y el diseño gráfico es aún mayor después de veros trabajar. Habéis embellecido y dado brillo a cada palabra, a cada página. Y a mí me habéis permitido despertar la seguridad de que el libro estaba listo para ser impreso y para compartir.

Un millón de gracias a las revisoras de la introducción y del primer capítulo del libro, Jimena, Carolina, Belén, Rebeca y Beatriz. Enviároslo fue todo un reto para mí. La alegría y el cariño con el que acogisteis este proyecto, vuestros ánimos y compartir vuestra primera impresión, fueron justo lo que necesitaba para confiar plenamente en que este libro tenía que salir a la luz. Gracias por pedir más capítulos y por interesaros por el progreso del libro. Por fin hoy podéis leerlo entero. Vuestro recibimiento fue el mejor empujón.

Muchísimas gracias a todos y cada uno de los clientes con los que he tenido el honor de trabajar durante los últimos diez años. De vuestra mano me he emocionado, he conseguido vislumbrar la esencia del poder del ser humano y conocer un poquito más de la verdadera historia del ser humano, de la que somos partícipes todos. No la que enseñamos en Instagram, sino la que nos llevamos a la cama a dormir. Me inspira vuestro tesón, humildad, sencillez y ganas de crear y vivir una vida mejor. Este libro no podría haber existido si tú, querido cliente, no hubieras abierto tu corazón de forma tan generosa y me hubieras hecho partícipe de tu historia y de quien eres. Gracias por elegir trabajar juntos en tu autodescubrimiento y desarrollo personal.

De los cientos de profesionales, escritores y maestros que han impactado y dado forma a mi trabajo, quiero resaltar como forma de agradecimiento y reconocimiento a Marshall Rosenberg y el Arbinger Institute. Ambos me enseñaron que lo más importante no es lo que decimos o hacemos, sino desde dónde lo decimos o hacemos. Mi forma de ser y comunicar será para siempre mucho más asertiva y empática gracias a vuestro trabajo. A Ángeles Arrien, por la profundidad del conocimiento de las culturas ancestrales que con tanta sencillez ha compartido en sus libros. A Brendon Burchard, por ser modelo de generosidad, de energía, de entusiasmo y dedicación a las personas que sirve. Por inspirarme servicio y libertad para ser yo misma. Jean Houston, Wayne Dyer y Abraham-Hicks, por mantener abierta mi mente y mi relación con lo desconocido y hacerlo más accesible y cercano. A Fidel Delgado, por acercarnos el misterio de la vida con la maestría y humildad del que ve. Por hacerme reír a carcajadas con su particular y espectacular uso de la lengua española. Por recordarme que la confianza nos sostiene y que mi trabajo es respetar el poder del ser humano que tengo enfrente. A Luis Emilio Oliver, por ser modelo de amor incondicional en el día a día e independientemente de las circunstancias. A la escuela CTI, por enseñarme la forma coactiva de vivir y trabajar, por acompañarme en el camino a despertar a la *coach* que había dentro de mí. Por enseñarme mis límites y ofrecerme la oportunidad de ir más allá. Y por abrirme las puertas de vuestra casa y acompañaros en la extraordinaria tarea de despertar el líder que hay en cada uno de nosotros. Y, finalmente, quiero dar gracias en especial a Elaine Jaynes, por decir sí a ser mi *coach*, hacerme preguntas difíciles y conectarme con mi propia sabiduría. No se puede hacer mejor. Por ser modelo de precisión e intención con el lenguaje. Su presencia y la sabiduría ancestral que compartió conmigo han cambiado para siempre mi forma de ver el mundo. *El camino de la belleza* en el que me inició es la forma más armoniosa, inclusiva y respetuosa de experimentar la vida que he conocido hasta ahora y por lo que le estaré eternamente agradecida.

Gracias a Iván y a Sean, los dos hombres con los que he experimentado lo que es una relación de pareja. Junto a vosotros he recordado que el amor, o es incondicional y libre, o no es amor. Pero, sobre todo, gracias por ser cocreadores de las circunstancias idóneas para descubrir quién soy. Tardé un poco y llegué a estar muy perdida, pero hoy no puedo sentirme más agradecida y orgullosa de haber compartido con vosotros una parte tan importante de mi vida y de mi desarrollo. No me queda ninguna duda de que lo hicimos extraordinariamente bien. Sois parte de los aprendizajes que hay en este libro y siempre estaréis en mi corazón.

A las montañas de Neila. Cuando me adentro en ellas es imposible esconderme de mí misma. En su presencia siento la seguridad de estar en buenas manos. Me siento viva… Gracias por acogerme en silencio. Sois la condición perfecta para conectar con la vida que soy y dejar fluir la inspiración.

Papá, mamá, si he llegado hasta aquí es única y exclusivamente porque desde el principio elegisteis dar todo a vuestras hijas. La confianza que siempre he sentido para dar libertad a la aventurera que soy ha sido gracias a la red de seguridad que sostenéis para mí. Una red invisible al ojo humano pero que yo siento muy real. Gracias por enseñarme a hacer las tareas bien o a no hacerlas. Vuestro bien hacer y excelencia sigue inspirándome hasta el día de hoy.

Gracias, papá, por enseñarme que todas las personas merecemos el mismo respeto, por desear que tus hijas llegaran más allá que tú, por hacer del mundo entero un lugar cercano y accesible, y por tu particular forma humorística de animarme para terminar este proyecto.

Gracias, mamá, por inyectar tu salero, alegría y generosidad en mis genes, por tu entrega incondicional, por promover la autonomía en mis hermanas y en mí. Por hacer que entendiera que me tenía que elegir a mí. Y porque sé que, si algún día me pasa algo, como siempre, tú estarás ahí.

Abuela Teresa, gracias a ti he conocido la parte más tierna de mí. Gracias por recordarme conectar con la alegría de vivir, y por esa sonrisa y esos ojos de sorpresa que a tus ciento un años seguías regalándome cada vez que me veías entrar por la puerta del salón.

Rebe, Ani y Beti, reducir mi agradecimiento a unas líneas con vosotras es probablemente lo más difícil de todo el libro. Es un verdadero orgullo y un honor haber crecido en la misma casa, intercambiado nuestros vestidos, compartido el piso de estudiantes, viajado juntas, bailado y reído a carcajadas. Gracias por estar siempre disponibles, por ayudarme a levantarme cuando me he caído. Por creer en mí, por ser parte de todos mis proyectos y enriquecerlos con vuestras habilidades y ganas de ayudar. Por ser mis mejores amigas. Le habéis dado el significado más bello a la palabra «hermana».

Queridísimos Matías, Alma, Joaquín y Olivia, simplemente siendo quien sois ponéis ante mí la belleza y profundidad de la vida. Es tan fácil amar cuando os miro y cuando os pienso. Por enseñarme la parte más pura, alegre y viva de mi corazón os estaré eternamente agradecida. Por cierto, ¡siento mucho que este libro no tenga dibujos para que lo disfrutéis vosotros también!

Gracias, Mónica, por seguir diciendo sí a tu corazón, a los impulsos que nacen de ti. Conocerte cada día un poco más me mantiene emocionada, ilusionada y con ganas de seguir.

Y para terminar, un millón de gracias a la vida, por chivarme al oído cada palabra escrita en este libro. Por hacer de este proyecto un descubrimiento constante. Por llevarme a lugares inspiradores no solo para escribir, sino para sentir, para experimentar. Ha sido un viaje extraordinario.

¡Gracias!

Mónica García García

(Burgos, 1973)

Coach de liderazgo personal y profesional, formadora y conferenciante.

Tras más de una década dedicada a trabajar para importantes multinacionales del sector del semiconductor, en UK y en Silicon Valley, y después de una crisis personal, Mónica cambia lo que hasta ese momento ella pensaba que era una vida cómoda y exitosa por una forma de vida y contribución a la sociedad más acorde con su corazón. Elige convertirse en dueña de su destino, y, desde entonces, acompaña a otras personas a conseguir la claridad y despertar el coraje y la confianza necesarios para ponerse al mando de sus vidas.

Tras formarse como Coach Co-Activo en San Francisco con CTI, la mayor organización de formación en coaching presencial del mundo, en 2012 regresa a su ciudad natal, Burgos, donde funda *El Factor Humano*, un centro para la innovación y transformación personal de alcance internacional, en el que trabaja con personas y organizaciones interesadas en cultivar una mentalidad de crecimiento, activar el potencial que reside en el interior del ser humano, y contribuir con este a su entorno, —familia, relaciones, equipo, comunidad—, de una forma más beneficiosa y auténtica.

Mónica García es, gracias a su trayectoria personal y profesional, una coach que enseña desde la experiencia de vida. Convencida de que el ser humano es capaz, creativo y con recursos, en un proceso de evolución en el que se va descubriendo a si mismo y del que merece estar al mando.

En 2017 fue galardonada por el Instituto para la Excelencia Profesional, con la *"Estrella de Oro"* como reconocimiento a su trayectoria profesional y compromiso con la Excelencia. Además, gracias a sus conocimientos sobre coaching, liderazgo y desarrollo personal, es fuente de consulta para grandes medios de comunicación como El País, Vogue, SModa, ABC Bienestar, La Razón, Europa Press, Elle, El Economista, Mujer Emprendedora, Objetivo Bienestar o La Vanguardia.

En su afán de acompañar a cuantas más personas mejor, Mónica creó en 2014 el canal de YouTube El factor Humano en el que semanalmente comparte perspectivas útiles para gestionar el día a día desde una posición de mayor poder y opciones.

En su vida personal avanza hacia la sencillez y el *menos es más*. Disfruta explorando, dejándose sorprender, bailando, caminando a solas por la montaña y compartiendo risas con seres queridos.

En su primer libro, *"Poder Emocional, una innovadora forma de transformar la relación con nuestras emociones, y convertirlas en guía para la vida"*, Mónica nos propone una poderosa perspectiva sobre nuestras emociones que las convierte en un recurso fundamental para vivir más plenamente, y, sobre todo, nos invita a pasar a la acción y comenzar a ponernos al mando de nuestro estado emocional como ella ha hecho y sigue haciendo día a día.

Academia de Líderes

www.elfactorhumanoburgos.com/academia-de-lideres

Hay un puesto vacante en la dirección de tu vida, ¿lo tomas?

Has llegado al final del libro, al final de este tramo del camino. Ahora comienza un nuevo tramo. Para mí ha sido un honor acompañarte hasta aquí y lo será aún más seguir haciéndolo si así lo deseas.

En El Factor Humano partimos de las siguientes premisas:
1. Cómo experimentamos cada momento es una combinación de las circunstancias externas y la respuesta, automática o intencionada, que individualmente ofrecemos al momento.
2. Cada uno de nosotros tiene la capacidad de liderar y el poder de dar forma a su experiencia de vida.
3. Nos convertimos en líderes de nuestra vida en el momento en el que nos responsabilizamos de nuestra respuesta ante las circunstancias y la elegimos intencionadamente.

La Academia de Líderes surge como respuesta a estas premisas y con el objetivo de trabajar con personas que deciden ocupar el puesto vacante en la dirección de su vida, reconocerse cocreadores de la misma y responsabilizarse de contribuir con lo mejor de ellos mismos a su entorno.

Para ello diseño programas y vivencias, con distintos grados de profundización e inversión, donde el foco está en activar el poder personal de cada participante y dirigirlo hacia crear una experiencia de vida más libre, auténtica, plena y feliz.

Si sentir que estás al mando y que eres dueño de tu vida llama tu atención, estas son algunas formas en las que podemos trabajar juntos para que lo consigas:

- Comunidad online de poder personal
- Programa presencial de liderazgo personal y profesional
- Proceso individual para el desarrollo del liderazgo
- Vivencias transformadoras en la naturaleza
- Formación para facilitar espacios de desarrollo de liderazgo

Reserva una sesión de consulta gratuita para ver qué se adapta mejor a tu momento y necesidad actual enviándonos un email a info@elfactorhumanoburgos.com

Te mereces ese puesto de dirección.

Un abrazo,
Mónica

Serie Nuevas Perspectivas

"Cuando no puedes cambiar lo que te rodea, siempre puedes cambiar cómo lo miras"

Una serie semanal de acceso gratuito en la que te propongo nuevas formas de ver para ampliar la visión que tienes de ti mismo y de lo que eres capaz, así como tu visión de la vida y las posibilidades que esta contiene para ti. Porque si hay algo que verdaderamente deseas y todavía no está en tu vida, muy probablemente, sea la perspectiva desde donde miras la que te lo está impidiendo.

En cada capítulo te propongo además ideas prácticas para integrar la nueva perspectiva en tu vida y recibir así el beneficio que esta tiene para ti. Si deseas mayor satisfacción en el trabajo, mayor conexión y armonía en tus relaciones o mayor seguridad ante la incertidumbre, aquí encontrarás inspiración y estrategias para ello.

Estos son algunos comentarios que nos han dejado sobre los capítulos de la serie:

> *Gracias por tus vídeos...me ayudan mucho a ver las cosas de otro modo y calmar la mente.*
>
> *¡¡Maravilloso!! ¡Doy fe de que practicar este pack de creencias hace que la vida sea una experiencia llena de VIDA! ¡Gracias por inspirarnos!*
>
> *¡¡Excelente!! Uno de los muy pocos vídeos que realmente enseñan. ¡¡Muchas gracias!!*
>
> *Escuché este vídeo y después de un mes dando vueltas al mismo asunto todo el día, salí del círculo vicioso de mi mente. Dormí tranquila y desperté cambiada. Como si me hubieran cambiado un chip. ¡¡¡Gracias!!!*
>
> *Le doy like antes de verlo, porque sé que me va a gustar.*

Puedes disfrutar de la serie en cualquiera de estos formatos:

- Canal de YouTube: http://bit.ly/NuevasPerspectivasYT
- Podcast: http://bit.ly/NuevasPerspectivasPodcast
- Recibirlo directamente en tu teléfono a través de Telegram: http://bit.ly/NPTelegram
- O recibirlo en tu email uniéndote a nuestra Newsletter: https://bit.ly/newsEFH

¡Adelante, acomódate y estrena una nueva perspectiva cada semana!

www.ingramcontent.com/pod-product-compliance
Ingram Content Group UK Ltd.
Pitfield, Milton Keynes, MK11 3LW, UK
UKHW022027190726
13853UKWH00005B/2142